KB109564

삼성과
효도경영

삼성과 효도경영

발행일	2023년 10월 4일		
지은이	문봉수		
펴낸이	손형국		
펴낸곳	(주)북랩		
편집인	선일영	편집	윤용민, 배진용, 김다빈, 김부경
디자인	이현수, 김민하, 안유경	제작	박기성, 구성우, 배상진
마케팅	김회란, 박진관		
출판등록	2004. 12. 1(제2012-000051호)		
주소	서울특별시 금천구 가산디지털 1로 168, 우림라이온스밸리 B동 B113~114호, C동 B101호		
홈페이지	www.book.co.kr		
전화번호	(02)2026-5777	팩스	(02)3159-9637

ISBN   979-11-93304-71-6 03320 (종이책)   979-11-93304-72-3 05320 (전자책)

(주)북랩 성공출판의 파트너

북랩 홈페이지와 패밀리 사이트에서 다양한 출판 솔루션을 만나 보세요!

홈페이지 book.co.kr   •   **블로그** blog.naver.com/essaybook   •   **출판문의** book@book.co.kr

---

작가 연락처 문의 ▶ ask.book.co.kr

작가 연락처는 개인정보이므로 북랩에서 알려드릴 수 없습니다.

경영과 윤리가 결합된 효도를 통해 초일류 기업으로 성장하는 법

삼성과 효도경영

문봉수 지음

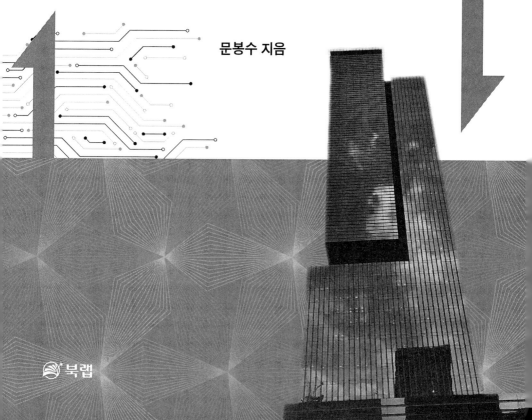

북랩

들어가는 말

오늘날의 우리는 효도에 대해 어떠한 인식을 하고 있을까? 효도라는 것이 과거의 가치에만 머물며 유통기한이 지나지는 않았을까? 효도가 자식으로서 이행하기에 부담스럽고 일방적인 희생만을 강조하는 전통으로 기억되지는 않는가? 이러한 물음에 대한 답을 찾는 것은 결코 쉬운 일이 아니다.

그럼에도 지금 시점에서 효도를 꺼내는 이유는 우리가 살아가는 환경이나 여건이 녹록지 않아서이다. 물질이 정신을 압도하는 세태 속에서 사회적으로 가치관의 혼란이 이어지고 저출산과 고령화 추세에 따른 경제적 기반과 활력의 약화 현상이 벌어지는가 하면 세대 간, 계층 간, 집단 간 다양한 긴장과 갈등이 해소되지 못한 채 오히려 고조되면서 개선의 여지를 보이지 않는다.

여기에 대해 글로벌 시대에 국가 간의 무한경쟁은 우리를 더욱 힘들게 만들고 있다. 아울러 국가와 사회를 먹여 살리는 경제의 중요성이 더욱 부각됨에도 불구하고 주역이라 할 수 있는 기업으로서는 사면초가의 악화된 경영환경에 직면하였다. 눈앞의 장애물을 건너고 반드시 살아남기 위해 무엇인가 돌파구를 찾아야 하는 지금의 시점에서 "우리만이 가진 것, 남에게는 없는 것"은 대단히 중요한 존재라고 할 수 있다.

다행히도 우리에게는 조상이 유산으로 남겨준 효도라는 것이 존재한다. 이는 동서양을 막론하고 이제 쉽게 찾아보기 힘든 정신으로 여겨지고 있지만 우리의 DNA 속에는 여전히 살아서 작동되는 중이다. 저자로서 확언컨대 효도의 의미와 가치 안에는 우리 사회가 앞으로 나갈 길을 찾는 과정에서 반드시 필요한 영구불변의 나침반이 들어 있다.

이 책의 저술을 시작한 계기는 국내 최대 그룹인 삼성의 이건희 회장 영결식에서 나온 "부모를 뛰어넘는다."는 의미의 '승어부勝於父'의 등장이다. 이건희 회장의 지인은 추모사를 통해 자식으로서 이병철 회장의 유지를 받들고 계승하여 뛰어난 성과를 일군 것을 '승어부'로 압축, 표현하였다. 손자인 이재용 또한 직접 '승어부'를 언급하면서 삼성의 후계자로서 성공적인 경영으로 '승어부'를 이루어 효도하는 자식이 될 것임을 약속하였다.

자칫 고루한 가치관이자 도덕으로서 치부될 수도 있는 효도가 국내 최대 그룹의 총수와 관련하여 언급된 것은 그만큼 의미가 심원하고 우리 사회에서 여전히 생생하게 살아 있음을 시사한다. 얼핏 효도와 경영은 아무런 연관성이 없을 것 같지만 실제로는 기업체, 경제 및 산업계 등에서 다양한 방식으로 개념과 의미가 적용되는 중이다.

효도는 분명 오래된 것이지만 우리의 미래를 기약하기 위해 인간으로서 반드시 견지해야 될 기본정신이 담겨 있기에 저자는 이를 '오래된 미래'로 해석하면서 내용을 펼쳐나갈 생각이다. 오래된 것과 미래는 분명 모순의 관계로서 "효도가 오래된 것임은 맞지만 어떻게 미래가 된다는 것인가?" 의구심이 들 것이다. 효도와 미래, 양자가 어떻게 연결되는지는 본문에서 독자들에게 세세하고 명확하게 설명토록 하겠다.

효도가 가족윤리로서 가정에만 머물지 않고 사회와 국가로 향할 때 우리 공동체는 다양한 분야에서 상생의 결과를 기대할 수 있으며, 지속가능한 성장의 기약도 가능하다. 이는 효도의 적용 분야가 다양하고 확장성의 성격을 갖기 때문에 비롯된 것이다. 사람다움이 강조되는 덕목으로서의 효도는 사람이 함께 살면서 꾸려가는 과정에서 든든하게 뒷받침하는 배경인 만큼 우리 사회에서 새롭게 재인식될 필요가 있다.

오랜 기간 축적의 시간을 거치면서 우리와 함께 하였고 무엇과도 바꿀 수 없는 자산인 효도는 ESG경영 같은 기업경영뿐만 아니라 사회와 국가운영에도 도움을 줄 수 있다. 글로벌 차원의 무한경쟁 시대에 자원빈국으로서 우리에게 효도는 대체불가한 정신자원이다. 물론 효도가 만병통치약은 결코 아니지만 연구결과에 따르면 조직을 이끌어가는 리더십의 배양에서 핵심적인 요소이며 경제 분야에서 윤리의 기준으로도 활용이 가능하다.

나아가 효도는 안보의 근간이자 교육의 근원으로서 분명한 성격을 가지며 국가를 위해 그 가치를 충분히 발휘할 수 있다.

또한 효도가 문화의 원천이자 복지를 보완해주는 역할 수행을 통해 국가와 사회를 보다 윤택하게 만들어 줄 여지를 갖는다. 이는 저자만의 독단적인 견해가 아니라 그간의 연구결과와 구체적인 사례로써 입증되는 것이다.

이 책은 '삼성과 효도경영'이라는 이름을 달면서 기업인과 직장인 같은 독자들이 효도의 정신을 다시금 되새기고 인식전환의 계기로 삼아 우리 사회와 국가의 발전을 위해 어떻게 적용할지를 안내하기 위한 목적으로 시작되었다. 효도를 다루는 학문인 효학孝學을 공부했고 박사학위를 받은 저자로서 이론과 연구가 사장되지 않고 대중과 만나 다수에게 공유되기를 희망하기에 부족한 지식과 능력임에도 불구하고 "한 번 해보자"는 마음으로 착수한 작업인 것이다.

저자는 장기간 공직분야에서 일한 사람으로서 단언컨대 삼성과는 아무런 관련성이 없다. 다만 삼성의 사례를 통해 효도와 경영, 양자의 접목 가능성을 발견했기에 이 회사를 둘러싸고 생긴 효도 이야기를 모티브 및 콘텐츠로 삼아 책의 내용을 전개하는 것이다. 관심 있는 독자들이 효도가 갖는 의미 및 가치를 충분히 이해하고 공감과 더불어 일상에서 활용해줄 것을 기대하는 마음이다.

1부

삼성을 일깨운
승어부

1장

이건희의 승어부

1절. 가족 빼고 다 바꾸는 혁신

앞으로도 다양한 평가가 나올 수 있겠지만 삼성그룹의 2대 총수였던 고故 이건희 회장1942-2020은 한국의 경제 발전사에서 커다란 발자취를 남긴 인물임에는 이론의 여지가 없을 것이다. 때문에 그의 별세 이후 우리 사회는 애도 속에서 그가 남긴 기업가로서의 성취와 공헌, 그리고 경영을 통해서 결과로 보여주었던 가치 및 정신을 되새겼었다.

이 회장은 1987년 선대를 이어 그룹 총수 직에 올랐다. 그러나 영광에 앞서 해결해야 될 난제를 부여받는다. 삼성은 일부 계열사 사명에서도 '제일'을 사용할 만큼 "1등주의"를 강조하던 그룹이었지만 시간의 흐름과 더불어 그동안 이뤘던 성취에 몰입된 데다 '소비재 위주'에서 '신기술 위주'로 사업의 전환을 진행하면서 큰 어려움을 겪는다.

특히 전자를 중심으로 그간 축적하고 보유했던 기술이 기대와는 달리 품질 문제에 봉착하고 시장에서 자칫 2류로 뒤처질 상황이 전개되었음에도 불구하고 내부적으로 조직과 구성원들이 좀처럼 위기의식을 못 느끼는 데다 개선의 기미조차 보이지 않았다. 때문에 그는 현재의 삼성, 미래의 삼성에 대한 고민과 우려 속에서 불면의 나날을 보냈다.

그는 부회장 시절에 부친 이병철 회장1910-1987으로부터 '경청 傾聽'이라는 글귀를 선물 받은 이후부터 공개적인 언급을 자제하고 주로 듣는 스타일을 고수했었다. 그러나 그룹을 둘러싼 냉엄한 환경과 현실을 직시하고 눈앞까지 다가온 경영 리스크를 감지한 이후부터는 그간의 과묵한 행보를 멈추고 지속적으로 묵직한 발언들을 쏟아 내기 시작했다.

당시 삼성전자의 상태를 놓고 "생산 현장에 나사 같은 작은 부품이 굴러다녀도 줍는 사람이 없다."는 한탄과 함께 "3만 명이 만들어내지만 품질 문제로 6천 명이 수리를 하러 다니는 비효율적이고 낭비적인 집단", "실제 위기에 무감각한 회사"라는 비판을 가한다. 구성원들이 "최고의 회사이자 일류 조직"이라고 자부하던 상황 하에서 청천벽력이었으며 고개를 들기 어려울 정도로 매우 뼈아픈 지적이었다.

그가 구사한 화법을 좀 더 살펴보면 "우리나라의 정치는 4류, 관료와 행정조직은 3류, 기업은 2류다."[1]처럼 기업가로서는 극히 구사하기 어려운 직설적인 면을 보이기도 한다. 그러나 변

---

1) 이건희 회장이 1995년 베이징에서 한국 언론사 특파원들과 가진 간담회에서 작심하고 행한 발언으로서 당시 정치권과 정부, 경제계에서 큰 파장을 일으켰다.

화와 위기를 먼저 읽고 내놓은 촌철살인寸鐵殺人의 메시지는 삼성그룹을 구동시키는 강력한 스파크였다. 아울러 경제발전 과정에서 일군 성과를 바탕으로 안주하면서 타성과 관행에 몰입돼 있었던 한국 경제와 사회의 극적인 변화를 불러일으키는 촉매제이기도 했다.

시간을 되돌려 1993년 6월 7일의 독일 프랑크푸르트 소재 캠핀스키 팔켄슈타인 호텔로 가본다면 이 회장의 또 다른 파격적인 발언을 접할 수 있다. 삼성의 글로벌 경쟁력 파악을 위해 장기간 미국과 유럽, 일본 등지를 돌며 해외 체류를 이어가던 그는 '신경영'을 선언하면서 본사 임원과 각국 법인장 등 200여 명을 독일 현지로 불러들이고 이들을 향해 다음과 같이 강력한 경고를 한다. 이는 혁신의 출발점을 '인간'으로 보고 "우선 나 자신부터 변하자."는 것인바, 주체인 회장 자신은 물론 그룹 계열사와 구성원 전체에 대한 반성과 개선의 촉구였다.

> 결국 내가 변해야 한다. 바꾸려면 철저히 바꿔야 한다. 극단적으로 말하면 마누라와 자식 빼고 다 바꿔봐라. 농담이 아니다. 그래야 비서실이 변하고 계열사 사장과 임원이 변한다. 과장급 이상 3000명이 바뀌어야 그룹이 바뀐다. 나는 앞으로 5년간 이런 식으로 개혁 드라이브를 걸겠다. 그래도 바뀌지 않으면 그만두겠다. 10년을 해도 안 된다면 영원히 안 되는 것이다.[2]

---

2) 비상경영회의 차원으로 개최된 이날 회의에서 행해진 이건희 회장 발언은 이른바 '프랑크푸르트 선언'으로 불리며, 지금의 삼성을 만든 결단으로 평가받는다.

가장에게 있어 아내와 자녀는 어느 무엇과도 바꿀 수 없는 최고의 존재이며 삶의 의미이다. 아울러 가정을 꾸린 이후 이들을 통해 현재의 충실한 생활, 미래의 행복한 일상을 꿈꾼다. 이건희 회장의 프랑크푸르트 발언은 가장 입장에서 결코 변할 수도, 변해서도 안 되는 가족의 가치를 절대적으로 견지하되 직장 구성원으로서는 반드시 전면적인 변화가 필요함을 강조한 것이다.

그는 가족의 가치를 대단히 중시했던 경영자였다. 그래서 직원들을 향해 "지금은 먹고 사는 것이 어렵지 않다. 가장의 역할을 충실히 하고 가족들과 자주 대화하자. 삶의 질을 높이려면 가정과 직장, 가정과 사회 간 조화를 꾀하는 것이 중요하다."[3]라고 강조하곤 하였다. 그가 가졌던 가족과 가정의 존재 및 중요성에 대한 견해는 요즘 직장인들 사이에서 지고의 가치로 인식되는 '워라밸work-life balance, 일과 삶의 균형'의 생활과 맥을 같이한다.

가족은 시대의 흐름에 따라 의미가 퇴색하고 구성 방식에도 커다란 변화를 보이는 상황에 직면했지만 여전히 사회집단의 최소단위이자 출발점으로서 중요한 의미를 갖는다. 그러나 오늘날 조부모와 부모, 손자로 이뤄진 3세대 동거의 전통적 대가족은 찾아보기 힘들어졌고 핵가족이 보편화된 가운데 이제는 1인 가정이 어색하지 않은 현실 속에서 가족을 통해 쌓이고 이어졌던 전통적 가치도 점차 희미해지고 있다. 이 중에서 가장

---

3) 민윤기, 『이건희의 말』, 스타북스, 2020. 11. 8. 1.

대표적인 것이 효孝의 가치다.

이건희 회장은 기업 총수로서 구성원들이 업무를 수행하면서 핵심가치에서 벗어나지 않고 기본을 지켜주기를 기대했다. 이와 관련하여 구성원들에게 "효도하고 또 효도하라. 그래야 하늘과 조상이 협조한다."[4]라는 말을 전한다. 이는 "사람으로서 최대한의 노력을 다하고 하늘의 뜻을 기다린다."는 진인사대천명盡人事待天命의 자세를 의미한다. 우리가 면면히 이어져온 선조들의 정신과 유산, 즉 효도의 정신을 지키고 실천하되 이를 기반으로 현실에서 최선의 노력을 기울일 때 비로소 기대하는 결과를 얻을 수 있기에 나온 말인 것이다.

그는 2014년 급성 심근경색으로 입원한 이후 경영일선으로 돌아오지 못한 채 오랜 와병 끝에 2020년 10월 25일 만 78세로 유명을 달리한다. 10월 28일 진행된 영결식의 추모사에서 나온 승어부勝於父라는 표현은 이 책을 관통하는 키워드이다. 이 회장의 서울사대부고 동문으로서 50년 지기인 김필규 전 KPK 통상 회장의 추모사는 지금도 명문名文으로서 인구에 회자되는데, 효도 가치와 관련하여 일부를 살펴보면 다음과 같은 내용이 발견된다.

아버지는 아들들에게 극복의 대상이라고 합니다. 특히 성공한 아버지를 둔 자식은 심리적 부담과 압박을 받게 마련입니다. 따라서 이를 극복하고 선대의 유업을 크게 융성시키는 일은 지극히 어려운 일이라고 합니다. 그래서

---

4)   민윤기, 『이건희의 말』, 스타북스, 2020. 11. 261.

예로부터 전해오는 말에 승어부(勝於父)라는 말이 있습니다. 아비를 이긴다 하기보다는 아비를 능가한다는 것으로, 효도의 첫걸음이라고 배운 말입니다. 제가 과문한 탓인지는 몰라도 세계 각국을 둘러보아도 이 회장만큼 크게 승어부하여 효도한 사람을 보지 못했습니다. 흔히 사람들은 당신이 삼성을 100배, 1000배 키웠다고 이야기를 하지만 그 성취의 크기를 수량만 가늠해선 안 될 것입니다. 성취의 내용과 질, 그리고 무엇보다도 세계를 여행 하면서 맛볼 수 있는 대한민국 사람으로서의 자긍심을 어떻게 수량으로 가늠할 수 있겠습니까?[5]

선친의 유업을 이어받아 삼성그룹의 성장과 발전을 견인했던 이건희 회장은 고교시절부터 반세기 동안 깊은 우정을 나눴던 지기에 의해 "승어부의 경영자"로 호명되었다. 그의 별세 이후 곳곳에서 다양한 평가가 나오는 가운데 한국 경제를 상징하며 재계 1위의 그룹을 이끌었던 기업인은 마지막에 이르러 "제대로 된 경영을 통해 효도한 자식"으로 남은 것이다.

이는 오늘의 시점에서 대단히 오래되고 낡은 존재로만 인식되었던 효도가 결코 오래되지도, 또한 낡지도 않았으며 국내 대표적 기업인에게 적용될 정도로 대단히 귀중한 가치로서 생생히 살아 있음을 입증하는 사례이다. 아울러 효도의 가치가 현대 사회의 경영에서도 의미 깊은 기업가정신의 바탕으로 충분히 역할을 수행할 수 있음을 시사하는 것이다.

중국 수隋나라 말기의 극심한 혼란 속에서 부친과 함께 군사

---

5) 김필규, 『우리들의 이야기』(서울사대부고 동창 수필모음집), 2020년 8호.

를 일으켜 중원을 평정하고 당나라를 세웠던 태종 이세민李世民, 598-649은 왕실과 조정 차원에서 사치를 경계하고 민생을 안정시켰으며 인재를 고루 등용함으로써 후세 군왕들의 치세에 있어 본보기가 된 인물이다. 그는 개국 초기 신하들 간의 창업과 수성을 둘러싼 갑론을박甲論乙駁을 명쾌하게 정리하면서 "창업도 어렵지만 수성은 더욱 어려운 일"[6]임을 강조하였다.

한편, 고대 중국의 병법서로서 구체적인 용병술을 담았기에 조선시대에 무관급제를 위해 필독해야 되었던 오자병법吳子兵法에는 "전쟁에서 승리하는 것은 쉬워도 승리를 지키는 것은 어렵다."[7]는 내용이 나온다. 누구든 지켜야만 되는 상황에 처한다는 것은 그만큼 잃을 것이 있다는 의미로서 승리 후의 안심과 방심을 경계해야 됨을 시사한다. 이와 같이 역사는 온갖 어려움을 극복해내고 이뤘던 결과물을 온전하게 유지하고 향후의 발전까지도 모색한다는 것이 결코 용이한 일은 아니라는 가르침을 주고 있다.

부친이 창업한 삼성을 반석 위에 올리고 퀀텀점프quantum jump[8]의 성과를 내놓았다는 점에서 이건희 회장은 분명히 수성에 성공한 인물이다. 이 과정에서 수많은 고민과 결단이 있었으며 삼성이 마주한 경영에서의 위기 때마다 불면의 밤을 보내

---

6) 『貞觀政要』「君道」, "易創業, 難守城."

7) 『吳子兵法』, "戰勝易, 守勝難."

8) 원래는 물리학 용어로서 양자가 일정 단계에서 다음 단계로 가는 상황에서 계단의 차이만큼 뛰어오르는 현상을 지칭한다. 최근에는 어떠한 일이 연속성을 띠면서 조금씩 발전하는 것이 아니라 마치 계단을 뛰어오르듯 다음 단계로 나가는 현상을 설명하는 용어로 활용된다.

면서 해법을 찾았다.

　그는 2003년 '신경영 10주년 기념식' 행사에서 "만약 신경영을 하지 않았다면 삼성이 2류, 3류 기업으로 전락하거나 망했을지도 모른다는 생각을 하면 등골이 오싹해진다."고 언급했으며, '신경영 20주년 기념식' 치사를 통해 "삼성은 현재에 자만하지 않고 위기의식으로 재무장해야 한다."면서 안주와 안일을 경계하고 1류 기업로서의 위상을 견고히 할 것을 주문하였다. 회의와 행사 등을 통해 이뤄진 그의 이러한 발언들은 어록으로 남아 우리 경제계가 곤경에 처하거나 새로운 발전 방식을 모색할 때 다시금 읽혀지곤 한다.

2절. 청출어람과 승어부

일반적으로 "제자가 스승보다 낫다."는 의미로 사용되는 청출어람靑出於藍[9]은 어느 정도 우리 귀에 익지만 승어부는 꽤나 낯선 것이 사실이다. 제자가 스승보다, 자식이 아버지보다 낫다는 표현에 대해 불쾌한 감정을 갖게 될 스승과 아버지는 없다. 오히려 이를 최고의 찬사로 여길 것이다. 그럼에도 불구하고 우리 사회에서 승어부가 잘 사용되지 않았던 이유는 직역할

---

9)　본래의 문장은 『荀子』「勸學編」에 등장하는 "靑取之於藍而靑於藍"인데, 사자성어로 축약 및 변용되었다.

경우 "아버지를 이긴다."는 것으로 자칫 불경스럽다거나 오만 불손하다는 의미로 해석될 수 있어서이다. 아울러 경제 및 사회구조와 국민의식 등이 과거와 많이 다른 오늘의 상황 하에서 승어부를 실천한다는 것이 극히 어려운 일이기도 하기 때문이다.

뒷부분에서 상세히 언급하겠지만 승어부의 진정한 의미는 부모세대의 유업과 기대를 저버리지 않고 온전히 이어가는 정신과 자세에 있다. 이를 바탕으로 삼아 이룬 성과는 후대로 계승된다. 이러한 이유로 인해 "옛것을 익히고 그것을 미루어 새것을 안다."는 온고지신溫故知新[10]이 오늘날에도 여전히 중요한 덕목으로 인식된다. 옛것에 담긴 가치는 결코 소홀히 여겨질 수 없으며, 미래를 열어가는 정신적 기반으로서 무엇과도 바꿀 수 없는 우리의 자산이다.

근래 들어 2대, 3대 경영이 이뤄지는 기업을 중심으로 창업주 정신을 되돌아보는 사례가 늘고 있다. 코로나-19 팬데믹으로 야기된 글로벌 경기 침체에다 중국과 러시아 등 주요 국가의 양보 없는 강성 대외정책, 미국과 중국 간 갈등 고조까지 겹치면서 수출주도의 경제구조 하에서 기업들이 전대미문前代未聞의 위기에 봉착했고 결국 선대 창업자는 사업상 곤경을 어떻게 극복했는지를 찾아내고 벤치마킹하려는 것이다. 이 때문에 주요 기업 태동기에 충만한 기업가정신으로 활동했던 제1세대 창업주들에게 재계의 이목이 쏠리고 있다.

---

10) 『論語』「爲政」, "溫故而知新, 可以爲師矣."

지금의 상황은 외교와 안보, 국제정세 등의 다양한 요인까지 가세한 '복합 경제위기'로 표현된다. 악화된 대내외 경제 환경 하에서 기업들로서는 좀처럼 반등의 계기를 마련하기가 어렵기에 우선은 내부에서, 과거에서라도 해결의 실마리를 찾으려고 시도한다. 이 때문에 무에서 유를 창조했던 삼성 이병철, 현대 정주영, 롯데 신격호, 한화 김종희, 한진 조중훈 등 주요 기업 창업주들이 재조명되고 있다. 이들이 가졌던 정신과 자세를 통해 초심으로 돌아가려는 기업들의 의지가 비춰진다.

현대그룹의 명맥을 잇는 현대자동차그룹의 경우, 정의선은 그룹 회장 직에 오르며 일성으로 조부인 정주영 회장, 부친인 정몽구 회장을 언급하면서 두 사람의 업적과 기업가정신을 이어받아 국가경제에 대한 기여와 인류행복에 공헌하는 기업을 지향할 것임을 밝혔다. 이는 선대가 이룬 성과를 기반으로 국가와 인류를 향한 기업가로서의 의지를 맹세한 것으로 해석할 수 있다.

부친으로부터 지원받은 쌀 300석을 갖고 정미소에서 출발하여 오늘의 삼성을 일으킨 생전의 이병철 회장은 사람들이 "재벌", "부자"를 지칭할 때 가장 먼저 떠올렸던 인물이다. 그는 "사람은 누구나 자기가 과연 무엇을 위해 살아가고 있는지를 잘 알고 있을 때 가장 행복한 것이 아닌가 생각한다. 다행히 나는 기업을 인생의 전부로 알고 살아왔고, 나의 갈 길이 사업보국에 있다는 신념에 흔들림이 없다."[11]는 지론을 가졌다.

---

11) 이병철, "나의 경영론", 『전경련 회보』, 1976.11.

그가 맨손으로 일으키고 애정으로 키워낸 사업과 사업체는 삼성이라는 이름으로 한국경제에 뿌리를 깊게 내렸고 자식 대를 거쳐 성장과 확장을 거듭했으며 이제 손자 세대로 이어지면서 이른바 '3세 경영'을 맞이하였다. 아울러 그가 가졌던 인재관, 사업보국의 경영철학뿐만 아니라 치열했던 기업가정신도 오늘의 시점에서 되짚어지고 있다.

선현들의 금언과 명구를 모은 명심보감明心寶鑑에는 "돈을 모아 자손에게 남겨준다 해도 자손이 반드시 다 지키지 못할 것이며, 서책을 모아 자손에게 남겨주어도 반드시 다 읽지 못할 터이다. 남이 모르는 가운데 음덕을 쌓아 자손을 위한 계책으로 삼는 것만 못하니라."[12]라는 경구가 나온다. 이는 베푼 덕을 통해 얻어진 평판이야말로 후손들에게 전해지는 가장 고귀한 유산임을 시사한다.

삼성그룹 회장 일가의 선대 유지 계승은 '공간'이라는 측면에서도 명확히 나타난다. 서울 용산구 한남동에 소재한 승지원承志園은 원래 창업주 이병철 회장의 안목에 따라 한옥이 갖는 단아한 운치와 고유한 전통미를 살려 건축한 주택이다. 1987년 이건희 회장이 물려받으면서 개보수를 거쳐 "뜻을 이어받는다"는 의미를 담아 옥호屋號를 지었기에 건물 현판에는 부친의 호가 앞에 붙은 '호암승지원湖巖承志園'으로 표기되어 있다.

승지원은 이건희 회장의 집무실 겸 영빈관으로 활용되었는

---

12) 『明心寶鑑』「繼善編」, "積金以遺子孫, 聞未必子孫, 能盡守. 積書以遺子孫, 聞未必子孫, 能盡讀. 不如積陰德於冥冥之中, 以爲子孫之計也."

데, 건축계의 "공간이 생각을 만든다.", "공간이 의식을 지배한다."는 철학처럼 이곳은 그에게 선대와의 대화와 소통, 자신만의 사색과 구상이 이뤄진 공간이었다. 그는 여전히 부친의 숨결이 깃든 승지원을 통해 한국 재계의 구심점 역할을 수행하는 한편, 심사숙고를 거듭하며 여러 차례에 걸쳐 삼성의 명운을 결정짓는 고독한 결단을 내리기도 했다. 때문에 삼성 내부에서는 이곳을 성지로 여기며 이재용도 선대의 유지 계승 차원에서 상징적인 대외행사와 주요 인사 접견장소로 활용 중이다.

창업 이래 인재를 극도로 중시하는 삼성의 전통은 이건희 회장에게도 그대로 이어졌다. 그의 "200~300년 전에는 10만~20만 명이 군주와 왕족을 먹여 살렸지만, 21세기는 탁월한 한 명의 천재가 10만~20만 명의 직원을 먹여 살리는 인재경쟁의 시대이다."[13]라는 언급에서 특출한 재능을 가진 사람에 대해 얼마나 큰 욕구를 가졌는지 충분히 읽어낼 수 있다.

기업은 한자로 풀어보면 "사람이 머무는 곳"으로서 돈이 먼저가 아니라는 의미를 담고 있다. 기업企業의 기企자는 '사람 인 人'과 '머물 지止'가 합쳐진 것이기 때문이다. 이병철 회장 대에 "인재제일"을 사훈으로 정할 정도로 사람이 가진 가능성과 가치에 큰 의미를 부여했던 경영철학은 자식인 이건희 회장 대에도 제대로 이어지고 유지되었다고 할 수 있다.

그가 이끈 삼성이 부친 시대에 비해 약 40배의 매출 증가율을 보인 것은 큰 의미를 갖는다. 그럼에도 더욱 중요한 가치는

---

13) 2002년 6월 개최된 「인재전략 사장단 워크숍」에서 나온 이건희 회장의 발언이다.

인재에 대한 부친의 인식이 자식 시대에서도 경영을 통해 그대로 재현, 이행되었다는 데서 찾을 수 있다. 이처럼 그는 부친이 견지했던 경영철학이 낡고 고루하지 않을뿐더러 언제든지 꺼내 살펴봐도 여전히 새롭고 매력적인 것임을 실적과 성과로써 증명한 인물이다.

삼성 일가에서 부친의 유지가 자식에게 계승된 구체적인 사례는 반도체 산업에서도 발견된다. 이미 1975년 한국반도체를 인수했던 이병철 회장은 일본 전문가로부터 "앞으로의 산업은 반도체가 좌우한다. 경박단소輕薄短小한 것을 만들어야 한다."는 조언을 들은 이후 미국 출장을 통해 반도체 진출이 늦어질수록 뒤처진다는 마음을 굳히고 1983년 2월 그 당시 반도체 중에서도 첨단기술인 초고밀도집적회로에 대한 대규모 투자를 밝혔다. 이것이 그 유명한 '도쿄선언'이다.[14] 이 선언은 삼성의 오늘을 이룬 출발점이라 해도 과언이 아니다.

그는 내외부의 심각한 우려 속에서 "반드시 3년 안에 망할 것"이라는 식의 비아냥거리는 소리까지 들었음에도 불구하고 특유의 뚝심을 발휘해 막대한 자금을 들이면서 그해 12월 64KD램 반도체 개발을 성공시켰다. 그의 시대는 삼성의 반도체 분야 진출을 통한 프레임 구축기간으로서 상당한 의미를 갖는다. 공장을 짓고 인재를 모으면서 다져진 기반은 자식에게 이어지며 반도체 강자로서의 면모를 드러내는 자산이 된다.

---

14) 김현수, 염희진, "이병철 반도체 진출 도쿄선언, 최고의 장면", 동아일보, 2020. 11. 11.

이건희 회장은 부친 대에서 시작된 반도체 산업을 키우고 탄탄한 반석 위에 올렸다. 한국 사회가 '패스트 팔로어Fast Follower, 빠른 추격자'에서 '퍼스트 무버First Mover, 선도자'로 가야 한다는 평상시 지론대로 장기적인 관점에서 당장의 손익분기점에 결코 연연하지 않는 마음가짐과 과감한 경영 방식을 견지하면서 반도체 사업에 전사적 차원의 역량을 기울였다.

그는 취임 후 이른바 '신경영'을 선언하던 1989년부터 세계 시장의 선두권 진입을 이뤄냈고 1996년 닥친 4년간의 '반도체 대공항' 기간을 극복하면서 파운드리 프로젝트도 출발시켰다. 본인 스스로가 삼성이 반도체 사업으로 인해 수차례나 망할 뻔했었음을 고백한 것처럼 반도체 경기의 호황과 불황을 넘나들며 치른 전쟁은 대단히 치열했다. 지속적인 기술 개발과 마케팅에도 불구하고 글로벌 환경의 변화는 수시로 삼성을 시험과 시련의 상황에 직면토록 만들었다.

그럼에도 부친이 남긴 반도체 사업은 자식의 손을 거치면서 지속적인 성장세를 보였으며, 오늘의 삼성을 상징하고 내일의 삼성을 기약하는 핵심 아이템으로서 역할을 수행 중이다. 이는 자식으로서 부친이 시작한 사업을 이어가고 보다 더 발전시킨 결과이므로 제대로 된 승어부를 통해 효심을 구체화시킨 것이자 진정한 효행이라고 평가할 수 있다.

이건희 회장은 승어부의 경영자답게 승어부를 제대로 구현한 인물을 알아보는 안목을 보여주었다. 대표적인 인물은 오늘날 삼성전자와 치열한 경쟁을 벌이는 세계 최대의 파운드리

Foundry 전문기업 TSMC[15])의 모리스 창張忠謀 창업자이다. 이 회장은 1989년 대만까지 직접 날아가 창업 3년 차로서 미래의 성공을 장담키 어려웠던 모리스 창에게 후한 대우를 조건으로 삼성 입사를 권유했었다. 대만 정부와의 약속 등을 이유로 내세운 당사자의 사양으로 인해 결국 스카우트는 무산되었지만 30년 후를 내다봤던 포석이라 할 수 있다.

세계 각국이 '반도체 전쟁'이라 할 정도로 국력을 투입하면서 공급망 확보를 위해 치열한 경쟁을 벌이는 상황 하에서 모리스 창은 자국인 대만의 안보는 물론 국제 질서까지 좌지우지할 수 있는 인물로서 영향력을 발휘하고 있다. 초강대국인 미국과 중국이 고령으로 이미 은퇴 상태인 그의 일거수일투족, 말 한마디 한마디에 신경을 곤두세우면서 일희일비할 정도이다.

중국 본토 태생인 그는 국민당과 공산당의 국공내전國共內戰 와중에서 국민당 지지자였던 부모의 손에 이끌려 홍콩을 거쳐 1949년 미국으로 이민을 간다. 교육열이 높았던 부모의 뜻에 따라 학업에 매진한 결과, 영국의 대문호 셰익스피어와 그리스의 서사시인 호메로스의 작품을 손에서 놓지 않은 채 읽고 또 읽을 정도로 좋아했던 작가지망생은 하버드대학에 진학, 문학을 전공한다. 그러나 가족의 생계를 위해서는 취업이 상대적으로 용이한 공학도의 길을 걸어야 된다는 생각에 이공계 명문 매사추세츠공과대학MIT으로 편입, 학사와 석사를 마치고 다른 업

---

15)   Taiwan Semiconductor Manufacturing Company는 반도체 제조만 전담하는 위탁생산 전문기업으로서 세계시장에서 압도적 점유율을 보이고 있다.

종보다 급여가 높았던 반도체 회사에서 사회생활을 시작한다.

그의 부친은 넉넉하지 못한 가정 상황 속에서도 학창 시절의 아들로 하여금 경제 감각을 갖도록 몇 주 수준의 반도체 관련 주식을 선물한다. 이것이 그의 운명을 바꾸는데, 당시 미국에서는 2등 국민이었던 중국계 이민자 가정 출신으로서 사회의 주류에 편입할 수 있었던 배경에는 경제의 흐름과 반도체의 미래를 읽어내도록 눈을 뜨게 만든 주식이 존재한다. 부친으로부터 받은 몇 주의 주식이야말로 오늘의 그를 만들었기에 어떠한 유산보다도 귀한 것이었다.

모리스 창은 텍사스 인스트루먼트로 이직한 후 회사의 지원을 받아 스탠퍼드대학에서 전기공학 전공으로 박사학위를 받고 현업으로 돌아와 아시아계 최초로 부사장 자리까지 오른다. 그리고 미국생활을 접으면서 국민당 지지자의 아들로서의 행보를 보인다. 1985년 대만 정부로부터 대만산업기술연구원 원장 직을 제안받으며 대만으로 이주하였다. 파운드리 산업의 가능성을 인지한 그는 정부의 전폭적인 지원을 받아 56세가 되던 1987년 TSMC를 창업한다.

그의 몸속에는 국민당을 향한 확고한 지지 성향을 바탕으로 사상의 자유와 미래의 행복을 찾으려 미국 이민을 강행했던 부친의 DNA가 온전하게 담겨져 있으며 강한 자존감으로 표출된다. 이를 극명하게 드러내는 것이 2021년 기술포럼에서 인텔 CEO의 행태에 대해 공개적으로 "무례한 자"라고 일갈한 것이다. 이는 비즈니스에서도 동양사회의 기본 덕목인 예의와 범절을 반드시 갖춰야 한다는 지론에서 나온 것이다.

$$\boxed{2장}$$

이재용의 승어부

1절. 왕관의 무게를 견뎌라

사내에서 "JY"로 약칭되는 이재용은 부친의 별세 후 2년이 지난 뒤에서야 이사회 의결을 거쳐 2022년 10월 27일 별다른 행사조차 없이 조용하게 그룹의 3대 회장 직에 오른다. 입사 이후 31년 만의 일이다. 그리고 국내외의 높은 관심 속에서 정중동의 행보를 이어가는데, 향후 그의 능력과 삼성의 미래에 대한 단서는 아주 가까운 데서 찾을 수 있다.

바로 이건희 회장 영결식에서 나왔던 김필규 전前 KPK통상 회장의 추모사이다. 그 주요 내용을 다시 한 번 되짚어보면 새로운 회장 이재용에 거는 기대감, 그리고 남겨진 가족 및 그룹 구성원들이 향후 어떠한 역할을 수행할 것인지가 명확하게 드러난다.

이건희 회장! 당신은 우리 모두에게 불꽃을 심어 주었으며, 그 빛은 영원할 것입니다. 호부무견자(虎父無犬子, 훌륭한 아버지 밑에 못난 자식이 없음을 의미)라는 말이 있습니다. 당신이 부친의 어깨너머로 배웠듯이 당신의 어깨너머로 배운 재용군이 이제부터는 당신 못지않은 열정과 선견으로 삼성의 새로운 역사를 탄탄하게 만들어 갈 것입니다. 부진, 서현 두 분의 따님들도 유능한 경영자로 성장했으며, 무엇보다도 이들 뒤에는 당신의 보물 1호인 홍라희 여사가 든든한 버팀목이 되고 있습니다. 또한 인재제일의 모토 아래 발굴하고 성장시킨 삼성가족들이 당신이 이룩해놓은 성취를 위해 열과 성을 다하고 있습니다.[16]

이재용은 부친의 와병 기간 중 부회장으로서 그룹을 이끌어가지만 경영권을 승계하는 과정에서 불거졌던 법적 문제로 인해 다년간에 걸쳐 재판과 수감생활을 거듭하며 대장 절제 수술까지 받는 등 크나큰 고초를 겪는다. 그가 2017년 8월 열린 국정논단 재판 항소심 진술을 통해 "이병철의 손자나 이건희의 아들이 아닌 스스로의 노력으로 기업인으로서 인정받는 게 꿈이었다."고 고백한 것은 한국 최대기업의 후계자로서 부담감과 압박감이 결코 만만치 않았음을 보여준다.

그럼에도 그는 조부와 부친 2대에 걸쳐 이룩해놓은 과거의 업적과 유산을 온전히 이어가되 이제부터는 오롯이 자산의 힘으로, 더욱 키워야 되는 숙명과 과제를 항시 인식하고 있다. 셰익스피어의 희곡 '헨리 4세'에 나오는 "왕관을 쓰려는 자, 그 무게를 견뎌라."는 대사처럼 왕관은 쓰려는 사람에게 한순간의

---

16) 김필규, 『우리들의 이야기』(서울사대부고 동창 수필모음집), 2020년 8월.

영광에 앞서 막중한 책임감을 요구하기 때문이다. 한국 경제계의 대표적인 기업, 그 기업의 최고경영자로서 요구되는 것은 지속적인 성장과 발전이며 국가와 사회에 대한 공헌이다. 때문에 이와 같은 기대에 대한 부응은 이제 공적 차원에서 피할 수 없는 것이 현실이다.

이재용은 2022년 1월 진행된 국정논단 재판 파기환송심 최후진술 과정에서 부친에 대한 50년 지기의 절절한 헌사(獻辭)였던 승어부와 관련하여 자신의 인식과 각오를 여실히 드러난다. 4000여 자에 달하는 20여 분간의 진술에는 부친에게 효도하려는 자식으로서의 간절한 염원, 삼성그룹을 책임지려는 경영자로서의 강력한 의지가 담겨 있다. 때문에 승어부는 향후 그의 재임 기간을 일관하는 근본 가치이자 핵심 목표로서 지속될 것이다.

두 달 전 이건희 전 회장님 영결식이 있었습니다. 회장님 고교 친구분께서 추도사를 해주셨습니다. 그분은 '승어부'라는 말씀을 꺼내셨습니다. 아버지를 능가하는 것이 진정한 의미의 효도라는 말씀이셨습니다. 선대보다 더 크고, 더 강하게 키우는 게 최고의 효도라는 가르침입니다. 그 가르침이 지금도 제 머릿속에 강렬하게 맴돕니다. 경쟁에서 이기고 회사 성장은 기본입니다. 신사업 발굴 등 사업 확장도 당연한 책무입니다. 하지만 제가 꿈꾸는 '승어부'는 더 큰 의미를 담아야 한다고 봅니다. 최근 아버지를 여읜 아들로서 국격에 맞는 새 삼성을 만들어 너무나도 존경하고 또 존경하는 아버지께 효도하고 싶습니다.[17]

---

17) 이해준, "이재용 '참회하는 마음'…최후진술서 이건희 언급하며 울먹", 중앙일보,

고용 인력만 해도 30만 명에 가까운 '거대 선단' 삼성의 새로운 지휘자로서 그에게 부여된 과제는 결코 만만치 않다. 부친이 "인간과 기술 중시"라는 경영철학을 바탕으로 사상 초유의 IMF국제통화기금 위기 등 어려운 대내외 환경을 극복하고 오히려 삼성을 세계적인 기업의 반열에 올려놓았다면 자식이자 승계자의 입장에서는 결코 기존의 성과와 위상에만 안주하지 않고 글로벌 초일류 기업, 위대한 기업으로의 도약을 이뤄내야 하는 것이다.

그의 회장 직 취임에 즈음하여 국내 언론사들은 향후 행보에 깊은 관심을 보였다. 보도된 기사의 제목만 몇 가지 뽑아 봐도 "승어부…이재용 회장 특유의 경영메시지 주목", "승어부 이룰 신성장동력 찾아라", "승어부 다짐한 이재용 경영보폭 넓히나", "이재용 승어부 가능할까…진정한 시험대 이제부터", "신중한 이재용 승어부 행보 나설지 관심" 등이 눈에 띈다. 우리 사회가 그에 대해 거는 기대가 얼마나 큰지를 여실히 알 수 있다.

그가 2022년 10월 25일 부친의 2주기 추모식 직후 삼성그룹 사장단과의 간담회에서 행한 발언 가운데 일부분을 살펴보면 향후 행보와 관련된 숙고의 흔적이 역력하게 드러난다. 부친이 늘 견지했던 경영자로서의 위기의식이 삼성을 오늘의 글로벌 기업으로 만들었는바, 자식으로서 위기에 대한 인식 또한 그대로 재현되고 있음을 알 수 있다. 아울러 신임회장으로서 자신의 소명이 무엇인지, 앞으로 무엇에 가치를 두고 어디를 향해

2020. 12. 30.

야 할지에 대한 각오가 느껴진다.

　　회장님께서 저희 곁을 떠나신 지 어느새 2주년이 되었습니다. 많은 분들께서 회장님을 기리며 추모해 주셨습니다. 깊이 감사드립니다. 회장님의 치열했던 삶을 되돌아보면 참으로 무거운 책임감이 느껴집니다. 선대의 업적과 유산을 계승 발전시켜야 하는 게 제 소명이기 때문입니다. 안타깝게도 지난 몇 년간 우리는 앞으로 나아가지 못했습니다. 새로운 분야를 선도하지 못했고 기존 시장에서는 추격자들의 거센 도전을 받고 있습니다. 돌이켜 보면 위기가 아닌 적이 없습니다. 우리가 어떻게 대응하느냐에 따라 기회가 될 수도 있습니다. 어렵고 힘들 때일수록 앞서 준비하고 실력을 키워나가야 합니다. 지금은 더 과감하고 도전적으로 나서야 할 때입니다. 창업 이래 가장 중시한 가치가 인재와 기술입니다. 성별과 국적을 불문하고 세상을 바꿀 수 있는 인재를 모셔오고 양성해야 합니다. 세상에 없는 기술에 투자해야 합니다. 미래 기술에 우리의 생존이 달려있습니다. 최고의 기술은 훌륭한 인재들이 만들어 냅니다.[18]

　3세 경영인으로서 1, 2대 회장이 항시 강조했던 "뛰어난 인재, 앞선 기술"을 향후 경영의 핵심으로 삼겠다는 이재용의 의지는 고전 중용中庸의 "효도는 조상의 뜻을 잘 계승해 그분들이 하고자 했던 사업을 내 시대에서 잘 펼치는 것이다."[19]라는 의미의 계지술사繼志述事를 떠올리게 한다. 여기에서의 계지술사

---

18)　김승룡, "이재용 회장이 사내 게시판에 올린 글…미래를 위한 도전", 서울파이낸스, 2022. 10. 27.
19)　『中庸』, "孝者善繼人之志, 善述人之事者也."

는 결코 지나간 세대와 새로운 세대 간의 단절이 아니라 오히려 양자 간 생생하게 이어지고 지속되는 과정 및 그로 인한 결과로 구현되는 것으로서 아름답고도 의미가 깊은 관계의 미학이라 할 수 있다. 승어부의 경영이야말로 조부와 부친이 그에게 진정으로 바라는 경영일 것이다.

율곡 이이李珥 선생은 황해도 해주지역에서 학동들을 훈도한 경험을 토대로 삼아 청소년 교육용으로 편찬한 격몽요결擊蒙要訣을 통해 "일상생활에서 잠깐 사이라도 부모님을 잊지 말아야 한다. 그런 다음에야 비로소 효도를 하는 사람이라 이름 지을 수 있다."[20]고 역설하였다. 율곡의 가르침처럼 그룹사 사장단 앞에서 표출된 이재용의 각오는 자신의 뇌리속에 부친이 언제나 함께 한다는 것을 의미한다. 이는 아울러 자식이자 후계자로서 앞으로 효도의 정신과 가치를 견지할 것임을 천명하는 것이다.

이재용은 부회장으로 재직 중이던 2020년 5월 사회적 기대와 국민들의 눈높이에 부합되는 변화를 약속하였다. 구체적으로 "준법 문화가 삼성에 뿌리내리도록 하겠다."고 밝힌 것이다. 그의 약속을 계기로 삼성은 외부의 독립적인 기구인 삼성준법감시위원회를 출범시켰다. 이 조직은 그룹의 간여를 받지 않고 계열사들에 대한준법 실태를 감시, 통제를 강화함으로써 정도경영正道經營을 실천하고 사회적 신뢰를 제고시키는 기능을 수행한다.

---

20) 『擊蒙要訣』, "日用之間, 一毫無頃, 不忘父母然後乃名爲孝."

준법과 관련되어 삼성이 본사 차원의 자체 감사를 통해 일부 소프트웨어 협력사가 자사 관계자에게 접대와 향응을 제공한 사실이 드러나자 2023년 3월 전격적으로 거래중단을 통보한 것은 부정적인 관행과의 결별을 확고히 한 것이다. 삼성의 사회적 윤리 준수 표명은 이제 한국의 기업들도 법과 규칙을 기반으로 한 글로벌 표준에 따라야 되는 시대로 접어들었음을 의미한다.

이처럼 이재용의 준법에 대한 강력한 의지는 유가 5대 경전 가운데 하나인 예기禮記에서 "효자는 어두운 곳에서 일에 종사하지 않으며, 위태로운 곳에 오르지 않는다. 이는 어버이를 욕되게 할 것을 두려워하기 때문"[21]이라고 설파한 것처럼 효도의 정신과 맞닿아 있다. 경영과정에서 당장의 이익만을 위한 불법과 편법, 앞뒤의 리스크를 재지 않는 모험과 강행은 선대 경영자의 기대, 그리고 소망에 결코 부합하지 않는 불효인 것이다.

부친의 와병으로 인해 후계자로서 경영을 맡았던 이재용은 또 다른 상황에서 부친과의 관계선상에 놓인다. 국내 효도 학계의 연구결과에 의하면 부친의 고통에 공감함으로써 형성된 깊은 유대는 부모의 삶을 해석하는 시야를 확대해주며, 해석자인 자녀 자신을 이해하고 발견하게 된다. 그리고 부모의 고통이 미해결된 상태라면 그것에 대해 보다 적극적인 태도를 지향할 수 있다.[22]

---

21) 『禮記』「曲禮」, "孝子不服闇, 不登危, 懼辱親也."
22) 류한근, "효 이해를 통한 성격적 효의 보편성", 『효학연구』 3호, 한국효학회, 2006.12, 211.

실제로 이재용은 부친 시대에 미처 이루지 못한 유업과 책임을 부여 받았고 이를 해결하기 위해 부친이 걸어온 길을 반추하면서 자신을 재인식하는 과정을 거치는 중이다. 동시에 경영을 통해 조부와 부친의 시대를 뛰어 넘는 수준의 '승어부'로서 보은하는 길을 모색하고 있다.

부친의 와병 기간 중 실질적인 후계자로서 역할을 수행해 왔던 이재용의 첫 성적표는 후한 점수를 받는다. 국내 한 언론사는 그에 대한 분석 기사를 통해 2015년부터 2022년까지 8년간 낸 이익만 327조 원에 달하는데 이는 조부 이병철 회장의 500배, 부친 이건희 회장의 4.8배 수준이라고 밝히고 회장으로서의 능력을 실적으로 이미 증명했다[23]고 평가하였다. 비록 부친의 경영 시대와 비교해 경제 규모가 다르다는 점을 감안해도 호평을 받을 수 있는 성과임은 분명하다. 특히 이건희 회장의 부재와 글로벌 경제의 불확실성이 지속되는 가운데 이룩한 성과이기에 큰 의미를 갖는다.

그러나 이는 부친이 다져놓은 성과를 기초로 단기간에 이룬 실적일 뿐 미래의 성적표에도 높은 점수가 기록될지는 아무도 장담키 어렵다. 논어論語에 담긴 내용 가운데 "선비는 넓고 굳세지 않으면 안 된다. 짐은 무겁고 갈 길은 멀다."[24]는 문구가 있다. 여기에 등장하는 임중도원任重道遠은 바로 그가 현재 처한 상황과 매우 유사하다. 그로서는 삼성의 현재와 미래에 대해

---

23) 박선미, "JY시대 100일…8년간 낸 이익만 327조원…회장 능력 실적으로 이미 증명", 아시아경제, 2023.1.20.

24) 『論語』「泰伯編」"士不可以不弘毅, 任重而道遠"

무한책임을 져야 하는 위치이지만 자신 앞에 놓인 어려움은 결코 녹록지 않기 때문이다.

아울러 조부인 이병철 회장의 "최고의 도덕이란 무엇인가? 이렇게 묻는다면 주저없이 봉사라고 대답하고 싶다. 인간에게는 이처럼 실천하기 어렵고 엄숙한 과제도 없다."[25]는 지론처럼 삼성이 국가와 사회, 나아가 인류에게 봉사할 수 있는 기업을 만드는 것도 이재용의 몫으로 남겨져 있다. 기업경영을 통한 봉사야말로 그의 중요한 임무 가운데 하나이다.

2절. 이기는 습관과 이기는 준비

이건희 회장은 재임 시 공개적으로 "삼성은 잘해봐야 1.5류까지 갈 수 있을 것이다. 그러나 1류는 절대로 안 된다. 지금 변화하지 않으면 말이다. 삼성은 자만하지 말고 위기의식으로 재무장해야 한다."[26]라며 선택의 여지가 없는 변화의 필요성을 강조하였다. 역설적으로 1류를 지향해주길 간절히 바라는 부친의 뜻이 제대로 이뤄지려면 후계자인 이재용으로서는 변화를 통한 생존과 발전이야말로 결코 피할 수가 없는 과제인 것이다. 가장 대표적이며 급한 분야가 "산업의 쌀", "4차 산업의

---

25) 이병철, 『호암자전』, 나남, 2014, 9.
26) 민윤기, 『이건희의 말』, 30.

핵심"으로 불리는 반도체에서의 승부이다.

이건희 회장이 자기 사람으로 만들기 위해 직접 대만까지 가서 스카우트 제의를 했지만, 붙잡지 못했던 모리스 창은 자국 정부의 강력한 지원과 가격 경쟁력을 바탕으로 반도체 위탁생산 분야에서 전문성을 발휘해 삼성을 능가하는 TSMC를 성공시켰으며 세계시장의 절대적 지배자로 만들었다. 이 회사는 애플, 퀄컴 등 콧대 높은 메이저 수요자를 쥐락펴락하면서 삼성에 1등을 쉽사리 허용치 않는다. 전문화, 특화된 기술이 탄력을 받으면서 독주태세를 보이고 있다.

삼성은 메모리 반도체 세계시장에서는 70퍼트를 점하는 최강자로 군림하는 상황이지만 호황과 불황이 반복되는 '메모리 사이클'의 여파로 인하여 글로벌 경기, 수요 동향 등에 따라 실적의 변동 폭이 상당히 심하다는 리스크를 안고 있다. 따라서 고객사의 주문에 따라 안정적이며 예측 가능한 위탁생산을 전문으로 영위하는 TSMC와는 입장이 매우 다르다.

삼성과 TSMC의 치열한 경쟁을 놓고 모리스 창은 대만 언론과의 인터뷰를 통해 "삼성전자와의 전쟁은 결코 끝나지 않았고, 삼성전자는 아주 강력한 적수다. 아주 잠깐 우리가 우세할 순 있지만, 전투를 두어 번 이긴 것일 뿐 전쟁에서 이긴 것은 아니다."[27]라며 전의를 불태웠다. 이처럼 부친 이건희 회장이 TSMC와 전쟁을 벌이며 쥐었던 지휘봉은 이제 자식인 이재

---

27) 변희원, "TSMC 모리스 창, 이건희 만난 뒤 파운드리 올인…삼성은 강력한 적", 조선일보, 2023. 1. 25.

용에게 넘어갔다.

모리스 창의 말처럼 국지전에서의 작은 승패가 전면전의 결과를 결정짓지는 않는다. 반도체 패권을 놓고 진행 중인 삼성과 TSMC 간 용호상박龍虎相搏의 전황을 지켜보는 제3자들로서누가 앞으로 남은 전투를 제대로 수행하고 최종적으로 전쟁에서 승리를 쟁취할 수 있느냐가 관전의 포인트일 것이다.

반도체는 우리나라의 대외 수출에서 20퍼센트 수준을 점하는 절대적 존재로서 "삼성전자의 미래가 곧 대한민국의 미래"라는 표현은 결코 과장이 아니다. 그러나 최근 들어 글로벌 경기 침체의 신호가 전해지는 가운데 반도체 산업 내부에서는 글로벌 시장 점유율을 둘러싸고 무한전쟁이 벌어지고 있다. 반도체 공급 부족으로 자동차, 전자 등 각 산업 현장에서 연쇄적인 생산중단 사태가 벌어지는가 하면 반도체 공장 유치를 위해 미국, 일본 등 주요 국가들이 국력을 총동원하여 사활을 건 경쟁을 벌이는 것이 현실이다.

반도체를 둘러싸고 진행되는 경쟁에서 목도한 것처럼 삼성으로서는 변화의 의지를 기본으로 지구력, 순발력, 응집력, 돌파력 등 가용한 모든 역량을 최고도로 발휘해야 되는 시점에도달해 있다. 그렇지만 그룹 내부의 현실을 들여다보면 경영권과 관련된 지배구조 재편 움직임, 바이오산업에서 국제경쟁력확보, 대형 M&A 성사, 미래전략실 수준의 컨트롤 타워 복원, 새로운 먹거리와 성장동력 창출 같은 과제가 산적해 있다.

특히 이들 과제는 결코 한 순간 쾌도난마快刀亂麻처럼 속 시원하게 해결하거나 완결될 수 있는 성격이 아니다. 그룹 차원의 노력이 가장 중요하지만 몇몇 과제는 사회적인 공감대가 필요하고 전반적으로 국내외 산업 동향, 국제 정세와 경제 환경 등도 변수로 작용할 것이기 때문이다.

따라서 이재용으로서는 바둑의 복기復棋처럼 조부와 부친의 경영 방식과 위기에 직면했을 때의 묘수를 찬찬히 되짚어 볼 것이다. 삼성은 이전에도 지금과 같은 문제에 봉착했었고 위기를 겪으면서 극복하는 과정을 거쳐 오늘에 이르렀기 때문이다. 조부가 창업했던 당시의 초심으로 돌아가 현재를 바라보고 미래에 대비하는 과정이 그를 기다린다.

위기危機의 한자 의미처럼 위험을 오히려 기회로 삼았던 선대 회장들의 지혜가 그에게 각인된다면 고수와의 다음 번 대국에 앞서 명쾌한 해답을 찾을 수 있을 것이다. 이건희 회장이 뛰어난 인재의 필요성을 강조하면서 "바둑 1급 열 명이 힘을 모아도 바둑 1단 한 명을 이길 수 없다."[28]고 밝혔듯이 바둑에서도 삼성이 걷는 경영의 길을 발견할 수 있다.

역대 최고의 프로 바둑기사로 인정받았던 '돌부처' 이창호 9단이 "승리한 대국의 복기는 '이기는 습관'을 만들어주고 패배한 대국의 복기는 '이기는 준비'를 만들어준다."는 명언을 남긴 것처럼 바둑에는 승리의 다양한 묘법이 담겨 있다. 한편, 12세에 입단 후 '불패소년'으로 불렸던 프로기사 이세돌 9단이 "상대를 알아가고 싶다."는 단순명쾌한 심정과 자세로 응한 구글 딥마인드사의 인공지능 프로그램 알파고와의 2016년 3월 대결

---

28) 김옥림, 『이건희 담대한 명언』, 미래의 서재, 2021. 114.

에서 비록 1승만을 거두며 패배했지만 인간이 흑과 백의 돌을 통해 각종의 수로 겨루는 바둑의 세계에서 우리는 경쟁의 철학, 그리고 승패의 논리를 확인할 수 있다.

이재용은 관행적이며 의례적인 의전과 절차를 탈피해 비서조차 대동치 않은 채 해외출장을 가고 평상 시 캐주얼 복장 차림에 거리낌 없이 젊은 직원들의 '셀프 카메라 촬영' 요청에 응하는 등 소탈한 모습을 보이는 가운데도 신중한 태도를 견지하며 극히 절제된 메시지를 전하고 있다. 이는 부친 재임 시와는 상당 부분 다른 스타일이다. 그는 회장 취임식조차 생략하고 언론과의 인터뷰도 갖지 않았다. 다만 사내 메시지 게시를 통해 각오를 밝히기는 했다. 회장으로서 그만의 차별화된 경영철학은 아직 표면화된 상태는 아니지만 향후 조부와 부친의 색깔이 아닌 자신만의 고유한 색깔을 낼 것이 분명하다.

그럼에도 불구하고 선대가 남겨준 "인재와 기술 중시" 경영철학에는 결코 변화가 없을 것이다. 그 이유를 찾아본다면 사람과 기술이라는 것은 기업의 핵심 요소로서 특히 삼성의 경우 어제와 오늘을 성격 짓는 정체성이며 내일을 담보하는 가치라는 의미가 굳건히 자리한다. 그는 이제 부친이 '신경영 선언'을 했을 당시의 심경으로 돌아가 승어부를 이루고 반드시 '삼성 너머의 삼성'을 만들어야 하는 과제를 부여받고 출발선에 섰다.

그가 회장 취임 전후로 보여준 행보 가운데 우선 눈에 띄는 것은 '상생相生'이라는 화두를 꺼냈다는 것이다. 그는 부산의 중소 도금업체를 찾아 "건강한 생태계를 조성해 상생의 선순환을 이뤄야 한다."고 강조한데 이어 28년간 삼성전자와 지속적으로 거래를 해왔던 광주 소재 협력업체 방문에서는 "협력 회사가 잘 돼야 우리 회사도 잘 된다."[29]고 언급했다. 삼성의 발전과 성장에는 협력사의 부단한 기술개발 노력이 내포되어 있음을 확실하게 인정한 것이다.

춘추春秋시대 사상가이며 도가道家 창시자인 노자老子의 가르침 가운데 "있음과 없음이 서로를 낳고, 어려움과 쉬움이 서로를 이루며, 길고 짧음은 서로 만들어내고, 높음과 낮음이 서로 말미암으며, 나오는 소리와 들리는 소리가 서로 어울리고, 앞과 뒤는 서로 따르네. 늘 그렇다네."[30]라는 내용이 있다. 이는 "네가 있어야 비로소 내가 있다."는 상생의 중요성이 드러나 있는 가르침으로서 상호작용의 선순환을 통한 조화의 중요성을 강조한 것이다.

물론 이재용의 발언 가운데 드러난 수직적 종속관계가 아닌 수평적 협력관계를 지향하는 '미래 동행' 의지는 삼성을 바라보는 일각의 부정적인 시선을 의식한 것이라는 평가도 존재한다. 그러나 자신이 회장 자리에 오른 후 밝힌 것처럼 "국민들에게 조금이라도 더 신뢰받고 사랑받는 기업을 만들겠다."는 약속을 이행하려는 데 방점이 찍혀 있음이 분명하다. 삼성을 중심으로 구축된 생태계가 동행을 통해 발전을 지속하고 상생의 결과로써 국가와 사회에 공헌하는 것이 가장 아름다운 모습일 것이다.

---

29) 장하나, "회장 취임 한 달 이재용…상생경영·글로벌 인맥 광폭행보", 연합뉴스 2022.11.23

30) 『道德經』, "有無相生, 難易相成, 長短相較, 高下相傾, 音聲相和, 前後相隨, 恒也."

그의 행보 가운데 눈에 띄는 것은 직원들과의 소통 및 배려의 자세이다. 부친 재임 당시보다 더욱 적극적인 것으로서 방식과 대상의 확대라 할 수 있다. 사내 여성 직원들과 자리를 갖고 "아이를 키우는 워킹맘 직원이 애국자"라며 감사를 표하였는가 하면, 출산한 여성 임직원과 다문화 가정을 꾸린 직원의 외국인 배우자에게 선물을 증정한 데서 나타났듯이 회사 구성원에 대한 세심한 조치는 매우 시의적절한 것이었다. 여성의 사회 진출 확대 및 저출산 심화에 따른 임신과 출산의 소중함 등을 정확히 읽었고 제대로 실천한 것으로 해석된다.

그가 출산한 여성 임직원에게 선물과 함께 보낸 카드에는 "가정에 찾아온 소중한 생명의 탄생을 축하하며 작은 선물을 준비했습니다. 사랑스러운 자녀가 건강하고 지혜롭게 자라기를 바라며, 항상 가정에 행복이 가득하길 기원합니다."라는 메시지가 담겨 있다.[31] 생명과 가정의 소중함은 효도의 가치가 추구하는 것과 동일한 것으로서 "승어부를 통해 효도한다."는 정신과도 관련된다.

삼성의 협력업체도 삼성가족으로서 신경영의 동반자임을 누누이 강조했던 이건희 회장은 나아가 "삼성은 사회와 함께 하는 기업시민으로서 더불어 사는 상생의 기업상을 구현해야 한다. 소외된 이웃에 눈을 돌리고 따뜻한 정과 믿음이 흐르는 건강한 공동체를 만들어가는 것은 선도기업인 삼성의 책임이

---

31) 감채영, "이재용 산타 2억짜리 보따리 풀었다…회장님의 통큰 선물 클라스", 이코노미스트, 2023. 1. 26.

다."[32]라고 밝힌 바 있다. 이재용의 상생 지향 행보는 생생하게 전해진 부친의 철학이 기업경영을 통해 구체적으로 이행되는 과정으로 이해된다.

현재와는 매우 다른 과거의 이야기일 수 있지만, 한국의 경제와 사회에 막대한 영향을 미칠 수밖에 없는 그의 역할과 관련하여 맹자孟子에 언급된 "효자의 지극한 도리로서는 어버이의 뜻을 높이는 것보다 큰 것이 없고 어버이를 높이는 지극한 도리로서는 천하를 가지고 봉양하는 것보다 큰 것이 없다."[33]라는 구절은 시사하는 바가 크다. 부모를 대상으로 가정에서 시작하여 사회, 국가로까지 이어지는 효도의 정신을 경영에 접목시킬 경우 양자는 분명 일맥상통하기 때문이다. 제대로 된 경영을 통해 삼성을 글로벌 시장에서 최강자로 만든다면 이는 부친은 물론 사회, 그리고 국가에 대한 참된 효도인 것이다.

---

32) 민윤기, 『이건희의 말』, 157.

33) 『孟子』, "孝子之至莫大乎尊親, 尊親之至莫大乎以天下養."

승어부의 가치

1절. 온고지신과 법고창신

이건희 회장 영결식과 이재용의 재판관련 최후진술에서 나온 승어부가 국내 주요 기업들 사이에서 화제가 되면서 언론에 의해 "승어부 경영"이라는 신조어까지 등장하였다. 이 용어는 자식이 단순히 경영을 이어받고 실적을 내어 아버지를 능가한다는 수준이 아니라 올바른 경영을 통해 아버지 대의 성취와 업적, 철학을 기리는 한편 더욱 큰 결과 및 새로운 가치를 창출해내는 차원으로의 승화를 기대하기에 나왔을 것이다.

승어부는 앞부분에서 기술한 "옛것을 익히고 그것을 미루어 새것을 안다."는 온고지신에서 한 걸음 더 나아가는 수준에까지 도달해야만 가능하며 진정한 의미를 갖는다. 삼성의 회장으로서 이재용은 이제 사회로부터 부친에게는 없던 새로운 것을 만들어내도록 지속적으로 요구받는다. 국민정서의 변화, 글로벌 상황의 유동성, 중국을 비롯한 경쟁 상대의 등장 등과 같이 과거 부친시대의 경영환경과는 너무나도 다른 환경이 그를 기다리고 있는 것이 현실이다.

이재용은 연암 박지원이 "옛것을 익히되 변함을 알고, 새것을 만들되 옛것에 능해야 한다."[34]는 의미로 사용했던 법고창신法古創新의 자세를 견지하면서 부친으로부터 받은 사랑, 어깨 너머서라도 배운 내용을 자산으로 삼되 새로운 가치와 정신으로 무장하고 사회 다수로부터 찬사를 듣는 새로운 삼성으로 변모시켜야 하는 임무를 부여받았다. 연암의 언급에는 후손으로서 선조로부터 이어받은 정신과 유산을 근본으로 여기되 상황에 맞춰 그것을 변화시킬 줄 알아야 하며, 새로운 것을 만들어 가되 그 근본은 잃지 말아야 된다는 의미가 담겼다.

따라서 이 의미는 "옛사람과 더불어 새로워진다."는 의미의 여고위신與古爲新[35], "고전으로 들어가 새것으로 나온다."는 뜻을 가진 입고출신入古出新[36]과도 맥락을 같이 한다. 과거의 성과를 바탕으로 미래를 향한 이재용과 삼성으로서는 복기의 차원에서 충분히 참고해볼 정신이라 할 수 있다.

아동과 유교 입문자를 위해 수신서修身書로 편찬된 소학小學에서는 "자식은 부모가 사랑하는 바를 사랑하고 부모가 공경하

---

34) 『楚亭集序』, "法古而知新, 創新而能典."

35) 당나라 시인 司空圖의 '二十四詩品' 가운데 세 번째 시 '纖穠'에 등장하는 시구, 선인의 뜻과 정신을 기리면서 새로움을 창조하는 자세이다.

36) 추사 김정희가 중국의 전통 필법과 금석학을 심도 있게 연구한 끝에 자신만의 서예 세계를 구축한 예술정신을 일컫는 말로서, 전통과 법도를 벗어나지 않되 이에 구속받지도 않는다는 의미로 활용된다.

는 바를 공경해야 한다."[37]고 가르치며, 깨달음을 중시하는 종교로서의 불교는 "부모는 자식을 잘 가르치고 자식은 부모가 원하는 바를 계승해야 한다."[38]고 설파하고 있다. 부모와 자식 상호 간의 사랑과 공경, 교육과 계승이야말로 숭어부의 출발점인 것이다. 우선은 남아 있는 자식의 입장에서 봤을 때 부모가 사랑하고 공경한 것, 소망한 것에 대해 알아야만 실천을 위한 방법이 찾아진다.

그렇다면 우리의 조부와 부친 세대는 과연 무엇을 일구었고 무엇을 남겼을까? 과거로 돌아가 확인을 해봐야만 지금의 자식 세대가 걸어야 할 방향, 이뤄야 할 목표, 극복해야 할 과제가 정해질 것이다. 특히 "효도의 가치가 도대체 무엇이기에 한국 최대의 그룹을 일군 사람의 지인과 후계자의 입에서 나온 것인가?"에 대한 해답을 찾기 위해 모두가 "잘 살아보세"를 외치던 1960-1970년대 당시로 시간을 돌이켜볼 필요가 있다. 그러면 삼성의 현재를 진단함은 물론 미래에 대한 예측도 가능해질 것이다.

남북의 대치 상황에다 부존자원이 절대적으로 부족하고 국토면적 또한 극히 협소한 한국이 동아시아의 변방국가에서 벗어나 오늘날 선진국임을 상징하는 OECD경제협력개발기구 회원국으로 자리 잡고 자동차와 방위산업, 반도체 등 첨단 기술 분야의 강국으로 부상하는가 하면, "한류", "케이K-컬처" 등으로 불

---

37) 『小學』「明倫」, "父母之所愛, 亦愛之. 父母之所敬, 亦敬之."
38) 『아함부경』

리는 소프트파워 측면에서도 세계의 부러움을 사는 데는 다양한 원인과 이유가 있다. 이 가운데 우리 선배세대의 노력과 분투도 포함된다.

시대의 급속한 변화 속에서도 이른바 "라떼"로 통칭되는 선배세대 일부의 "나 때는 말이야"식 권위주의적, 가부장적, 일방적 사고와 행동이 때때로 여론의 비판을 받기도 하지만 대다수는 잘 자란 자식과 동생들을 자랑스러워할 뿐 자신들의 공헌을 과시하지도, 또한 알아줄 것을 요구하지도 않는다. 이들이 "오늘의 대한민국을 만드는 데 있어 절대적으로 기여한 사람"이라는 것은 어느 누구도 부정할 수 없는 사실이다.

오늘에 이르러 굽은 어깨, 굵은 주름, 굳은 손마디로 남게 된 이들은 절대로 미워할 수 없는 우리의 아버지이자 어머니이며 우리의 형님이자 누님이다. 자기희생으로 점철된 이들의 인생역정은 일제 강점기를 벗어난 8.15 광복 이후부터 참혹했던 한국전쟁, "한강의 기적"으로 불린 경제개발 등 격동의 시대를 거치면서 한국이 걸어왔던 길과 동일한 궤적을 보인다.

조선 중기 승려이자 의병장으로 풍전등화의 조국을 구하기 위해 나섰던 서산대사는 "눈 덮인 들판을 걸어갈 때 어지러이 함부로 걷지 말지어다. 오늘 내가 걸어간 발자취는 뒷사람의 이정표가 될지어니."[39]라고 읊었다. 성리학에 정통했던 조선 후기 문신 이양연李亮淵은 "눈 온 아침에 들 가운데를 걸어가노니, 나로부터 길을 엶이 시작되는구나. 오랜 시간 구불구불 걷

---

39) 「踏雪」, "踏雪我中去, 不須胡亂行. 今日我行跡, 遂作後人程."

지 않음은 뒷사람 헛갈릴까 염려해서라네."⁴⁰⁾라는 시를 썼다.

이들의 시 속에 담긴 것은 먼저 세상을 사는 사람들의 마음가짐과 자세가 나중의 사람들에게 얼마나 중요한지를 일깨워준다. 현대에 이르러 우리의 부모와 선배들이 제대로 걸어온 길이 있었기에 자식과 후배들이 정확하게 방향을 잡고 내일을 향해 걸을 수 있는 것이다. 여기에서 어제와 오늘, 그리고 내일은 상호 연결의 관계이자 인과의 관계임이 확인된다.

지금은 기성세대의 기억에서조차 희미하고 젊은 층으로서는 대단히 생소하겠지만 1960-1970년 대 언론에 자주 등장한 기사를 찾아보면 '파독派獨광부', '파독派獨간호사', '파월派越장병'이라는 존재가 있다. 이들은 한국이 경제적으로 어려운 상황에서 독일의 광산과 노인병원, 베트남의 전쟁터 등지로 보내져 지하갱도의 분진, 응급실의 피고름, 빗발치는 총탄을 마주하면서도 꿋꿋하게 버텨냄으로써 조국의 외화 획득에 기여하는 한편 고향의 춥고 배고픈 부모와 조부모, 형제자매를 먹여 살렸던 소중하고 고마운 사람들이다.

유사한 사례는 중동지역에서도 확인된다. 1973년 발발한 4차 중동전쟁 과정에서 산유국들이 석유자원의 무기화를 선언하면서 "오일쇼크"로 불리는 석유파동이 벌어졌고 사우디아라비아, 쿠웨이트 등을 중심으로 10여 년에 걸친 중동국가들의 장기호황이 시작된다. 이들 국가는 막대한 오일머니를 기반으로 삼아 도로, 항만 같은 사회간접자본을 확충하면서 건설, 토

---

40) 「野雪」, "雪朝野中行, 開路自我始, 不敢少逶迤, 恐誤後來子."

목 분야 기술과 인력을 필요로 하였다. 이때 한국 건설사의 현지 진출과 함께 기술 및 노무인력이 송출되었으며, 숨 막히고 고된 열사의 현장에서 어렵사리 번 돈을 본국의 가족 앞으로 송금했다. 이를 통해 부모 부양이 가능해졌고 형제자매의 생활과 교육이 보장되었다.

독일, 베트남, 중동 등 낯설고 물 또한 설은 해외에서 특유의 근면성과 성실함을 바탕으로 피땀을 흘렸던 우리 선배세대는 당시 국가 입장에서는 외화 획득의 1등 국민이자 애국자였으며, 가정 차원에서는 생계 해결의 1등 가장이자 효자였다. 국내에서도 어려운 가정형편에 조금이라도 보탬이 되고자 소년 소녀가장들이 상급학교 진학을 포기하고 구로공단, 마산 수출자유지역 등지에서 열악한 환경에 개의치 않고 수출역군으로서 날밤을 샜었다. 온갖 어려움에 직면했음에도 불구하고 눈물을 애써 감추면서 자신의 현재와 미래를 희생했던 이들의 몸과 마음속에는 대체 무엇이 자리를 잡고 있었을까?

그 핵심은 고국과 고향에서 기다리는 부모와 형제, 아내와 자녀를 향한 가족애로서 이는 부모에게는 효심으로 나타나고 형제자매에게는 우애로 전해지며 아내와 자녀에게는 애정으로 다가서는 덕목이다. 이러한 정신 및 자세는 고난과 장애를 이겨내고 가족을 지켜내는 대들보가 되었으며 나아가 국가와 사회를 든든하게 지탱하는 버팀목으로서 작용하였다.

특히 어려운 가정 형편에 놓인 상황 하에서 부모에 대한 효심이 발동된 자식의 심리를 들여다보면 자식은 부모의 고통에 공감하고 그것에 대해 보다 적극적이며 희생적인 태도를 지향하는 것이다. 부모와의 공감과 유대 속에서 생겨난 효도의 정신이 상급학교 진학 포기와 취업 등 스스로를 희생하는 자발적인 태도로 이어졌다. 이는 보상을 바라는 계산적인 태도가 아닌 순수한 마음에서 우러난 것으로 해석할 수 있다.

개인과는 차원이 다르지만 기업을 통한 경영 활동에서도 마찬가지로 효도의 덕목이 내재되어 있다. 한국의 눈부신 경제발전과 효도가 갖는 가치의 상호 연관성에 대해 사회학계에서는 전통적 효도의 규범이 친족 집단 내 구성원들에게 조상에 대한 기억과 재현이라는 도덕적 의무감을 공유토록 작동한다는 데 착안한 연구결과를 내놓았다.

즉 선대보다 더욱 나아져야 한다는 '발전적 압력', 또한 후대로 끊임없이 이어져야 한다는 '계승적 압력', 그리고 발전과 계승의 노력이 지금의 구성원 모두에게 공유되어야 한다는 '집합적 압력'이 강력한 동기를 부여했다는 것이다. 이러한 동기부여가 경제적 이익을 추구하는 행위의 세속성을 합리화시켰고 결국 한국 경제의 발전에 기여했다[41]는 내용이다. 선대를 향해 효도하려는 마음이 행위로 이어지면서 효심이 발동하고 효행으로 이어지는 과정에서 경제가 발전했다는 논리이다. 선조에 대한 효도의 인식이 후대의 마음을 격발시켰고 결국 '경제발전 추구'라는 효행으로 실천되었다는 해석이다.

---

41) 류석춘·왕혜숙, 사회자본 개념으로 재구성한 한국의 경제발전, 사회와 이론 12호, 한국이론사회학회, 2008. 5

2절. 모두에게 돌려주다

삼성의 창업주인 이병철 회장은 사업가로서 민간경제를 상징하던 인물이었지만 한편으로는 사상가이기도 하였다. 한창 왕성하게 활동하며 삼성을 키우던 그는 "사람이 마땅히 지키고 행하여야 할 도덕적 의리인 도의道義가 국민의 의무"라는 지론을 갖고 있었다. 사업보국의 가치관을 사업의 핵심철학으로 삼았던 그는 사업을 통해 도의로서의 효도를 행하는 것이 사회와 국가에 대한 사랑의 구현임을 다음과 같이 역설하였다.

> 도의 가운데도 가장 중심이 되는 것은 효라고 하겠습니다. 효는 만덕의 근원이며 최고 절대의 덕목인 것입니다. 가정의 화목이 없고 사회의 평화가 없는데 어떻게 나라의 정치와 경제가 안정적 발전을 기할 수 있겠습니까? 이제 우리 모두는 사회의 이 같은 도덕적 퇴폐에 대해 깊은 반성을 해야 할 시기에 있다고 생각됩니다. 천륜과 인륜의 시초가 되며 원점이기도 한 가정에서부터 도의의 싹을 키워야 할 시점에 온 것입니다. 실로 효도와 자애를 기본으로 하는 건실한 가정이 없이는 건실한 사회도, 번영된 국가도 존립할 수 없는 겁니다. 사업보국(事業報國)으로 사회사랑과 나라사랑의 효를 행하도록 합시다.[42]

이병철 회장은 자신의 지론을 구체화하는 작업을 진행한다. 그 결과로서 부모에게 효도하고 이웃에게 사랑을 베푸는 사람들을 발굴해 밝고 건강한 사회를 만들기 위해 1975년 삼성문

---

42) 1969년 2월 그룹 관계사 임원 간담회에서 행한 발언.

화재단을 통해 '삼성효행상' 제정을 공지하였다. 그리고 1976년 개최된 시상식에서 나온 다음과 같은 발언은 효도의 성격과 가치에 대한 그의 인식이 어떤지 더욱 명확하게 보여주고 있다.

> 효는 물질만능 시대를 지키는 등불입니다. 인간의 본성에서 자연스럽게 우러나오는 효행이야말로 낡은 것도 새로운 것도 아니며, 사람과 함께 있는 변함없는 질서이며 법도인 것입니다. 시대가 갈수록 모든 인간들이 한 결 같이 갈망해 마지않는 것은 더 많은 물질도, 더 많은 편리도 아니며 바로 인간이 인간답게 살아가는 고귀한 정신의 보존입니다.[43]

창업주가 제정한 '삼성효행상'은 이건희 회장 시대인 2013년 '비추미여성대상'과 통합·계승되면서 '삼성행복대상'으로 변모한다. 삼성생명공익재단이 주관하는 이 상은 효도의 실천, 효도의 확산에 기여한 개인이나 가족, 단체를 찾아 격려하고 널리 알리는 한편, 학술과 예술 등 전문 분야에서 탁월한 업적을 이룬 여성과 여성단체의 공적을 기리는 데 목적이 있다.

여기에서 중요한 점은 도의를 강조한 창업주의 유지가 단순한 계승을 넘어 확장의 모습을 보였다는 데 있다. '삼성효행상'이 효부와 효자, 효도 단체를 선정, 시상하는 것이라면 '삼성행복대상'은 여기에서 더 나아가 여성의 권리 신장과 여성문제에 대한 재인식으로 차원이 달라진다. 여성이 배제된 사회의 효도

---

43) 1976년 1월 30일 열린 '제1회 효행상 시상식' 치사를 통해 향해진 치사 내용.

와 행복은 아무런 의미가 없는 데다 사회발전 단계에 있어 여성의 위상이 올라가는 상황을 반영한 것이다. 이건희 회장이 부친의 유지를 온전히 계승함으로써 효도의 참된 의미를 재확인시키되 시대와 사회의 변화까지 담아냈던 조치로 평가된다.

창업주의 효도에 대한 관심과 실천의 의지는 현대가에서도 찾아볼 수 있다. 정주영1915-2001 창업회장의 "우리 사회의 가장 어려운 이웃을 돕는다."는 지론에 따라 당시 현대그룹은 1977년 아산사회복지재단을 설립, 소외된 지역에 대한 의료지원을 시작한 데 이어 1992년에는 효행과 가족사랑으로 건강한 가족문화 형성에 기여한 사람을 추천받아 시상하는 '아산효행대상'을 제정하였다. 이 상은 2000년까지 시행되었고 그 이후 '아산사회복지상'으로 통합되면서 의료봉사, 사회봉사, 복지실천, 자원봉사와 더불어 효행·가족 부문으로 나뉘어 매년 시상되고 있다.

인간사회 변화의 원리에 대한 통찰이 담긴 주역周易은 "선한 일을 많이 한 집안에는 반드시 남는 경사가 있고 야박하게 굴어 선을 제대로 행하지 못한 집안에는 반드시 남는 재앙이 있다."[44]는 진리를 제시한다. 이기적인 마음과 자세로 집안의 치부에만 몰두하며 주변을 돌아보지 않는다면 후손들에게 본보기가 되기 어렵고 사회공동체로부터의 경멸과 비판에서 자유롭지 못한 결과로 이어진다. 따라서 자선은 교육적인 측면, 지속가능성의 차원에서라도 부를 가진 사람들에게는 대단히 중

---

44) 『周易』「文言傳」, "積善之家, 必有餘慶. 積不善之家, 必有餘殃."

요한 행위이다.

불교는 금욕적이고 무소유를 상징하는 종교로 인식되지만 돈과 경제에 대해 적극적이고 시장친화적인 성격도 갖고 있다. 초기 불교경전에 따르면, 부처는 "벌이 온갖 꽃을 채집하듯이 밤낮으로 재물을 얻으라."[45], "재물을 현재에 가지면 한량없는 복을 얻을 것이다."[46]라는 가르침을 주었다. 아울러 "많고 값진 재물을 얻으면 스스로 써서 즐거하고, 부모를 공양하며⋯"[47]라고 당부하였다. 이는 탐욕으로 재물을 얻으라는 의미가 아니라 자비로운 마음을 갖고 보시를 통해 중생을 구제할 수 있도록 경제적 능력을 키움과 아울러 은혜를 잊지 말라는 은유적인 표현으로서 자신의 복으로 인해 벌게 된 돈은 어떻게 사용하느냐에 따라 더럽고 깨끗함, 고귀함과 천박함이 결정된다는 의미를 추론케 한다.

이제 이재용에 의해 3대 경영이 시작된 삼성에는 '승어부'라는 화두話頭가 주어졌다. 화두는 불가佛家의 수행자가 참선 과정에서 몰입을 통해 진리를 탐구하는 것이다. 설령 불가의 경우가 아니더라도 화두를 부여잡고 깨달음을 향하려는 자세는 모든 일에 앞서 이뤄져야 한다. 화두에서 깨달은 답이나 결과는 문제를 푸는 단서이자 나아가 열쇠가 될 수 있기 때문이다.

이재용과 유가족이 화두를 부여잡으며 디딘 첫걸음은 이건

---

45) 『별역잡아함겸』
46) 『증일아함경』
47) 『잡아함경』

희 회장 별세 이후 상속재산의 처리였다. 그들은 "기업의 사회적 책임과 상생"을 강조했던 고인의 유지를 받들어 '문화재 및 예술품 기증, 감염병 극복 지원, 소아암 등 희귀질환 치료 지원'의 3대 기증사업을 진행 중에 있다. 고인이 생전에 유난히 강조했던 사회와 함께 하는 시민기업의 모습이 유가족을 통해 명확히 드러났다.

기증된 문화재와 예술품은 외부 기관에 의한 평가 금액만 해도 수조 원에 달하고 감염병 극복 및 소아암 등 희귀질환 치료 지원에는 각각 7천억 원과 3천억 원이 지원된다. 이는 유가족이 고인으로부터 상속받은 금액의 약 60퍼센트를 차지하는 규모로서 12조 원에 육박하는 상속세 부담을 위해 당연히 문화재와 예술품을 매각할 것이라는 외부의 예상을 깬 조치였다.

우리 문화와 역사에 대해 남다른 관심과 안목을 가졌던 이병철 회장은 국내외 문화재와 예술품의 문화적, 역사적 가치에 주목하고 지속적으로 수집, 관리함으로써 기업인으로서뿐만 아니라 수집가로서도 일가를 이룬 인물이다. 특히 근대 이후 일제 강점기, 한국전쟁 등을 거치면서 외국으로 유출되었던 문화재를 사들여 고국의 품에 안겼으며 용인에 호암미술관을 지어 외부인을 대상으로 수집품을 공개함으로써 우리나라의 문화 수준 향상에 기여했다.

부친의 뜻을 십분 이해했던 이건희 회장은 "비록 문화유산을 모으고 보존하는 일에 막대한 비용과 시간이 들어갈지라도 이는 인류문화의 미래를 위한 것으로, 우리 모두의 시대적 의무라고 생각한다."[48]면서 리움미술관을 개관하는 등 문화와 예술에 대한 깊은 애정을 보여주었다. 아울러 인간존중의 철학을 바탕으로 삼성의료원을 중심으로 한 의료공헌에도 각별한 관심을 기울였다. 또한 어린이는 미래의 희망이라는 지론 하에 다음 세대를 위한 그룹 차원의 구체적이며 지속적인 지원과 배려를 촉구하였다.

이러한 이건희 회장의 평상시 소신과 희망은 아내와 자식들에게 각인되었고 결국 유산의 사회 기증으로 나타났으며 사회로부터 '노블레스 오블리주noblesse oblige'로 평가받는다. 특히 그가 부친으로부터 받아서 자신 대에서 늘리고 가족에게 남겨준 문화재와 예술품은 사유재산이 아닌 공공재로서 국립중앙박물관과 국립현대미술관에 기증됨으로 인해 '이건희 컬렉션'으로 재탄생하였다. 기증이 완료된 후 지방을 포함하는 전국의 각종 전시회를 통해서 우리 국민의 문화적 향유 욕구를 충족시켜주었으니, 이는 새로운 방식의 나눔으로서의 의미를 갖는다.

이탈리아 피렌체의 메디치가문Casa de Medici이 수백 년에 걸쳐 예술가와 학자들을 적극적으로 후원함으로써 르네상스가 화려하게 꽃피게 되었고, 결과적으로 전 세계인은 오늘날 고귀한 예술의 훈향을 맡을 수가 있다. 아울러 미국의 록펠러가문 Rockefeller이 인류복지 증진을 목적으로 기아 근절과 개발도상국 원조 등에 천문학적 자금을 지원하고 임신과 출산으로 사망하

---

48) 나기천, "문화유산 모으고 보존하는 일은 시대적 의무, 故 이건희 회장 철학 再주목", 세계일보, 2017.7.21.

는 여성들을 돕는 활동을 전개 중인 것은 부의 아름다운 사회 환원으로 평가된다. 카네기재단, 포드재단 등 역사와 전통을 가진 기업들의 기부와 자선활동도 마찬가지이다.

이건희 회장은 1987년 취임사를 통해 삼성이 이미 한 개인이나 가족 차원을 넘어 국민적 기업이 되었기에 지금까지 쌓아온 훌륭한 전통과 창업주의 유지를 계승하고 이를 더욱 발전시켜 나갈 것임을 천명하고 미래지향적이며 도전적인 경영을 통해 세계적인 초일류 기업으로 성장시킬 것임을 약속한 바 있다. 재산의 사회 환원은 그가 삼성의 구성원들에게 전통과 유지가 계승되길 간절히 바랐던 것이 자식 대에서 구현되었다고 해석할 수 있다.

유가족의 '이건희 컬렉션' 기증을 삼성 회장 일가의 세대별 특성으로 표현하자면 "조부는 처음으로 문화와 예술을 한 자리에 모았고 부친은 중간에서 가치를 높이고 이어갔으며 손자는 마지막으로 모두에게 돌려주었다."는 것이다. 유가족이 막대한 상속세 납부를 위한 매각 대신에 아무런 조건 없이 공공기관 기증을 택했다는 것은 선대의 유지를 의미 깊게 새기고 계승하여 더욱 빛내는 것인 만큼 부끄럽지 않은 승어부로서 결코 손색이 없다. 이와 같이 선대에 쌓인 덕이 후대에도 이어진 것은 "생활철학서"로 불리는 채근담菜根譚의 "덕은 모든 사업의 바탕이니 기초가 튼튼하지 못한 집이 오래간 적은 없었다."[49]라는 문구를 떠올리게 한다.

---

49) 『菜根譚』, "德者, 事業之本, 未有其不固而棟宇堅久者."

이건희 회장이 인재를 중시하던 경영관은 자식 대에도 이어지는데 가장 눈에 띄는 것은 그룹의 공채제도 유지이다. 청년들에게 공정한 기회와 미래에 대한 기대를 안겨준다는 차원에서 1957년 국내기업 최초로 시작되었던 이 제도는 1995년 학력 철폐를 통한 지원자격 확대, 남녀공채 통합에 따른 양성평등 구현 같은 보완과 개선을 거쳐 지금까지 청년들에게 사회진출의 공간을 마련해줬었다.

그리고 시대의 변화에 따라 주요 그룹들이 다양한 방식의 채용제도를 도입 중인 가운데 삼성은 아직까지 이 제도를 없애지 않고 시행 중이며 글로벌 경기 침체와 변화에도 불구하고 매년 대규모 채용을 이어가고 있다. 실적과 지명도에서 최고의 위치에 있는 기업이 시행하는 채용제도로서 상징성과 의미를 갖는 만큼 미래세대를 위해서라도 존속이 필요하다.

사법고시 폐지와 로스쿨 도입으로 인해 법조인으로서 꿈을 꾸었던 많은 청년들이 좌절했듯이 원하는 사람에게 기회를 공정하게 주는 것은 사회공동체에서 반드시 필요한 조치이다. 물론 '고시낭인' 양산에 따른 사회적 폐해도 충분히 고려해야 될 부분이었지만 경제수준의 차이로 인한 기회상실은 '입신의 사다리'를 치웠다는 점에서 대단히 아쉬운 대목이다. 빈부, 학력 등의 차이와는 관계없이 오로지 실력과 능력만으로 자신의 미래를 개척한다는 차원으로 볼 때 이제 "개천에서 용난다."는 것은 머나먼 과거의 얘기가 되었다.

이재용이 회장 취임을 전후하여 유산의 사회 환원과 함께 양질의 일자리 창출과 공정한 채용에 주안점을 두고 경영에 나서

고 있는바, 이는 공정을 가장 중시하는 'MZ 세대'[50]의 기준과
도 부합되는 것이며 미래의 주역으로서 청년을 생각하고 배려
하는 새로운 효도의 가치 파급이라 할 수 있다. 때문에 정부와
사회가 머리를 맞대고 공정과 상식의 차원에서 청년들에게 골
고루 기회가 돌아가도록 제도의 개선 및 대책을 강구해야 한다.

---

50) 1980년대 초반에서 200년대 초반에 출생한 밀레니얼 세대와 Z세대를 총칭

4장

초격차와 승어부

1절. 초격차를 위한 품격과 철학

우리 국민의 삼성에 대한 기대치는 개인별 호불호를 떠나 전반적으로 국내 다른 기업에 비해 상대적으로 높다. 삼성은 이제 국민경제에 매우 큰 영향을 미치는데다 한국경제의 선도기업 수준을 뛰어넘어 글로벌 차원에서 거론되는 존재가 되었기 때문이다. 외국 언론에 의해 수시로 TSMC, 애플, 구글, 아마존, 마이크로소프트 등 유수한 빅테크big tech 기업들과 비교되는 치열한 경쟁 상황 하에서 삼성만의 독특하고 차별화된 세계관이 요구되고 있다.

삼성의 경영목표를 압축하는 용어로서 '초격차超隔差'가 언론에 자주 오르는 가운데 다른 업체들에도 큰 영향을 미치면서 경영목표 설정과 마케팅전략 수립 등에 활용되는 중이다. 2009년부터 삼성전자 내에서 "압도적 우위의 반도체 기술을 지향한다."는 차원으로 사용되기 시작했는데, 2018년 하반기

베스트셀러인 '초격차'로 인해 대중에게 본격적으로 알려졌다.

연구원 출신으로 전자, 종합기술원에서 33년을 근무하며 삼성과 영광의 시간을 함께했던 권오현 전前 회장은 '넘을 수 없는 차이를 만드는 격'이라는 부제가 붙은 이 책을 통해 초격차에서의 격을 "사이가 뜨다."는 풀이의 격隔이 아닌 "격식이나 지위, 자리"라는 뜻의 격格, level으로 해석하고 있다. 그의 설명에 따르자면 "초격차超格差는 단순히 시장의 파워나 상대적 순위를 의미해서는 안 되며 비교불가한 절대적 기술 우위와 끊임없는 혁신, 그리고 그에 걸맞은 구성원들의 격을 의미해야 하는 것"이다.[51] 기술개발과 창의성을 기반으로 삼아 경쟁자와는 차원이 다른 수준이 되어야만 달성 가능한 목표라고 할 수 있다.

원래 이건희 회장 시대에는 초일류超一流가 삼성이 지향하는 목표였다. 그의 생애는 "초일류를 향한 뜨거운 열정과 과감한 도전"으로 요약된다. 그는 1987년 12월 이병철 회장에 이어 그룹회장 직에 취임하면서 미래지향적이고 도전적인 경영을 통해 1990년대까지는 삼성을 세계적인 초일류기업으로 성장시킬 것임을 천명했듯이 초일류를 위해 사내 대다수 구성원이 반대할 때 미지의 반도체 분야에 도전장을 내밀었다. 한편으로는 불량 판정을 받은 애니콜 휴대폰 15만 대를 서슴없이 불태우는가 하면 바이오로 상징되는 미래 산업에도 아낌없이 과감하게 투자를 진행하였다.

그룹 총수가 보여주는 일련의 움직임에 대해 사내에서는 우

---

51) 권오현, 『초격차』, 쌤앤파커스, 2018, 195.

려와 불안의 시선을 감추지 못했다. 이런 가운데 이건희 회장이 항시 염두에 뒀던 것은 "일류를 뛰어넘는 일류" 수준으로의 도약 및 진입이었다. 언론에 의해 "고독한 사색가", "생각의 혁명가"로 불리는 그가 항시 "1등 아니면 살아날 수 없다."는 절체절명의 위기의식을 가졌기에 나온 목표이자 지향점으로서 지금까지도 삼성을 상징하는 표현 가운데 하나이다.

부친이 일류를 힘주어 강조하려는 목적으로 사용했었던 초일류는 자식인 이재용 시대로 접어들면서도 여전히 유효한 목표로 자리한다. 그는 회장 직 승계 후 언론 인터뷰 대신 "미래를 위한 도전"이라는 글을 사내 게시판에 올려 취임사를 갈음했는데 마무리 부분에서 다음과 같이 초일류에 대한 의지를 드러낸다. 부친의 취임식 언급이 데자뷰deja vu 되는 상황이다.

> 꿈과 상상을 현실로 만드는 기업, 끊임없이 새로운 세계를 열어가는 기업, 세상에 없는 기술로 인류사회를 풍요롭게 하는 기업, 이것이 여러분과 저의 하나 된 비전, 미래의 삼성이라고 생각합니다. 오늘의 삼성을 넘어 진정한 초일류 기업, 국민과 세계인이 사랑하는 기업을 꼭 같이 만듭시다. 제가 그 앞에 서겠습니다.[52]

미래의 삼성이 초일류의 수준에 도달하기 위해 선택된 개념이 바로 초격차다. 처음에는 반도체 분야의 기술에 한정되었

---

52) 김승룡, '이재용 회장이 사내 게시판에 얼린 글…미래를 위한 도전, 서울파이낸스, 2022. 10. 27.

던 전술적 차원의 용어에서 출발했지만 이제는 기술과 경영 분야에서 삼성그룹 전반으로 확대되면서 전략적 차원의 용어로 활용되고 있다. 꿈과 상상이 현실로 바뀌면서 인류사회를 풍요롭게 만들 수 있도록 하기 위해 삼성으로서는 평범한 것과의 이별을 고하고 보다 창의적이며 혁신적인 경영을 통해 초격차를 달성하는 것이 무엇보다 중요하다.

초격차의 기본적 개념과 내재된 성격을 놓고 근래 다양한 해석이 나오고 있다. 이 가운데 학력과 성별의 핸디캡을 부단한 노력과 샘솟는 열정으로 이겨냄으로써 결국 삼성전자에서 유리천장을 뚫고 임원 자리에 올랐던 국회 양향자 의원은 초격차와 관련하여 "격차는 기술자의 품격에서 나온다. 기술자의 품격은 기술자의 철학에서 비롯된다."[53]는 의견을 피력한 바 있다. 기술은 원래부터 인간의, 인간에 의한, 인간을 위한 존재이다. 때문에 여기에서 언급된 기술자의 품격과 철학은 인재 중시의 삼성을 논하는 데 있어 매우 중요한 단서가 된다.

품격은 사전적 의미로 "사람 된 바탕과 타고난 성품"[54]으로서 태권도에서는 "품성과 인격을 줄인 말이며, 품격을 갖춘 수행자는 인격적 품위를 솔선수범하는 것을 행위로 드러낸다."[55]고 규정하고 있다. 철학의 경우 사전에서는 "인간과 세계에 대한 근본 원리와 삶의 본질 따위를 연구하는 학문, 자신의 경험

---

53) 정인홍, 전민경, "반도체 신화 양향자 의원…반도체는 지역·정파·계층 초월해야", 파이낸셜뉴스, 2022. 8. 29.

54) 국립국어원, 『표준국어대사전』

55) 이경명, 『태권도용어정보사전』

에서 얻은 인생관, 세계관, 신조 따위를 이르는 말"[56]로 해석한다. 즉 사람이 태어나 겪고 느낀 바를 토대로 형성되는 자신만의 시각이자 생각인 것이다.

기술자의 품격과 철학에 반드시 수반되어야 할 것은 '폭 넓은 시각'이다. 미국의 심리학자 에이브로험 매슬로Abraham Maslow 박사는 "만약에 당신이 가진 유일한 도구가 망치라면, 모든 것을 마치 못처럼 취급하려는 경향에서 쉽사리 벗어날 수 없을 것"이라며 자신이 익숙한 전문성에 함몰되는 인지편향을 경계할 것을 조언하였다. 그의 말처럼 기술자가 특정한 도구, 즉 고정된 시각에만 의존하다 보면 눈앞의 사안을 너무 좁게 보고 해석을 내려 큰 그림을 그리지 못할 수 있다. 때문에 업무에 필요한 공학적인 지식뿐만 아니라 기업 구성원으로서 인문학, 사회과학, 경영학 등의 소양도 함양해야 한다.

품격과 철학은 한 순간에 나올 수 없으며 축적의 시간이 요구된다. 마치 나무의 나이테처럼 오랜 기간에 걸쳐 형성되는 것으로 한 사람의 내면에 서서히 새겨지는 무늬이자 결이라고 할 수 있다. 언뜻 기업경영과 무관한 것 같지만 도덕과 윤리, 가치를 중시하는 지금의 세계에서는 경영자와 구성원이 함께 들여다보면서 체화시켜야 될 덕목으로 자리한다.

기업은 품격을 갖추고 자신만의 철학을 가진 구성원에 의해서 윤리의식을 바탕으로 경영되어야 사회의 인정과 소비자의 사랑을 얻는다. 이 결과에 따라 시장에서 경쟁자를 따돌리고

---

56) 국립국어원, 『표준국어대사전』

우위를 점하면서 기술과 경영 분야에서 강력한 선도력先導力을 발휘할 수 있다. 이처럼 품격과 철학은 따로 존재하는 것이 아니라 상호 인과 관계로 작용함으로써 기업경영에서 선순환을 이룬다.

뒤편에서 따로 다루겠지만 근래 기업들의 핫이슈인 ESG 경영이라는 것은 일시적인 유행풍조나 의례적인 경영기법이 아니라 환경과 사회, 지배구조에서의 품격과 철학이 요구되는 영역에 속하며 선도력을 가진 기업이라면 필히 달성해야 할 목표이다. 기업과 내부 및 외부로 연결된 다양한 요소들을 십분 이해하고 충분히 고려하는 자세와 노력이 필수적인 시대가 다가온 것이다.

이재용은 글로벌 시장에서 강자들과 겨루는 과정에서 기존의 것과는 다른 차원의 대응, 즉 초격차보다도 한 단계 더 높은 차원으로 가려는 노력이 절대적으로 필요하다는 생각을 갖고 있었다. 부회장 시절인 2021년 11월 미국 실리콘 밸리 소재 삼성전자 선행연구조직을 방문한 자리에서 연구원들에게 행한 발언이 이를 분명하게 보여준다.

미래 세상과 산업의 지도가 새롭게 그려지면서 생존환경이 극단적으로 바뀌고 있다. 혁신 노력에 속도를 내달라. 추격이나 뒤따라오는 기업과 '격차 벌리기'만으론 거대한 전환기를 헤쳐 나갈 수 없다. 힘들고 고통스럽겠지만 불가능을 가능으로 만들어 아무도 가보지 않은 미래를 개척해 새로운 삼성을

만들어가자.[57]

이제 그에게 요구되는 것은 완급을 조절하는 속도이다. 맹수는 미동도 없이 사냥감을 지속적이고 면밀하게 관찰하다가 결정적인 순간이 되면 주저함 없이 일격을 가해 치명타를 입힌다. 이는 손자병법孫子兵法의 "참으로 빠르기는 질풍과 같이, 서행하기는 숲처럼 고요하게, 침략은 불처럼 기세가 왕성하게, 움직이지 않는 것은 산처럼 진중하고, 숨는 것은 어둠처럼 안 보이게, 움직일 때는 우레처럼 거세게"[58]라는 구절처럼 강약과 고저, 고속과 저속의 리듬감이 수반되는 경영을 하는 것이 중요하다.

손자병법은 이를 보다 구체적으로 "격렬한 물이 질풍처럼 흘러 무거운 돌을 표류케 하는 것이 바로 기세다. 사나운 새가 질풍처럼 날아와 짐승을 낚아채는 것이 절도이다. 이런 고로 싸움을 잘하는 자는 그 기세가 험하고 그 절도가 빠르며 힘을 갖는다. 이와 같은 기세는 팽팽하게 잡아당긴 활과 같고 절도는 발사된 화살과 같다."[59]고 표현한다. 여기에서의 절도는 오늘날의 해석으로는 리듬감이다. 중대한 결정과 행동을 하는 데 있어 흐름을 타면서 때를 놓치지 않는 적시성, 때에 맡기는 과

---

57) 송형식, "초격차는 잊어라…이재용, 삼성 가지 않은 길 가겠다", 한국경제신문, 2011.11.23.

58) 『孫子兵法』「軍爭編」, "故其疾如風, 其徐如林, 侵掠如火, 不動如山, 難知如陰, 動如雷霆."

59) 『孫子兵法』「兵勢編」, "激水之疾, 至於漂石者, 勢也. 鷙鳥之疾, 至於毀折者, 節也. 是故善戰者, 其勢險, 其節短. 勢如彉弩, 節如發機."

감성으로부터 힘이 나오는 것이다.

초격차를 위해서는 기술의 초격차와 더불어 필요한 것들이 있다. 첫째는 조직 내 인재집단의 두뇌로부터 나오는 초지성超知性이다. 즉 서로 간의 머리를 맞대어 해결책을 도출해내는 것이다. 둘째는 구성원의 소통과 협력을 통한 초연결超連結이다. 이는 진실함을 근간으로 함께 이루어내려는 마음을 주고받는 것이다. 셋째는 사업의 지향점을 정확하게 찾으면서 이뤄지는 초집중超集中이다. 경영진과 직원들이 선택을 통해 사업과 아이디어의 옥석을 정확하게 구분하는 것이다. 네 번째는 현안에 대응해 요구되는 초몰입超沒入이다. 이는 구성원이 혼연일체가 되어야만 비로소 가능해진다.

이재용은 부친이 재임기간 중 집요하게 지향했던 초일류 삼성의 모습을 이제 보다 높은 차원에서 찾으려고 한다. 그러나 확고한 격차를 통해 시장에서의 위상을 굳건히 하는 것이 결코 쉬운 일은 아니다. 반도체, 배터리, 바이오 등 각광받는 산업 분야에서의 글로벌 경쟁은 거의 전쟁수준으로까지 진행되는 중이며 신흥강자가 속속 등장하고 있기 때문이다. 각국의 자국 우선주의에 의해 시장의 문턱 또한 점차 높아지는 것도 장애요인이다.

그가 지금 처한 상황은 "나무는 조용히 있고자 하나 바람이 멈추질 않고 자녀는 공양하고자 하나 부모는 기다리지 못한다. 한 번 흘러가면 쫓을 수 없는 것이 세월이요. 가시면 다시금 뵙지 못하는 것이 어버이이다."[60]라는 옛 구절을 떠올리게 한다. 그럼에도 3대 회장으로서 선대에서 이루지 못했던 지점을 향하는 행위야말로 참된 승어부 정신의 발로이며 효도기반 경영의 출발이라 할 수 있다.

2절. 남보다 앞서 찾는 선도력

기존 시장에 엄청난 충격을 가할 수준의 혁신적이고 창의적인 아이디어를 냄으로써 지각 변동을 가져오고 판도를 뒤바꾸는 역할을 한 인물이나 제품, 기술 등을 가리켜 "게임 체인저game changer"라고 부른다. 이와 관련하여 이병철 회장은 반도체 사업 진출 이후 "영국이 증기기관차를 만들어 400년 간 세계를 제패했는데, 나도 그런 생각으로 반도체에 투자한 것이다."[61]라고 밝힌 바 있다. 그는 당시 투병 중이었음에도 불구하고 "게임 체인저"가 되기를 자처한 것으로서 앞선 경영인의 자세가 어떠해야 되는지를 명확하게 보여주었다.

노장老莊사상의 권위자인 서강대 최진석 명예교수는 철학의 대중화 및 실용화에 크게 기여한 인물이다. 그는 현대를 살아

---

60) 『漢詩外傳』「致思編」, "樹欲靜而風不止, 子欲養而親不待. 往而不可追者年也, 去而不見子親也."

61) 황정수, "故 이병철 회장 유훈에 연설 중 울컥한 진대제 전 장관". 한국경제신문, 2021. 3. 30.

가는 우리에게 탁월한 사유의 시선이 필요함을 강조하면서 선도력에 대해 "앞에서 인도하며 끌고 가는 힘이기 때문에 우선적으로 남보다 앞선 무언가가 있어야 한다. 그것이 물건이 되었든 제도가 되었든 혹은 보이는 것이든 안 보이는 것이든 간에 다른 나라에는 없으면서 자신들에게만 있는 고유하고 앞선 무언가가 있어야 한다."[62]고 해석한다. 다른 사람이 가보지 못한 길을 가는 도전정신을 통해 나만의 독창성을 갖춰야 한다는 의미로 읽혀진다.

이병철 회장은 자서전을 통해 "국내에서의 작은 성취에 만족할 생각은 없었다. 국내에서 제일이 된다든지, 국내 경쟁에서 이긴다든지 하는 것은 안중에도 없었다. 자본을 축적하여 차례차례 새로운 기업을 개척함으로써 선진외국과 당당히 맞서서 이긴다. 이것이 내가 나아가는 길이다."[63]라고 밝힌 바 있다. 그의 발언에서 드러나듯이 우리 기업이 우물 안 개구리가 되지 않기 위해서는 국내를 벗어나 해외 유수기업들과의 경쟁을 이어가면서 선도력을 발휘해야 한다.

구성원의 격에 큰 의미를 부여한 권오현 전 회장이 "경영은 고객과 직원이라는 '인간' 자체를 이해해야 하는 감성의 영역에 속한다."[64]고 진단했듯이 초격차의 이면에는 분명히 높은 사유의 시선을 가진 사람이 존재한다. 그리고 초격차를 이뤄내기

62) 최진석, 『탁월한 사유의 시선』, 21세기북스, 2020, 114.
63) 이병철, 『호암자전』, 나남, 2014, 145.
64) 권오현, 『초격차』, 쌤앤파커스, 2018, 22.

위해서는 인성으로 표현되는 사람됨, 사람다움이 전제되어야 한다. 인간과 인간성이 배제된 상태의 냉정한 기술이나 경영은 절대로 안정성과 지속성을 담보할 수 없는 사상누각일 뿐이다.

인성은 인간성人間性의 줄임말로서 "사람과의 관계人間에서 필요한 성품性"으로 풀이할 수 있다. 한 걸음 더 들어가자면 사람과의 관계人間를 통해 상대방의 마음忄을 살아나게生 하는 상대적이며 적극적인 태도인 것이다. 회사會社는 말 그대로 사람들이 모인 조직인 만큼 AI인공지능가 대세인 시대라 해도 뛰어난 능력을 가진 사람, 훌륭한 인성을 갖춘 사람은 어떤 요소보다 중요하다. 결국 인성은 공동체를 유지하고 지속케 하는 매개체이자 추동력인 것이다.

우리의 미래를 이어갈 청소년 세대의 인성 함양과 교육을 위해 제정된 인성교육진흥법에서는 인성을 "자신의 내면을 바르고 건전하게 가꾸고 타인, 공동체, 자연과 더불어 살아가는 데 필요한 인간다운 성품과 역량"으로 기술하면서 교육에 있어 핵심 가치이자 덕목으로 예禮, 효孝, 정직, 책임, 존중, 배려, 소통, 협동[65]을 꼽고 있다. 이는 비단 청소년뿐만 아니라 기업경영의 경우에서도 그대로 적용되어야 할 가치이며 구성원 모두가 반드시 이행해야 할 덕목이다.

여기에서 주목할 것은 효도의 가치이다. 공자는 2500여 년 전에 이미 "효는 덕의 근본이며 모든 가르침이 그로 말미암아

---

65) 법제처, 국가법령정보센터.

생겨난다."[66]는 가르침을 통해 도덕의 본바탕에 효도가 존재하고 있음을 강조하였다. 불교 경전에서도 "효는 모든 선을 행하는 데 근본이요, 모범이 되게 하는 것이다."[67]는 경구를 발견할수 있다. 선한 마음으로 실천되는 효도야말로 사람다움을 상징한다는 의미이다.

효도를 교육하려는 목적으로 편찬된 효경孝經에서는 "부모를 사랑하는 사람은 다른 사람을 미워하지 않고 부모를 공경하는 사람은 다른 사람을 업신여기지 않는다."[68], "부모를 섬기는 사람은 윗자리에 있어도 거만하지 않고 아랫자리에 있어도 질서를 어지럽히지 않으며 같은 무리와 함께 있어도 서로 다투지않는다."[69]는 가르침을 주고 있다. 이와 같은 효도의 덕목은 기업체에서 요구하고 또한 기대하는 직원으로서의 기본적인 자세이다.

최진석 교수가 언급한 것처럼 남보다 앞선 무언가를 가져야선도력이 유지, 발휘된다. 중국 송대宋代 시인 황정견黃庭堅의 "남이 하는 대로 따라하면 끝까지 남에게 뒤지기 마련이다. 스스로 일가를 이뤄야만 비로소 참다운 경지에 이를 수 있다."[70]는 시구처럼 자신만의 독창성과 세계관이 필요하다. 이 점에서 삼성은 항시 주요 경쟁 상대인 애플, TSMC 등과 비교되며 열

---

66) 『孝經』「開宗明義章」, "孝德之本也, 敎之所由生也."

67) 『부모은중경』

68) 『孝經』「天子章」, "愛親者, 不敢惡於人. 敬親者, 不敢慢於人."

69) 『孝經』「紀孝行章」, "事親者, 居上不驕. 爲下不亂, 在醜不爭."

70) 「以軍書數種贈丘十四」, "隨人作計終後人, 自成一家始逼眞."

성적인 소비자들로부터는 혁신을 무기로 상대방을 뛰어넘을 것을 요구받는다. 주역의 "군자의 변혁은 표범의 무늬처럼 선명하고 소인은 변혁의 결과를 받아들여 얼굴만 고쳐 이에 따른다."[71)는 경구처럼 겉만 바뀌는 것이 아니라 확실하고 확고한 변화가 필요한 것이다.

애플 창업자 스티븐 잡스Steven Jobs, 1955-2021가 "경영은 기존 질서와 확연히 다르게", "항상 새로운 것에 대해 주의를 기울이자", "기술력을 과신하기보다 소비자의 눈높이에 맞춘다."는 철학을 바탕으로 경영에 몰입한 것은 그의 세계관이 남다른 데서 출발한다. 그의 머리와 손에 의해 전 세계는 스마트폰 혁명에 진입했다. 기업들은 이전과 다른 비즈니스 환경 하에서 경쟁을 벌였으며 인류는 새로운 삶을 경험하게 되었다.

세계 각국의 젊은 층은 애플 기기의 성능보다는 그 안에 담긴 소프트웨어의 혁신성과 디자인의 미적 감각 등에 주목한다. 때문에 잡스의 사후 시대에 들어선 현재에도 애플은 당연히 성능에 주안점을 두되 단순 기기가 아닌 가치와 콘텐츠를 팔면서 글로벌 IT업계에서 여전히 최고의 경쟁력을 유지하는 빅테크 big tech로서 군림 중이다.

잡스는 "당대 최고의 혁신가"로서 우리에게 기억될 인물임은 분명하지만 일각에서는 경영과정에서 드러난 자기중심적인 태도, 자아도취 식 행보와 관련하여 부정적인 평가를 내리기도 한다. 이를 반영하듯 그는 생존 시 외부는 물론 내부에서도 적

---

71) 『周易』「革卦」, "君子豹變, 小人革面."

이 상당히 많았으며 탈 또한 많았다. 그의 인성에 대한 세평은 뛰어난 업적을 퇴색시킬 수도 있는 요인이 된다.

잡스는 결혼에 이르지 못한 친부모의 손을 떠나 다른 가정으로 입양된 이후 양부모의 따뜻한 사랑으로 성장했지만 심리 기저에 자신을 낳아준 부모와의 분리가 큰 상처로 자리한 것이 부정할 수 없는 사실이다. 동양적 정서에 심취해 선불교를 신앙으로 삼았던 그가 임종을 앞두고 마지막까지 걱정한 것은 애플과 네 자녀, 그리고 아내였다. 특히 사랑하는 가족을 두고 세상을 떠나는 상황에 대해 무척 힘들어했다. 세상을 놀라게 하고 IT업계의 판도를 뒤바꿔 "게임 체인저"로 불리었지만 그의 본바탕에는 온전히 가족이 자리한다. 그는 뛰어난 업적에도 불구하고 독선으로 인해 외로움 속에서 세상과 불화의 관계가 지속되던 와중에서 결국 가족과는 화해와 애정의 관계로서 이어졌다.

선견지명을 발휘해 "개혁개방의 총설계사"로 불리며 오늘의 중국을 만든 덩샤오핑鄧小平, 1904-1997은 정치투쟁 과정에서 세 차례의 실각을 경험하지만 거뜬히 이겨내고 일어섰으며 국가의 앞길을 선도했던 정치인이다. 실각 이후 문화대혁명의 광란 속에서 그의 장남은 회복불가의 장애인이 되었고 나머지 자녀들도 벽지로 쫓겨나면서 가족은 와해지경에 이르렀다. 그럼에도 이들은 사랑과 배려의 마음으로 하나가 되었으며 결국 다시 원래로 돌아왔다.

그는 중국대륙을 호령했던 정치가이자 군인이었지만 정치적 좌절의 상황 하에서는 가족을 통해 마음의 상처를 치유했으며 자녀와의 관계에서 큰 위안을 받았고 자신을 추슬러 다시금 일어섰다. 이와 같이 좌고우면하지 않는 결기의 선도력을 가지려면 우선은 자신을 지켜주는 든든한 인적, 정신적 배경을 필요로 한다. 그에게 있어 배경은 가장 소중했던 가족이었다.

경영에서 선도력을 발휘한다는 것은 지극히 외로운 일로서 다른 사람, 다른 조직이 아직까지 가보지 못했던 길을 먼저 가는 것이다. 때문에 결과를 얻기 위한 과정이 대단히 고통스럽고 위험에 노출되는가 하면 희생이 따른다. 이는 불교경전에서 다음과 같이 언급되는 부모의 자식에 대해 기울이는 정성 및 자기희생과도 비견되는 것이다.

> 부모님이 자식을 배어 열 달을 임신하여 몸이 크게 병든다. 출산일에 어머니는 위태롭고 아버지는 두려워하는데 그 정황을 설명하기 어렵다. 낳은 후, 마른자리는 자식에게 주고 당신은 진자리에 눕는다. 정성이 지극하여 피가 우유되고 어루만지고 목욕시킨다. 의식을 마련해주고 가르치며 스승과 친구에게 예를 갖추고 임금과 웃어른에게 공양을 바치도록 한다. 자식의 얼굴이 기뻐하면 부모 또한 그리하며, 자식이 슬프고 두려워하면 부모 마음 또한 초조하다. 자식이 밖에 나갔을 때 염려하고 들어왔을 때 그 마음을 간직하고 있다. 그가 선하지 않으면 슬프고 두려워한다.[72]

조직의 발전 차원에서 선도력을 발휘하려면 리더의 예민한 감각과 판단이 요구된다. 특히 디지털시대로 접어들어 큰 틀

---

72) 『불설효자경』

의 빠른 변화가 감지되는 상황 하에서 리더가 미세한 변화의 조짐부터 미래의 상황까지 읽어내고 결정하는 능력이 매우 중요해졌다. 우리는 이를 통찰洞察, Insight로 칭한다. 안in으로 깊이 성찰sight할수록 더 멀리까지 내다볼 수 있는 힘인 것이다. 사전적으로는 "예리한 관찰력으로 사물을 꿰뚫어 봄"[73]으로 풀이된다.

부모와 자식은 가정에서 상호 면밀한 관찰과 판독을 거쳐 애정을 교환하고 갈등을 해소하면서 혈연으로서의 관계를 강화시킨다. 이러한 과정이 사회로 진전될 때 공동체 구성원들은 상호 관계를 맺으면서 갈등을 회피하거나 모순을 극복할 수 있다. 또한 상대방을 이해하고 배려한다. 통찰은 미래를 들여다보는 데 있어 중요한 자질이지만 이처럼 현재의 인간관계와 관련하여 핵심적인 연결 요인으로서의 가치도 갖는다.

공동체 리더로서의 내공이 깊어지면 멀리 바라볼 수 있으며 예지력이 발휘된다. 이는 공동체가 온전하게 존재토록 하는 배경으로 작동한다. 때문에 현재와 같이 예측이 어려운 격변의 시대에 놓인 조직으로서는 통찰의 리더가 절실히 필요하다. 통찰을 위해서는 리더뿐만 아니라 구성원의 공부가 선행되어야 한다. 리더의 통찰을 이해하고 실행으로 나가기 위해서이다.

이 과정에서 우리 경제계는 기업의 지식경영knowledge management을 요청하고 있다. 기업의 수준은 사람에 의해 결정되는바, 직원이 일류이면 그 기업은 결국 일류로 자리한다. 일

---

73) 국립국어원, 『표준국어대사전』

류 직원은 지식으로 무장되어 기업의 산적한 과제를 해결하고 미래발전을 향할 수 있도록 추동시킨다. 지식이 기업 내에서 축적된 이후 공유와 순환의 경로를 정상적으로 밟으면 이는 기업의 핵심자산으로 자리한다. 지식은 아울러 사용 및 해석자의 재구성이 필요하다. 자신만의 기준과 시각에서 재구성될 때 통찰의 힘은 더 커지고 이는 선도력의 바탕으로서 자리할 수 있다.

요즘의 경영은 기술이 수반되는 만큼 이공계 출신이 주축을 이룬다. 당연한 흐름이지만, 간과할 수 없는 것은 흔히 문사철 文史哲로 표현되는 인문학적 소양의 실종이다. 문학과 사학, 철학은 인간에 대한 이해와 삶에 관한 통찰을 추구하는 학문이지만 실용과 응용을 중시하는 풍조로 인해 설자리를 잃고 있다. 이로 인해 우리 사회는 학문의 소멸 위기로까지 치닫는 상황이다.

가까이는 일상과 가족관계, 멀리는 사회생활에서 우리가 직면하는 현실적 문제에 대한 답을 어디에서 찾을 것인가? 문학에서 서술되는 감수성과 역사를 통해 드러나는 지혜, 깊이 있는 성찰과 질문이 펼쳐진 철학에서 자신의 답을 찾을 수 있다. 기업의 경영에서도 문사철을 기반으로 한 인문학적 소양은 답을 줌과 아울러 아이디어를 찾도록 돕는다. 문사철은 인간을 찾아가는 학문이기에 결국 인간의, 인간에 의해, 인간을 위해 이뤄지는 경영에서는 필수적인 요소이다.

당나라 태종은 "무릇 구리로 거울을 만들면 의관을 단정히 할 수 있고, 역사를 거울삼으면 흥망성쇠를 알 수 있으며, 사람을 거울로 삼으면 득실을 밝힐 수 있다."[74]고 말했다. 자신을 들여다보고 역사 속에서 교훈을 얻으며 사람을 통해 세상사를 판단하는 것 모두가 인문학적 소양을 함양하는 과정에서 독서와 성찰을 거쳐 이루어진다.

기업체의 경영자이거나 직원으로서 인륜을 다루는 효도에 관해 관심을 갖는다면 과거의 문학과 역사, 철학에 관한 자료를 참고해보는 것이 효과적이다. 유교와 불교, 기독교 경전 공히 오랜 기간에 걸쳐 윤리와 도덕, 그리고 인간관계의 스토리를 담고 있다. 문사철의 무궁무진한 보고寶庫인 것이다. 인문학적 소양을 함양하는 데 있어 최고의 자료이다. 이렇게 축적된 지식과 지혜는 당사자를 단단하게 만드는 힘이 된다. 그리고 그로 하여금 선도력을 가지고 조직을 이끌도록 돕는다.

---

74) 『貞觀政要』「魏徵」, "以銅爲鑑, 可正衣冠. 以古爲鑑, 可知興替. 以人爲鑑, 可明得失."

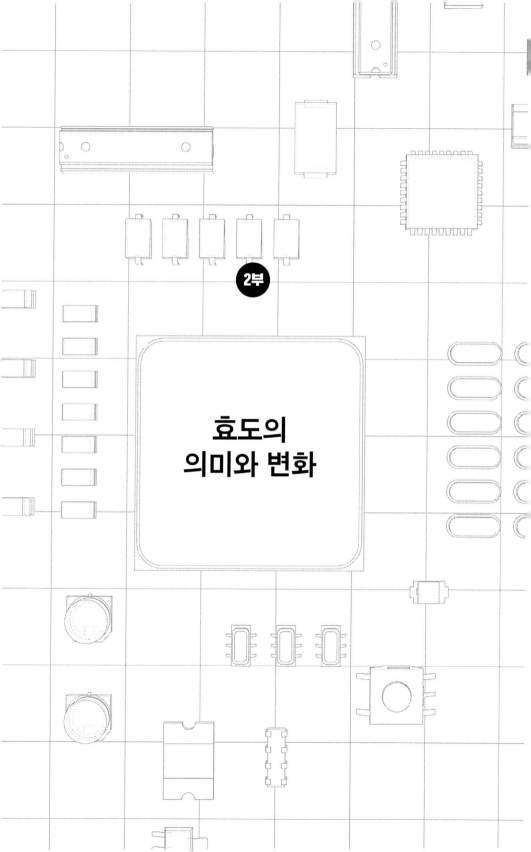

2부

효도의
의미와 변화

탄생의 의미

1절. 강자의 약자 배려

삼성가에서 나왔던 '승어부를 통한 효도'가 우리 사회에 던진 메시지는 경제계를 중심으로 커다란 관심을 불러일으킬 만큼 강력한 것이었다. 그렇다면 "첨단기술을 상징하는 삼성에서 왜 효도가 언급되었을까?", "지난 시대의 고루한 가치로 치부되던 효도가 갑자기 오늘에 등장한 배경은 무엇일까?", "지금의 상황에서 과연 필요한 가치인가?" 등등의 의문이 들지 않을 수 없다.

이와 같은 의문에 대한 해답을 얻기 위해 효도의 탄생 배경부터 찾아보도록 하겠다. 효도는 과거 한국, 중국, 일본, 베트남 같은 동양 유교문화권의 경우 국가와 사회적으로 각별히 중시되었던 가치로서 장시간에 걸친 현실 적용과 이론 축적을 통해 사상으로 다듬어졌으며 통치이념으로 채택되었고 국가 구성원들의 인식체계에도 절대적인 영향력을 미쳐왔다.

실제로, 예로부터 동아시아권 국가에서는 남보다 뛰어난 능력으로 두각을 나타내어 돈을 많이 벌고 높은 지위에 오른 사람이라 할지라도 불효를 저지른다면 훌륭한 사람으로 여기지 않았고, 반대로 사회적으로 성공하지 못했더라도 효심이 깊고 웃어른을 진심으로 공경할 줄 아는 사람을 훌륭한 사람이라 생각했다.[75] 효도가 사람을 평가하는 척도였던 것이다.

일반적으로 효도라고 할 경우 우리는 "자식이 부모를 받드는 윤리"로 인식하지만 사상적으로는 훨씬 뜻이 깊으며 근본적으로는 '사람다움'과 '인간의 도리'를 포괄한다. 사람은 사회로부터 고립된 채 혼자서 이 세상을 살아갈 수 없는 존재인 만큼 모여서 서로 도우며 살아가는 군서동물群棲動物이다. 단독의 삶은 상상하기 어려운 것이 현실인 것이다.

이와 관련하여 우리 유학계의 인사는 "사람은 이 세상에 단독자로 오는 것이 아니라 줄줄이 이어진 고리의 하나로 태어나게 된다. 거미줄처럼 얽혀진 연줄 속에서 살아가게 되는 것이다. 오늘 내가 존재하기 위해서는 수십, 수백, 수천의 조상이 계셨으며 또한 나에게 앞으로 수백, 수천의 자손이 있게 된다."[76]면서 모든 인간이야말로 부정할 수 없는 역사적인 존재임을 역설하였다. 인간이 관계성에서 출발하고 삶을 이어가는 행위는 효도가 지나온 역사에서도 확인이 가능하다.

효도의 시원始原을 들여다보면 노인의 역할, 이에 따른 위상

75) KBS 인사이트아시아 유교제작팀, 『유교 아시아의 힘』, 서울 위즈덤하우스, 2007, 30.

76) 최근덕, "한국의 효사상", 『기독교사상』 36권 5호, 1992. 5, 42.

과 관련이 깊다. 상고 시대 사냥과 가축몰이를 근간으로 하는 유목사회에서 쇠약한 노인은 이동성 부족으로 인해 자연히 낮은 생산성을 보였고 무리 내 구성원이지만 천대를 받았다. 짐승이나 외부 집단의 공격에 맞선 방어 차원에서도 생존이 달린 위기상황에 즉각적으로 대응치 못해 수시 이동을 하면서 이뤄지는 공동체 생활에서는 결코 환영받지 못하는 기피의 대상이었다.

점차 시대가 바뀌어 인류가 물줄기를 찾아 일정지역에 정착하면서 만들어진 농경문화는 다수의 일손을 필요로 하였고 이에 따라 자연스럽게 가장 중심의 가족제도가 생겨났다. 시간이 흐르면서 혈연을 근간으로 하는 씨족공동체가 구성되었으며 이때를 계기로 노인은 생을 통해 축적한 경험과 절기에 따른 파종, 수확 같은 농사 지식을 바탕으로 공동체의 생존과 발전에 필수불가결의 존재이자 지혜로운 어른으로서 존경과 학습의 대상이 되었다. 이로부터 공동체 구성원 사이에서 효도 의식이 발아되었으며 효도가 공동체의 규범으로서 기능을 발휘하기 시작했다.

노인이 씨족공동체의 어른으로서 가족과 구성원들을 사랑하고 배려함과 아울러 교육의 기능까지 담당하면서 효도는 전체를 아우르는 하나의 정신으로 자리한 것이다. 시대는 완전히 다르지만 어른에 대한 정의는 오늘날에서도 찾을 수 있다. 카카오의 김범수 창업자는 "살면서 녹아 있는 경험과 선택들의 총량이 그 사람을 말해주는데, 그 과정에서 어른이 된다는 것은 지혜로워진다는 의미"라는 해석과 함께 "누군가의 말을 경청하고 공감하며 지지해 줄 수 있는 것이 좋은 어른의 덕목"[77]
이라는 견해를 피력한 바 있다.

과거의 농경사회에는 이처럼 경험과 지식을 바탕으로 한 어른으로서의 노인이 있었지만 농업 자체의 특성상 이동이 거의 없다는 제한을 받는다. 평생 일정지역을 벗어나지 못한 채 하늘과 대지에 일신을 의탁한 농민들로서는 농업 생산에 투입되는 인력의 조달 문제로 인해 가족의 구성과 가정의 유지가 생계 차원에서 그 무엇보다 질실했다.

이 때문에 효도는 가족의 질서를 담보하는 정신적 배경이자 현실적 방안으로 자리한다. 더불어 자식의 효행은 물질적인 부양을 수반하기 때문에 공동체 내 어른의 위치이지만 가정 측면으로 본다면 노동력을 상실한 부모 입장에서는 의도치 않았더라도 노후 복지를 확실하게 보장받을 수 있는 안전장치가 되었다.

효도는 애초에 지혜로운 어른으로 존재하는 가부장의 권위를 근간으로 삼아 가족 내에서 이행되는 혈육 간 윤리로 시작되었지만 나중에는 가정을 넘어 사회와 조우하고 나아가 국가 차원으로까지 이어지면서 국가공동체의 지속성과 통치자의 절대권위를 보장하는 정치적 수단으로 선택되기도 하였다. 중국 역사를 들여다보면 그 사례가 자주 등장한다.

선진先秦시대에 효도의 개념을 정립시키는 과정에서 공자의

---

77) 채성오, "김범수 카카오 의장 어른=지혜로운 사람, 항상 꿈꾸고 싶다" 머니S, 2020. 4. 24.

효도 사상을 왕조의 정신적 토대로 견고히 자리 잡도록 노력했던 맹자孟子는 "요순堯舜의 도리도 부모에 대한 효와 형제간 우애일 따름이다."[78]라고 언급함으로써 효도를 '제왕의 도' 차원으로까지 확장시켰다. 한대漢代에 이르러서는 유가儒家의 정치화가 이뤄졌는데 이것의 핵심은 유학의 정치이론을 개선, 완성함으로써 군주에게 권력이 집중된 전제정치를 위해 봉사토록 하는 것이다. 때문에 통치자들은 정치적인 목적을 위해 효도교육을 적극적으로 제창하였다.[79]

이제 효도의 탄생 배경으로 다시 돌아가 보겠다. 우리가 평상시 이해하고 있는 '효孝'라는 글자는 이미 만들어진 둘 이상의 한자를 합하여 새로운 뜻을 나타내는 원리가 작용된 회의자會意字이다. 따라서 한자에 대한 문자학적 측면에서 해석할 경우 두 가지 의미로 압축된다.

첫 번째 해석은 상단 '늙을 노老'자와 하단 '아들 자子'로 구성되어 있으며 노인과 젊은이, 양 세대 사람 간의 관계를 나타낸다. 상단의 노인은 부모로서 하단의 자녀를 생육, 보호하는 역할을 수행하고 하단의 젊은이는 자녀로서 부모를 봉양하는 것이므로 양자는 물질적 측면의 상호관계이다.

두 번째 해석은 상단의 '생각할 고考'자와 하단 '아들 자子'가 합성된 것이다. 이 글자는 형상적으로 상단의 부모는 하단의 자녀를 생각하고 상대적으로 자녀도 부모를 생각하는 것이다.

---

78) 『孟子』「告子章句下」, "堯舜之道, 孝悌而已矣."
79) 李庚子, "兩漢的孝教思想研究", 博士學位論文, 北京師範大學, 2004, 37-38.

양자의 관계는 물질보다는 정신적인 측면에서 교감되는 관계인 것이다.

이처럼 문자 상의 의미로만 짚어보더라도 효도가 갖는 근본 취지는 부모와 자식 간 희생을 전제로 하는 일방적인 봉양과 복종의 관계가 아니라 각자가 처한 위치와 입장에서 상대방을 키우고 보살피며 지켜주고 생각하는 것이다. 즉 효도는 양방향에서 부족함을 채워주는 상호보완적인 관계, 서로에게 이익이 되는 호혜적인 관계로부터 출발한다.

효도가 갖는 의미 가운데 공감이 있다. 효도는 상대방의 입장과 처지를 이해하고 또한 배려하는 것인 만큼 공감력을 키워준다. 공감력은 나와 상대방의 감정 상태를 제대로 파악하고 적절하게 조정하는 행위로서의 능력을 의미한다. 부모, 형제자매, 직장동료, 학교친구 등 모든 관계에서 발현되는 핵심적인 요소이다. 인간을 흔히 "사회적 동물"이라고 표현하듯이 집단을 이루는 인간에게 효도는 관계의 미학으로서 다가설 수 있다.

최근 효도를 연구하는 학계에서 효도에 대해 문자학적으로 진일보한 해석을 내놓고 있다. 즉 효의 한자는 젊은 자녀가 노부모를 짊어지고 있는 형태인 만큼 생활능력이 있는 강자, 곧 젊은 자녀가 생활능력이 없는 약자인 부모를 부양하는 이른바 "강자가 약자를 보호하는 것"[80]이라는 풀이이다. 부모의 양육

---

80) 김덕균, "효행장려 및 지원에 관한 법률 제정 이후 효문화진흥 연구성과 및 효실천 방향과 과제", 한국효학회 제33회 정기학술대회 자료집, 한국효학회, 2022. 12. 3, 48.

이 시간의 흐름과 함께 자녀의 부양으로 변모하면서 생기는 현상에 착안한 접근이다.

간단한 예로 부모가 강자일 때는 부모가 보호자로서 역할을 수행하지만 자식이 강자일 때는 자식이 부모를 보호해야 한다는 것인데, 이는 효도에 대한 새로운 인식과 사회적용 차원에서 볼 때 강자의 약자에 대한 배려로서 확장된 의미를 내포한다. 이것이 사회와 국가로 진전되면 다수의 소수 배려, 공동체의 사회적 약자 배려 등과 같은 행태로 나타나는 것을 말한다.

이는 근래 국가와 사회의 '사회적 약자'에 대한 관심 및 지원과도 동일한 맥락이다. 치매와 중풍으로 투병한 부모님을 장기간에 걸쳐 극진하게 수발해 고향 주민들에 의해 효열비孝烈碑까지 세워졌던 '효녀가수' 현숙의 "어떤 이유든 효도를 강요해서는 안 된다고 봐요. 마음에서 우러나와 자연스럽게 돼야 하는 거죠. 고령화와 저출산사회가 되면서 봉양 받을 어르신은 많아지고 모실 사람은 적어지고 있어요. 이제 효도는 개인의 문제가 아니라 사회와 국가의 책임으로 봐야죠."[81]라는 소신발언은 우리 사회에 큰 울림을 준다.

효도의 덕목이 개인 차원에서 언급되는 것은 부모가 자녀를 낳고 손자를 본 뒤 불과 10~15년 정도 수명을 갖는 그런 시대에 적합한 사고방식과 관련된다. 노년의 기간이 짧았던 시기에는 고령화 문제도 가족 내에서 해결하는 것이 자연스러웠다. 그런데 수명연장이 현실화된 지금 이들이 40년을 살아가며

---

81) 이창훈, "현숙, 효는 이제 정치·사회의 문제", 매일경제, 2014.10.1.

3세대가 함께 생활하는 현대에는 달라진 사고방식을 갖는 것이 필요해진다. 노부모의 생존기간이 길어지고 게다가 그 인구수가 많아지면서 정부 차원의 관심과 대책이 필요해진 것이다. [82]

이제 효도를 가정의 윤리에서 꺼내어 사회로 이끌어내고 국가 차원으로 승화시켜 들여다볼 시점이다. 그런데 여기에서 중요한 것은 '사회와 국가'라는 공동체 내부 구성권 간 의식의 합일 여부이다. 인간이 함께 참여하고 생활하는 과정에서 다양한 가치의 우선순위, 동일한 현상에 대한 상이한 해석, 이해관계의 복잡성 등이 분명히 나타난다. 사회공동체 안에서도 세대별, 성별, 계층별로 각자의 이해관계와 가치관이 동일할 수 없기 때문이다.

따라서 사회공동체가 효도를 실천하는 문제는 행동에 앞서 구성원 공히 세대 간 갈등의 현존을 인식하고 상호 유사성을 인정함으로써 상이함을 극복하는 방식의 통합이 요구된다. 이처럼 효도의 행위자와 대상자 간 이해의 바탕이 단단해야만 실천으로 이어질 수 있다. 그렇지 못할 경우 실천 과정이 힘들고 긍정적인 결과를 장담할 수 없는 상황에 직면한다.

---

82) 이승재, "효 자원체계 확립을 위한 노인청 신설 제안-켄 윌버의 사분면이론을 중심으로", 『한국효학회 제33회 정기학술대회 자료집』, 2022. 12. 3, 65-66.

2절. 올곧은 마음으로부터

현대사회의 기업경영에서는 '효자 상품', '효자 품목', '효자 아이템' 등등의 용어가 빈번하게 사용된다. 이 경우에 '효자'라는 것은 기업 매출의 상당 부분을 차지하며 경영에 절대적으로 기여하는 존재로서의 제품이나 서비스를 의미한다. 이처럼 경영에서 적용되는 효도는 아직까지도 "회사를 위해 확실하면서도 지속적으로 생존과 발전을 보장해주는 존재"로 해석, 활용되는 데서 의미를 갖는 1차원적 수준에 머물고 있다.

경영의 측면뿐만 아니라 일상에서도 현대인들은 효도를 부모의 뜻에 무조건 복종하고 희생이 요구되는 수직적, 일방적 가치로 인식하는 가운데 케케묵고 고리타분한 사상으로 치부하는 실정이다. 그러나 효도는 역사를 통해 경우에 따라 해석자의 필요에 의해 변용되었을지언정, 한자 해석에서 봤듯이 처음부터 일방의 희생만을 강요한 가치가 아니었다. 그렇다면 전통적 효도에 내재된 진정한 의미는 무엇일까? 이를 몇 가지로 정리해보겠다.

첫째, 효도는 자신을 낳아주고 길러준 부모에 대한 감사의 마음이자 행위이다. 부모는 자식에게 생물학적 생명을 부여하고 양육과정을 통해 자식이 사람으로서 온전하게 살아갈 수 있도록 후원해준다. 부모는 나를 현실에 존재토록 한 근본 배경이 되는바, 부모가 자식을 잉태하여 낳고 기르는 것은 존재의 근원을 영속시키는 생명 창조자로서의 위대함이고 유일무이함

이다.[83]

불교의 경전에는 "나를 낳으실 때 서 말 서 되의 피를 쏟으시고 나를 기르실 때 여덟 섬 너 말의 젖을 먹이셨으니, 그 은혜를 다 갚기 위해서는 부모님을 등에 업고 수미산을 팔만 사천 번 오르내려도 다 갚을 수 없다.[84]"는 가르침이 있다. 이 정도로 육체적 고통과 사랑이 수반되는 부모의 출산과 양육에 대해 자식으로서 반드시 보은해야 된다는 당위성을 강조한 것이다.

부모의 은혜를 저버리지 않으려면 당위적인 보은뿐만 아니라 부모의 기대에 부응하는 자기적 효도가 병행되어야 한다. 자기적 효도는 수신修身의 효도로서 부모의 존재를 항시 의식하는 가운데 자기를 아는 확고한 정체성을 바탕으로 생애설계가 전제된 자기개발과 사회생활을 통해 부모의 뜻을 이어가는 것이다.

효경에는 "신체와 머리카락, 살갗은 부모로부터 받은 것이니 감히 상하게 하지 않는 것이 효도의 시작이요. 자신의 인격을 올바르게 세우고 도리에 맞는 행동을 하여 이름을 후세에 날리어 부모의 명성을 드러냄이 효도의 마침이다.[85]"라는 가르침이 있다. 이는 부모의 기대에 대한 자녀의 실천으로서 효도의 의미가 어디에서 시작되었으며 어디로 향해야 되는지를 알 수 있는 대목이다.

---

83) 조정현, "원불교 사상의 현대적 이해", 『효학연구』 22호 한국효학회, 2015. 12, 71.

84) 『불설부모대은중경』

85) 『孝經』「開宗明義章」, "身體髮膚, 受之父母, 不敢毀傷, 孝之始也. 立身行道, 揚名於後世, 以顯父母, 孝之終也."

둘째, 효도는 우리의 행위 가운데서도 올바른 행위인 덕행德 行의 근본이다. 덕행의 한자 표기에서 덕德은 원래 悳으로서 '곧을 직直'과 '마음 심心'을 합해 만들어진 글자이다. 효도의 가 치를 실천하는 효행은 이처럼 올곧은 마음으로부터 나오는 행 위인 것이다. 전국戰國시대 후기의 철학자인 순자荀子가 "효자 는 의를 따르는 것이지 부모를 따르는 것이 아니다."[86]라며 의 로움에 행위의 방점을 찍고 있듯이 효도는 바른 정신과 자세에 서 비롯되는 것이다.

부모는 자식에게 있어서는 최초로 연결되는 관계의 존재이 다. 아이의 출생 이후 벌어지는 사회화 과정에서 절대적으로 영향을 미치는 것은 가정환경과 부모의 양육 태도이다. 부모의 품과 손길에서 아이의 품성이 형성되고 점차 대인관계에 영향 을 주는 애착도 생겨나게 된다.

보편적으로 자식은 부모에 의해 정성과 사랑으로 길러지고 성장하면서 세상의 도리를 배운다. 이 과정을 들여다보면 부모 의 자애와 자식의 효행은 아무런 의도나 계산이 개입되지 않은 순수하고 순결한 행위이기에 다른 덕행의 기초이자 출발점으 로서 손색이 없는 것이다.

효경에서 "부모를 사랑하는 사람은 다른 사람을 미워하지 않고 부모를 공경하는 사람은 다른 사람을 업신여기지 않는 다."[87]는 가르침을 주었듯이 부모에게 효도를 다하고 형제간에

---

86) 『荀子』, "孝子從義不從父."
87) 『孝經』「天子章」, " 愛親者, 不敢惡於人. 敬親者, 不敢慢於人."

우애하는 사람이 밖에 나가 윗사람을 공경하지 않거나 아랫사람을 무시하는 등 인간관계를 약화시킬 가능성은 낮다. 이는 현대사회의 기업에서도 조직 내부 화합과 역량의 결집을 도모키 위해 경영자와 직원 모두에게 반드시 필요한 덕목이다.

셋째, 효도는 사랑으로서 높은 확장성을 가지며 인류애의 근원이라 말할 수 있다. 효도 자체는 가정이라는 사적이며 폐쇄된 영역에서 출발했다. 그러나 여기에만 머물지 않고 이타성이 발휘된다면 이웃, 지역사회, 국가, 심지어는 현대적 시각에서조차 착안하기 어려운 자연의 영역으로까지 확장될 수 있는 무한대의 가능성과 잠재력을 갖는다.

효도에 담긴 사랑의 확장성, 인류애와 관련하여 맹자는 "어버이를 친애함으로써 사람들을 사랑하게 되며, 사람을 사랑함으로써 다시금 만물을 애호하게 되는 것이다."[88]라는 언급을 통해 부모로부터 만물로까지 이어지는 효도의 광범위한 적용 가능성을 언급한 바 있다. 예기禮記에서는 "수목樹木은 때에 맞춰 베고 금수禽獸도 때에 맞춰 죽이지 않으면 효가 아니다."[89]라며 효도와 자연, 효도와 생명 간의 관계를 놓고 탁월한 선견을 드러내었다.

효도는 부모와 자식 사이의 1차적인 관계성 및 사적인 친밀성에 기반하는 것인 만큼 공공성과 개방성의 성격을 가진 인류애와 자칫 충돌할 개연성을 갖지만 실제로는 양자가 상호 통한

---

88) 『孟子』「盡心章句下」, "親親而仁民, 仁民而愛物."

89) 『禮記』「祭義」, "樹木以時伐焉, 禽獸以時殺焉, 不以其時, 非孝也."

다. 효도와 인류애는 '사랑'이라는 불변의 공통 언어를 갖고 있기 때문이다. 효도 자체가 동양적인 정서를 바탕으로 한 덕목으로 인식되고 있으나 서양에서도 흔쾌히 동의하고 공감하는 상황이다.

영국의 역사학자로 '역사의 연구A Study of History'라는 인류 불후의 명저를 남긴 아놀드 토인비Arnold Toynbee, 1889-1975 박사의 효도에 대한 반응은 새겨들을 가치가 충분하다. 그는 생전에 한국 언론인으로부터 효도와 경로사상, 가족제도 등에 대해 설명을 듣고 눈물을 글썽이며 "효 사상은 인류를 위해 가장 위대한 사상입니다. 부디 그 위대한 효사상과 경로사상, 그리고 가족제도를 영원히 보존할 뿐만 아니라 서양에 와서 가르쳐 주십시오. 나도 효 사상 보급 운동에 적극적으로 참여토록 하겠어요."라는 당부를 할 정도[90]로 높은 평가를 내렸다.

넷째, 효도는 공동체 조화의 길이며 복지적 성격의 덕목이다. 부모는 자식을 사랑으로 키우면서 행복감을 갖게 되고 또한 자식의 본보기로서 역할을 수행한다. 자식은 부모를 통해 애정을 체감하는 동시에 세상을 바라보고 삶에 요구되는 질서를 배운다. 가정 내에서 부모와 자식 간 이러한 과정이 지속적으로 되풀이되고 양자 간에는 신뢰가 깊어진다.

세상은 부모와 자식 간의 이러한 행위를 "내리사랑, 올리효도", "내리사랑, 치사랑"으로 표현한다. 우리 속담의 "윗물이 맑아야 아랫물이 맑다."는 말처럼 우선 부모의 사랑이 선행되고

---

90)   강석봉, "임덕규 회장 명예효학박사 수여", 스포츠경향, 2021. 10. 22.

자식의 효도가 나타나는 식으로 순환과 소통의 흐름이 정상적으로 진행될 경우 가족 내 화목과 조화가 이뤄진다. 가정에서 출발한 조화의 효도가 이웃과 지역, 사회, 국가로 확산되어야만 비로소 사회의 안정과 공동체의 평화를 기약할 수 있다.

효도가 복지로서의 성격도 갖는 것은 동양의 전통사상이나 주요 종교에서 다수 발견된다. 몇 가지 내용만 살펴봐도 예기에는 "효에는 세 가지가 있다. 가장 큰 효는 부모를 공경하는 것이다. 그 다음은 부모를 욕되게 하지 않는 것이다. 그 다음은 잘 봉양하는 것이다."[91]라고 언급되어 있으며 불경에서는 "부모가 노쇠해 있는데도 부양하지 않고 저만 풍족하게 산다면 그는 파멸의 문에 이르리라."[92]라는 경고를 전하고 있다.

예기에서 언급된 것처럼 부모를 마음으로 받들어 모시는 효도, 잘못된 행동으로 인해 부모 이름에 오점을 남기지 않는 효도, 부모가 의식주에 대한 걱정을 하지 않도록 봉양하는 효도, 이러한 세 가지 효도가 순차적으로 잘 이뤄진다면 자기 집안의 부모와 이웃, 사회의 노인들은 정신과 물질이 동반되는 진정한 효도, 참다운 복지를 누릴 수 있다. 때문에 최근 국내 효도 연구 학계에서는 효도가 갖는 복지적 측면에 착안해 '효 복지'로 명명하고 관련 연구를 진행 중이다.

동양철학자 김용옥은 "효라는 언어와 그 관념은 우리 민족에게 끝임없이 전해져온 도덕성의 근거를 제공해준 위대한 문화

---

91) 『禮記』「祭義」, "孝有三, 大孝尊親, 其次不辱, 其下能養."
92) 『숫타니파타』

유산"이라고 강조하고 "효는 단순한 도덕의 덕목이 아니라 인
간 존재의 가장 심오한 문화유산이다. 모든 종교적 감정의 근
원에는 효가 있다. 나는 모든 종교적 체험의 알파와 오메가가
효라고 생각한다."[93]고 피력하였다. 효도가 우리의 위대한 문
화유산이며 종교와 신앙의 근간이 되는 존재임을 확인시켜주
는 발언이다.

2014년 개봉되어 1400만 명의 관객을 동원한 영화 '국제시
장'은 가족을 위해 평생을 살아온 아버지의 서사敍事이다. 한국
전쟁 당시 주인공 덕수의 피란으로부터 시작되어 그가 독일 파
견 광부, 베트남전 기술근로자 생활을 거쳐 부산 국제시장에
정착하는 과정에는 한국 현대사가 고스란히 담겨 있다. 그의
속 깊은 가족애와 강한 애국심이 영화 줄거리를 이끌어간다.
흥남철수의 혼란 속에서 아버지가 덕수에게 남긴 "집안의 가장
이 되라."는 당부가 그의 사명감을 자극하고 힘든 인생을 버틸
수 있게 한 바탕이 된다.

영화평론가들에 의해 영화 내용상 어느 정도 작위적인 면이
있다는 지적을 받기도 하고 심지어 일부 학자는 "극우적 사고
방식을 현대적으로 포장하여 다시 유포시키는 하나의 시도로
서, 전체주의 미학의 향연"[94]이라는 식으로 비판한다. 그럼에
도 역대 흥행에서 손꼽힐 만큼 관객이 몰린 것은 영화 속에 우
리의 감정선을 자극하는 스토리와 절절한 정서, 전통적이지

---

93)   김용옥, 『중용한글역주』, 서울 통나무, 2013, 427-428.
94)   박노자, "국제시장, 전체주의 미학의 향연", 한겨레신문, 2015. 5. 12.

만 현대에서 통하는 보편성과 가치가 확실하게 담겨 있기 때문이다.

즉 선대의 뜻을 깊이 새기고 자신을 희생하여 경제적, 사회적으로 발전한 오늘의 한국을 만든 아버지 세대에 대해 자식 세대가 그 누구의 강요 없이 자연스럽게 경의를 표한 데서 흥행의 요인을 찾을 수 있다. 이는 아무리 시대가 변하고 사회의 인정이 메마른 상황이 되었다고 해도 조상으로부터 전해진 효도의 정신이 아직까지 우리에게 생생하게 살아있음을 입증하는 것이다.

오늘의 현실

1절. 장수사회의 자화상

우리 사회는 이미 '100세 시대'가 거론될 정도로 장수사회로 나가는 상황에 직면했다. UN에서 '호모 헌드레드Homo Hundred 시대'의 도래를 알린 2009년 이후로도 인류의 기대수명은 점차 높아가고 있다. 때문에 "과연 장수가 인간에게 축복이기만 할까?"라는 의구심도 함께 높아지는 상황이다. 삶의 질과 의미가 수명 이상으로 포기할 수 없는 가치이기 때문에 이런 물음은 필연적이다. [95]

근래 들어 주요 도시뿐만 아니라 도심 및 외곽지역을 비롯해 전국 각지에서 요양병원, 요양원 등 노인전용 시설이 마치 우후죽순雨後竹筍처럼 생겨나고 있다. 이러한 현상은 수명이 늘

---

95) EBS 100세 쇼크제작팀, 『100세 수업 우리의 미래가 여기에 있다』, 월북, 2018, 59-
     60.

어난 노인층에 대한 부양 문제가 결코 먼 일, 남의 일이 아니라 코앞에 닥친 엄연한 우리의 현실임을 상징적으로 보여준다.

자식으로서 생계 해결 같은 현실적인 문제가 1차적인 과제 인 만큼 와병 중인 노부모를 집에서 모시면서 간병한다는 것이 불가능한 실정임에 따라 차선책으로 요양시설에 위탁하고 시 간을 내어 방문할 수밖에 없다. 이로 인해 발생되는 비용 지출 은 결국 해당 자식과 가족뿐만 아니라 보편적 복지를 지향하는 추세 속에서 사회와 국가경제에도 상당히 큰 부담으로 작용하 게 된다.

초고령화 사회로 진입한 일본에서는 부모 간병비용 감당 곤 란 사유로 퇴직하는 '간병퇴직' 때문에 인력 유출과 경제적 손 실이 늘자 기업들은 간병보험 확대에 나서고 있다. 인구와 경 제의 측면에서 이제 부모간병을 출산 및 육아와 동일하게 취급 하기 시작한 것이다. 초고령사회로 치닫고 있는 우리나라에도 곧 닥칠 일이므로 "남의 나라 일"이라며 무관심할 수가 없는 상 황이다.

일본정부는 부모간병 퇴직자의 경력단절과 소득감소, 기업 의 경제적 손실을 예방키 위해 관련 법률 제정 등 '간병퇴직 제 로' 정책을 2015년부터 추진하고 있다.[96] 우리 속담 중에 "긴병 에 효자 없다."는 말처럼 부모 간병에 따른 가정적, 사회적 문 제는 이제 고령화의 문턱을 넘어선 모든 국가의 공통 현안으로 등장하였다. 이어 자체적인 대응의 자세와 해결의 지혜를 요구

---

96) 한희라, "직원 부모도 챙기는 日 기업, 한국은?", 헤럴드경제, 2019.4.15.

한다.

과거의 우리 사회를 돌아보면 유교문화를 바탕으로 부모에 대한 효심과 효행을 절대적인 미덕으로 여겼으며 자녀세대가 부모와 동거하는 이른바 대가족제도를 유지해왔다. 따라서 노인에 대한 부양은 가정의 울타리를 벗어나 사회문제로까지 대두되지 않았다. 그러나 우리 사회가 근대화와 산업화를 거치는 과정에서 가족의 형태는 핵가족으로 바뀌었고 서구문화 유입에 따른 개인주의, 독립생활 추구 등 가치관의 변화로 인해 효도의 의미가 상당 부분 퇴색하였다. 더불어 가정에 대한 관념, 성년 자녀의 부모에 대한 부양 의식도 많이 약화되었다.

뿐만 아니라, 나이 든다는 것이 현명함으로 인식되었던 과거와 비교해 현재의 상황은 급전직하하면서 노인세대가 단순한 비하를 넘어 화풀이 대상으로 희화화되기도 한다. 비뚤어진 의식을 가진 일부세대를 중심으로 '틀딱충', '연금충' 등 노인혐오의 비아냥이 유행병마냥 번지고 있는 것이다. '틀딱충'은 "틀니가 딱딱 거린다."를 줄인 뒤 '벌레 충'자를 붙인 것으로 노인을 조롱할 때 쓰는 신조어로서 이른바 '꼰대 세대'를 비난할 때 쓰는 표현이다.[97] '연금충'도 혐오의 용어로서 노인을 비롯한 기성세대의 연금이 불로소득으로서 다른 계층에 부담을 주는 반면, 당사자들은 기득권만 향유하는 행태를 보인다는 식의 섬뜩한 불만이 담겨 있다.

---

97) 고제원, "노인범죄 피해 실태", 사법행정연구 58권 4호, 한국사법행정학회, 2017.4.26.

언론은 이처럼 혐오표현이 빈번해지는 현상에 대해 "남녀, 세대, 지역, 계층 간 틈을 비집고 들어가 갈등을 증폭시키고 곳곳에 상처를 남긴다. 편견에서 비롯된 혐오표현이 증오범죄로 이어지기도 한다. 노인혐오 표현도 사회적으로 용인할 만한 수준을 넘어섰다."[98]고 진단하고 있다. 이는 노인문제를 놓고 현재 세대 간에는 깊은 갈등이 존재하며 향후 사회통합의 과정에서 장애요인으로도 작용할 수 있음을 시사하는 것이다.

노인세대와 상반된 입장에 처한 청년세대 역시 자신들만의 고민을 안고 있으며 미래를 기약하기 어려울 정도로 심각한 문제에 직면한 상태이다. 이들은 청춘 시절 경제호황기에 노력한 만큼 결과가 나왔던 자신의 부모세대와는 달리 글로벌 차원의 경제위기가 일상화된 시대를 사는 가운데 취업난에 따른 잠재적 실업자로서 좌절할 가능성이 높은 존재이다. 때문에 구직과 주거, 결혼 같은 현실적 문제로 고민한다. 게다가 개혁 없는 지금의 상태로 간다면 고갈 우려가 지극히 높은 공적연금 문제도 자칫 이들이 떠맡고 희생해야만 되는 상황이 벌어질 것이다.

공자는 올바른 덕을 실천하는 것에 대해 "노인을 편안히 해주고 친구는 믿음으로 대하며 나이 어린 사람은 품어준다."[99]고 설파했다. 노인이 편안하게 생활하고 친구끼리는 신뢰 속에서 교류하는가 하면 청년은 사회의 애정과 배려를 받는 것이야말로 우리가 지향해야 될 이상적인 사회이다. 그러나 현실의

---

98) 박완규, "혐오의 시대", 세계일보, 2019. 2. 21.

99) 『論語』「公冶長」, "老者安之, 朋友信之, 少者懷之."

사회는 각 계층이 서로를 배려하기 어려운 상황에 처해 있다.

우리는 지금 각 세대 공히 불안의 시대를 살고 있다. 꽃다운 10대에는 꿈과 낭만 대신 대학교 진학이라는 목표에 따른 학업 불안에 시달린다. 어느 세대보다 활력이 넘쳐야 할 20대와 30대에는 병역 문제, 취업 및 주거 공간 확보와 직결된 불안 속에서 고민한다. 인생의 절정기이자 황금기인 30대와 40대에 들어서는 고용 지속과 승진 등 조직 내에서 봉착하는 불안을 벗어나지 못한 채 중년으로 향한다. 안정기에 들어야 되는 50대부터는 죽는 날까지 자녀 혼인과 자신의 건강 문제, 노후 자금 등과 관련해 여전히 큰 불안을 안고 산다. 이처럼 각 세대의 인생 주기마다 불안은 사라지지 않은 채 늘 당사자의 뇌리에 자리한다.

국민대학교 백기복 명예교수는 우리 국민의 불안 심리에 대하여 "불안은 타인이나 사회 체제에 대한 불신과 증오를 조장해 갈등을 부추긴다. 최근 한국 사회에서 학교 폭력, 가족 해체, 노사 갈등, 그리고 이른바 '갑을甲乙갈등'이 만연하는 것은 신뢰와 연대의 맹아라고 할 수 있는 의식적인 유대감이 유실돼 가고 있다는 방증인 것이다."[100]라고 분석하고 있다. 사회 구성원 간의 신뢰와 화합, 화해가 없기 때문에 각종 병리 현상이 벌어진다는 진단이다.

사람은 사회적 동물로서 결코 혼자서는 살아갈 수 없다. 살아있는 동안은 누군가와 어떠한 방식으로라도 상호 관계를 맺

---

100)　경제인문사회연구회·한국행정연구원, 『경세치용의 리더십』, 윤성사, 2022, 30.

고 긍정적이든 부정적이든 끊임없이 영향을 주고받는 존재인 것이다. 변화가 일상화된 현대사회에서는 가장 기본적인 관계를 맺는 가족뿐만 아니라 세대 간의 관계 또한 과거와는 다른 모습을 보인다. 불안에서 야기되는 관계 당사자 간의 갈등, 반목과 증오는 물질적 풍요에도 불구하고 우리를 혼란스럽게 한다.

도덕과 윤리의 존재가치 하락과 병행하여 사회 구성원 내 계층갈등이 점차 심화되는 현실에서 이를 해소하고 화합시키는 노력이 어느 때보다 절실해졌다. 더불어 국가와 사회를 이끌어가는 지도자들의 깊은 성찰과 관심, 구체적인 행동이 긴요한 시점이다. 이와 관련하여 최성규 전前 국민대통합위원회 위원장은 지금의 상황을 타개하기 위한 방향이자 방법으로서 효도를 제기하였다.

개신교 목사인 동시에 교육자로도 활동하면서 한국 효운동의 패러다임을 획기적으로 바꾸는 데 크게 기여한 그는 "물질 때문에 자식이 부모를 죽이고 형제 간 사랑과 친구 간 우정도 사라진다."고 진단하고 "21세기 정신문화의 시작은 효로서, 효가 살아나면 가정이 행복하고 사회가 안정되며, 나라가 산다."[101]고 강조하였다. 사회와 국가의 지도자들이 정신문화의 근간인 효도를 진작시키면 각 가정의 행복, 사회의 안정이 담보되고 이를 바탕으로 삼아 국가다운 국가를 만들 수 있음을

---

101) 최성규의 효(HYO)에 대한 가치관과 접근 방식은 『우리가 꿈꾸는 하모니세상』 제하 서적으로 2017년 출간되었다. 그는 이 책에서 나라가 살기 위해 효가 필요하다는 점을 역설하고 있다.

확신한데서 나온 논리이다.

근대와 현대를 거치면서 효도가 갖는 가치의 부침이 가장 컸던 국가는 정치적 혁명으로 점철된 중국이다. 중국 역사를 돌이켜보면 효도가 한대漢代에는 황제들의 통치이념으로까지 자리했고 역대 왕조를 거치면서 장기간 국가를 지탱하는 사상체계로서 역할을 인정받았으며 국가 구성원들의 의식과 행위를 지배할 정도였다.

그러나 근대로 접어들면서 효도를 비롯한 유가의 전통적 사상과 가치는 신문화운동의 기수이자 공산당의 초대 서기였던 천두슈陳獨秀, 1879-1942 일파에 의해 철저하게 짓밟히고 배척당하였다. 급진 성향의 지식인과 청년층은 "반제국주의 민중운동"임을 내세운 5.4운동 당시 과학과 민주의 기치 아래 "공자문화 타도打倒孔子店"를 외쳤는바, 이는 전통사상에 대한 확고한 거부의 행태였다.

공산당 주도 세력은 1949년 신중국 성립 이후 공자를 반동의 표상으로 만들었고 혁명의 타도 대상으로 삼았다. 이와 관련하여 국내 중국학계에서는 "중국은 19세기 중엽에 터져 나온 '제1차 아편전쟁' 이후 개혁개방이 시작되는 20세기 후반까지 무려 100년 넘게 아편전쟁의 충격에서 벗어나지 못했다고 해도 과언이 아니다. '태평천국의 난' 이후 문화대혁명의 시기에 이르기까지 100년 넘게 유가 및 공자의 사상을 반동의 표상으로 몰아간 것이 그 증거이다. 이는 청일전쟁의 패배와 '위화단 사건' 등에 따른 굴욕적인 조약 체결 이후 식민지로 전락한 책

임을 모두 공자에게 떠넘기는 결과이기도 했다."[102]는 분석을
내놓고 있다.

문화혁명 당시에는 자식이 혁명지도부에 친부모를 고발하는
반인륜적인 행태가 비일비재했다. 혁명세력의 팔에 걸린 완장
은 가치관 확립이 채 되지 않는 아이들과 청년들에게는 무소불
위의 권력으로서 매력을 주었고 기존의 인간관계와 도덕 및 가
치, 사회질서는 무의미했다. 때문에 오늘의 중국인들은 효도의
가치와 인륜이 완전히 사라지고 오로지 혁명의 정치구호만이
난무하던 이 시기를 결코 기억하고 싶지 않은 "암흑과 절망의
시기"라고 부른다.

중국에서는 1970년대 말 덩샤오핑의 결단에 따른 개혁개방
정책이 경제성장과 물질적 풍요로움을 가져다 줬지만 한편으
로는 후유증으로 인해 도덕의 위기, 가치 혼란 등의 다양한 문
제가 발생하고 고령화 사회 진입이 야기한 노인문제가 국가 현
안으로 떠올랐다. 이때 효도의 가치가 장쩌민江澤民, 1926-2022으
로 대표되는 국가 지도자들에게 의해 주목받으며 재조명되고
국가운영에서 십분 활용이 가능한 소재로 등장한다.

이는 효도가 시대 상황에 따라서는 백해무익한 것으로 공격
이나 비난을 받기도 하지만 정신적 가치 부재로 인한 사회불안
상황이 재현될 경우 다시금 찾을 수밖에 없는 존재임을 입증하
는 것이다. 효도는 자욱한 바다안개 속에서 항해하는 배들이

---

102) 신동윤, "중국의 근대화 방략과(體用) 채용 논쟁", 『문화와 정치』 5권 제1호, 한양
대학교 평화연구소, 2018. 3, 76.

등대의 불빛에 의지하는 것과 마찬가지로 사회의 나아갈 방향을 알려주는 존재로서 중국 정치에 재등장하였으며 후진타오胡錦濤, 시진핑習近平을 거치면서 국정운영에서 그 가치를 발하고 있다.

2절. 개혁에 실패하면 사라지는 전통

중국의 사례에서 봤듯이 효도의 가치가 아무리 높고 내포된 의미가 대단히 깊다고 해도 그간의 세월을 거치면서 행위로 나타났을 때의 폐단은 필히 개선할 필요가 있다. 정치적 격동기에 공격의 주요 대상이 된다는 것은 효도가 그만큼 주체 세력에게 취약점을 보였다는 것을 의미한다.

혁명은 우선 약한 것을 파고드는 속성을 가졌기에 주체 세력은 "봉건의 잔재"라며 효도를 건드리고 핍박함으로써 격앙된 군중의 심리를 흔들어 환호를 부르고 지지를 획득할 수 있었다. 결국 효도는 정치적 필요에 따른 희생양이 되면서 사회공동체 다수로부터 멀어지는 존재로 전락한 것이다.

봉건시대와 농경사회로 상징되는 과거의 경우, 효도는 원래의 의미와 달리 소통이 없는 일방적이고 불평등한 관계로 진행되면서 남존여비, 가족이기주의 등 부정적인 측면을 강하게 드러냈었다. 결과적으로 여성은 남성에 비해 상대적으로 소외되고 아이들은 가정 내 부속물로서 폭력에 노출되기도 하였다.

때문에 효도는 허위도덕虛僞道德이라는 오명과 함께 "시대착오적인 것이며, 특히 개인의 자유와 권리가 강조되는 오늘날에서는 불필요한 가치일 뿐이다."라는 비판을 받았다.

우리의 역사를 되돌아보면 자식이 불효를 할 경우 얼마나 가혹하게 응징했는지 그 사례가 곳곳에서 등장한다. 대표적인 사례로 고려시대에는 자식이 부모님의 상중에 소리 내어 울지 않았다는 이유만으로 3천리 밖으로 유배를 보낸다거나 부모에게 욕을 하면 교수형, 폭력을 휘두르면 참형, 상처를 입히면 3년간의 징역, 부모님이 살아 계시거나 상중에 자식이 분가 또는 재산에 손을 대면 2년간의 징역을 살게 하는 등을 규정한 고려율高麗律이 있었다. [103]

조선시대에도 도를 넘는 효도와 전통 답습을 강요하는 경우가 많았다. 부모님이 돌아가시면 삼년상은 다반사이고 남편을 위해 절개를 지키거나 희생적인 삶을 산 여인을 기린다는 열녀문烈女門이 곳곳에 세워졌다. 또한 아버지 심 봉사의 눈을 뜨게 하기 위해 인당수에 몸을 던지는 심청의 이야기가 당연지사로 상찬되었다. 이 때문에 다산 정약용丁若鏞은 당시 사회에서 목숨을 내던지는 식으로 나타났던 극단적인 효도의 행태에 대해 다음과 같이 경계하였다.

> 아버지가 병들어 죽었는데 아들이 따라 죽은 경우를 효자로, 남편이 천수
> (天壽)를 누리고 안방 아랫목에서 조용히 운명하였는데도 따라 죽은 아내를

---

103)   KBS 인사이트아시아 유교제작팀, 『유교 아시아의 힘』, 예담, 31-32.

열부(烈婦)라고 하는 것은 무슨 까닭인가? 세상의 일 가운데서 목숨을 끊는 것보다 더한 것이 없고, 그 목숨을 끊으려면 그것이 의(義)에 합당해야 하는데, 이런 경우는 함부로 목숨을 끊은 사람이다.[104]

전통적인 의미에서, 효도는 자녀의 부모 공경과 부양에 대한 책임과 의무를 강조하는 것으로 알려져 있다. 동양의 가족중심 문화는 남성 위주의 위계질서를 바탕으로 유지되어 왔고 이에 따라 여성의 평등권 및 아동의 권익보장에는 다소 소극적이었던 것으로 이해되고 있다. 효도를 놓고 "연장자의 권위나 권력에 바탕을 둔 비민주적인 사회관계를 근간으로 하는 전근대적 제도의 산물"이라는 비판도 이러한 해석에서 비롯된다 할 수 있다.[105]

따라서 자유민주, 양성평등이 제창되는 현대사회에서의 효도는 보다 새로운 모습으로의 변화와 함께 행위자와 대상자 쌍방 간 이해와 배려의 관계가 절실히 요구된다. 특히 효심과 효행에 대한 사회 구성원의 전면적인 인식 전환 및 공감에 따른 합의도 대단히 중요하다. 그렇지 못하면 효도는 전통을 바탕으로 삼은 위대한 가치이자 사회적 덕목임에도 세대와 계층 간 반목의 원인으로 작용하며 자칫 사회에서 설 자리조차 없어지게 된다.

과거 부자관계로 상징되는 수직적 효도는 지금에 이르러 부

---

104) 박석무·정혜림 편역, 정약용 저, 『다산문화선집』현대실학사, 349.
105) 박영숙, "효와 인권: 이들 개념에 내포된 천부적 성질에 관한 비평적 관점", 『효학연구』제23호, 40-41.

부관계의 수평적 효도로 전환되고 있으며 개인주의 심화와 더불어 가족법이 개정됨으로써 가부장적 권위주의도 점차 사라지는 상황이다. 때문에 효도의 가치 인식과 실천은 새로운 모습으로의 탈피과정을 필요로 한다. 효도는 이제 인간의 상하간에 이뤄지는 관계가 아니라 호혜관계이며 더 나아가 수평적 관계를 이어주는 정신으로 해석해야 되는 시대에 접어들었다.

하버드대학교 박사 출신으로서 한국문화의 우수성과 경쟁력에 눈을 뜨고 연구에 천착穿鑿해온 패스트라이쉬한국명 이만열 지구경영연구원장은 제3자의 시각으로 효도를 바라보면서 한국사회에 대해 인식의 대전환을 촉구하고 있다. 그는 효도에 대한 재해석의 필요성을 강조하면서 언론기고를 통해 효도라는 것이 여성에 대한 모든 편견에서 탈피해야 된다는 점을 전제하고 "유교 전통이 성 중립적性 中立的, gender neutral으로 바뀌어야 되는바, 후손들이 추앙해야 할 조상에는 여성이 포함되어야 하며 여성은 제사 등 유교 의식에 남성과 동등한 방식으로 참가해야 한다."는 논리를 폈다. 아울러 "전통을 개혁하는 데 실패하면 결과는 그 전통 자체의 소멸"106)이라고 부언하였다. 전통도 변화를 통해 새롭게 인식되고 사회에 적용되어야만 그 가치를 지속할 수 있음을 역설한 것이다.

일본의 그림작가 니시노 아키히로西野亮廣는 자신을 둘러싼 환경의 변화에 대한 인지와 자각, 그리고 체화 및 학습의 필요

---

106) 임마누엘 패스트라이쉬, "새롭게 생각해야 할 한국의 孝 전통", 서울경제, 2022. 3. 26.

성을 강조하면서 "변화에서 눈을 돌린 사람부터 탈락한다. 기득권을 지키려는 사람부터 종말이 시작된다. 우리들은 변화하지 않으면 살아남을 수 없는 시대에 직면해 있다."[107]는 언급을 통해 변화의 당위성과 필요성을 설파하였다. 우리가 기득권에만 매몰된 채 시대의 변화를 애써 외면한다면 결코 지속과 발전을 기약할 수 없다는 강력한 경고인 것이다.

우리는 현실에 안주하면서 생각 밖으로 많은 고정관념 속에서 살아가고 있으며 변화에 대해 주저한다. 사회적 규범도 이 가운데 하나이다. 정해진 틀에서 벗어나는 것을 두려워하는 가운데 부모와 자녀의 관계, 남성과 여성의 역할, 청년과 노인의 덕목 등등 이루 헤아리기 어려울 정도의 많은 규범을 이행키 위해 애쓴다. 다양한 규범이 미풍양속으로서 우리 사회를 지탱하는 기둥이 되곤 하지만 시대의 변화에 맞춰 새로운 풍조와 가치를 받아들이고 미래를 위해 긍정적인 변화를 모색하는 지혜가 요구된다.

중국 고대 은殷나라의 탕왕湯王은 자신의 목욕그릇에 "진실로 하루가 새로웠다면 날마다 새롭게 하고, 또 날로 새롭게 하라."[108]는 글귀를 새겨 넣었다. 우리가 익히 알고 있는 일신우일신日新又日新이다. 탕왕은 매일 목욕을 하면서 이 글귀를 보고 때를 씻어내어 몸을 깨끗하게 함은 물론 스스로를 돌아보고 성찰함으로써 현실에 안주하려는 마음까지도 씻어내려는 의지를

---

107)   니시노 아키히로, 민병욱 역, 『혁명의 팡파르』, 9.
108)   『大學』, "苟日新, 日日新, 又日新."

다졌다. 이처럼 오래됨으로 인한 진부함을 떨치고 정신적으로 자신을 새롭게 하려는 의지와 자세는 변화를 위해 가장 필요한 부분이다.

전통을 상징하는 유교 방면에서 새로운 시각과 자세를 통한 변모 움직임을 보이고 있다. 오늘날 유교의 개혁은 가까운 것에서부터 시작된다. 원래 명절 차례는 가족과 친인척이 모여 조상을 기리는 뜻깊은 행사로서 최소한의 공동체인 가족과 가문의 단결력이 위기 때마다 발휘될 수 있도록 작용하는 사회 공동체 정신의 근간인 것이다. 그러나 행사를 준비하는 여성 입장에서는 과정이 힘들고 괴로울 수밖에 없다. 이 때문에 성균관은 2020년부터 의례정립위원회를 만들고 명절 간소화에 착수하였다.

성균관유도회총본부 최영갑 회장은 명절 차례와 관련하여 유교가 남녀 갈등과 세대 갈등의 주범 취급을 받고 있지만 유교의 핵심은 상대를 존중하고 배려하는 예禮라고 전제하면서 그간의 인식 및 자세에 대한 반성과 더불어 명절 간소화에 대한 배경에 대해 "우리가 너무 늦었구나 싶었다. 현실을 객관적으로 보지 못한 것이다. 안일하고 둔감했다."고 고백하고 "시집살이가 괴로운 일부 여성들의 불만이겠거니 생각했는데, 60대 이하 세대에선 남성들도 제사, 차례 등에서 주도권을 쥐지 않으려 했다. 그냥 부모 살아계시는 동안 그 뜻 거스르지 말자 정도로 생각하고 있어 놀랐다."[109]고 설명하였다. 이처럼 국내 유교

---

109)   이지영, "유학자도 명절에 처가부터 갔다는데…'꼰대' 유교의 반성문", 중앙일보,

게는 차례상 간소화 조치를 통해 신선하면서도 과감한 변화의 모습을 보이고 있다.

살아 있는 부모에 대한 효도는 자연스럽게 과거의 조상에 대한 공경으로 옮겨진다. 역사를 돌이켜보면 우리의 선조들은 제사와 차례를 형식보다는 소중하고 그리운 과거와의 만남에 큰 의미를 부여했다. 또한 차례를 통해 친인척과의 소통과 화합이 중요함을 보여주었다. 때문에 오늘의 우리는 형식 때문에 과거의 의미를 외면하는 우를 범해서는 안 된다.

형식 자체는 시대와 시류에 제대로 맞춰 보완, 개선하면 된다. 제사와 차례를 후손의 형편과 상황에 따라 적절한 형식으로 진행한다면 결코 불효가 아닌 것이다. 코로나19 팬데믹으로 인해 세상의 기준과 틀이 많이 바뀌는 과정에서 국내 일부 종가집에서는 온라인 화상을 통한 제사방식을 선보였다. 비대면 외에는 선택의 여지가 없었기에 이뤄진 것이지만, 이는 향후 대규모 제례의 진행에서 시간과 거리상의 어려움을 해결하는 방식으로 충분히 검토해볼 필요가 있다.

비대면 제사의 경우 원격 참여자는 비록 직접 진행 현장에는 없지만 간접적으로라도 조상의 존재에 대해 재인식하면서 현재의 자신을 돌아볼 수 있는 시간을 갖게 된다. 기술의 발달에 따른 효행의 변화는 이제 거스를 수 없는 대세이다. 기술을 빌려 과거의 규범과 격식이 새롭게 변화할 수 있다면 이는 거부할 수 없는 조건이므로 적극적으로 채택하고 수용해야 한다.

2023. 1. 26.

인류 탄생 이후 생명체의 진화 과정에서 나타났듯이 모든 것은 환경에 대한 적응과 수용을 못한다면 지구상에서 사라졌다. 마찬가지로 오랜 전통이라 해도 변화와 혁신을 거부하면 결국 후대에 이르러서는 존재가치를 잃는다. 지금의 우리는 변화와 혁신이 전통에도 적용되는 시대를 살고 있다. 최고의 기술로 무장했던 일본의 통신 및 전자제품이 자국시장에 안주해 시대의 흐름을 놓치고 도태된 사례를 비유한 '갈라파고스 신드롬 Galapagos syndrome'은 고립과 독단이 가져오는 결과가 어떤 것인지를 분명하게 시사한다. 효도의 가치 역시 고립의 섬으로 남을 것이 아니라 우리의 오늘과 내일에 큰 영향을 미치는 가치로서 변화를 통해 생생불식의 존재가 되어야 한다.

3장

새로운 효도의 해석과 실천

1절. 경천애인에서 인류봉사까지

효도의 가치는 매우 중요하지만 이것이 단지 뇌리에만 머물고 실천으로 이어지지 않는다면 아무런 의미가 없다. 우리 사회의 곳곳에서 효도의 실천을 위해 다양한 활동이 전개되는 가운데 효도 관련 단체들이 힘을 합쳐 결성한 전국적인 조직이 한국효운동단체총연합회이다. 이 단체는 2007년 7월 24일 새로운 패러다임의 효도 실천을 대내외에 천명하는 차원에서 "효는 희망이다. 효가 살면 모두가 산다." 제하 '효비전 선언문' 발표를 통해 이른바 '7행七行의 효'를 제시하였다.

선언문의 서두를 살펴보면 다음과 같이 한국의 효운동 단체들이 각자의 영역에서 벗어나 굳게 뭉쳐 뜻을 합치고 전국적인 조직을 결성하게 된 배경과 효도에 대한 새로운 해석 및 접근이 설명되어 있다.

유구한 역사를 이어온 우리 민족의 자랑스러운 유산인 경천애인(敬天愛人)과 홍익인간(弘益人間)의 사상을 바탕으로 모두를 잘 살게 하는 정신이며, 그 선의(善意)의 중심축은 효(孝)사상이다. 효 사상은 우리 민족의 정체성을 발현해온 원동력이며, 숭고한 정신적 자산이다. 그런데 시대의 급격한 변화는 우리의 삶을 이끌던 올바른 가치관들을 깊은 혼돈에 빠뜨리는 엄혹한 현실을 만들어내었다. 이러한 때에 인간을 인간답게 지켜내고 세대, 지역, 계층 간 갈등을 불식시키며 종교적, 이념적 위화감을 화해와 평화로 용해해낼 수 있는 힘은 오직 효 정신밖에 없다. 효는 삼통(三通)이다. 효는 종교와 종파를 포괄하는 통교(通敎)적인 가치이다. 효는 시대와 공간을 아우르는 통시(通時)적인 문화이다. 효는 이념과 사상을 뛰어넘는 통념(通念)적인 정신이다.[110]

한국효운동단체총연합회가 제시한 '7행의 효'는 효도가 가정에서뿐만 아니라 이웃과 사회, 자연을 거쳐 인류에게까지 동심원처럼 번져 나갈 수 있다는 논리를 담고 있다. 이는 효도의 성격을 분석했을 때 단순한 가족의 윤리 차원에 머물지 않고 확대된 공동체와 지속가능한 미래를 지향할 수 있다는 판단으로부터 출발한 것이다. 효도 가치에 대한 새로운 발견이자 발상의 전환에 의한 놀라운 접근방식이다. '7행의 효' 내용을 각 항목별로 살펴보겠다.

첫 번째 항목은 경천애인敬天愛人의 효도다. 절대적인 존재에 대한 믿음과 인간에 대한 사랑이 바로 효도라는 의미를 갖는다. 하늘의 이치를 받들고 하늘을 경외하는 마음으로 부모를

---

110) 최성규, 『최성규의 효운동』 성산서원, 2016, 191-192.

비롯한 주변 사람에게 행해지는 효도인 것이다. 이 책의 앞부분에서 서술되었던 이건희 회장의 "효도해야만 하늘과 조상이 협조한다."는 발언처럼 성심을 다하는 효도의 자세는 하늘, 조상까지 감동시킬 수 있는 요인이 된다.

부모와 자식의 관계는 분명 하늘이 맺어준 것이다. 이와 관련하여 효경에서는 "부모와 자식의 도는 하늘의 뜻에 따르는 데 있다."[111]는 가르침이 발견되고 불경에는 "하늘은 자기 집에 있나니, 하늘을 섬기고자 한다면 먼저 부모를 공경하라."[112]는 교훈이 등장한다. 성경 또한 "부모를 거역하는 것은 성령을 거스르는 것이므로 부모를 공경하고 네 이웃을 네 몸과 같이 사랑해야 한다."[113]는 언급이 등장한다. 이처럼 동서고금을 막론하고 하늘에 대한 경외는 자식이자 인간으로서의 도리로 인식된다.

두 번째 항목은 부모는 물론 어른, 스승까지 공경하며 이들에게 감사의 마음과 자세를 표하는 효도다. 세상의 주요 고등종교는 사랑과 공경의 마음으로 부모를 대하되 이를 다른 부모, 즉 어른들에게까지도 확장시켜 나갈 때 효도의 진정한 가치가 빛을 발하는 것으로 여긴다. 나에게 가르침을 준 스승도 마찬가지로 공경의 대상이다. 부모와 어른, 스승은 공히 나에게 삶의 가치를 알려주고 세상살이에 필요한 지식과 능력을 키

---

111) 『孝經』「父母生績章」, "父子之道, 天性也."

112) 『관무수량경』

113) 『성경』마 15:4, 22:37.

워주면서 동시에 안전하게 보호해주는 존재인 만큼 효도의 관점에서는 선후나 경중을 따질 수 없는 동일한 위상이다.

동서양의 주요 사상과 종교는 부모, 어른, 스승에 대한 공경의 문제를 놓고 모두 의견의 일치를 보인다. 예기에서는 "사랑함을 세움에 있어 부모님을 사랑하는 것부터 시작하는 것은 백성들에게 화목을 가르치기 위함이다. 교육을 세움에 있어 어른들부터 공경하는 것은 백성들에게 공순함을 가르치기 위함이다."[114]라고 일러준다. 기독교의 경우 "어른을 부모 대하듯 하며 젊은이를 형제 대하듯 하라."[115]고 가르친다. 또한 불교에서는 "부모에게 효도하고 스승과 어른에게 공경하며 생활해야 한다."[116]고 강조한다.

세 번째 항목은 어린이와 청소년, 제자를 사랑하는 효도다. 나의 자녀를 사랑하는 만큼 남의 자녀도 사랑하라는 당부의 의미이다. 보편적으로 사람의 본능은 자신의 혈육을 가장 우선시한다. 그럼에도 불구하고 '7행의 효'에서는 혈육을 넘어 주변의 어린이와 청소년들에게도 사랑이 전달되고 가르침의 대상인 제자에게까지 확산되기를 기대한다. 이는 효도가 수직적 관계의 도덕이 아닌 수평적 관계의 도덕을 향한다는 점에서 중요한 대목이다.

사람이 본능적 이기利己의 차원을 뛰어넘어 이성적 이타利他

---

114) 『禮記』「祭義」, "立愛自親始敎民睦也, 立敬自長始敎民順也."
115) 『성경』딤 5:1.
116) 『유행경』

의 당위성을 지향해야 된다는 가르침은 옛 문헌과 종교의 경전에서 쉽사리 찾을 수 있다. 맹자孟子는 "자기 집 어른을 공경하여 그 마음이 남의 집 어른에게까지 미치도록 하고, 자기 집 어린이를 사랑하여 그 마음이 남의 집 어린이를 사랑하는 데까지 미치게 한다. 이렇게 된다면 천하를 쉽게 이끌 수 있다."[117]고 설파하였다. 성경에서는 "누구든지 어린이를 영접하면 나를 영접함이라."[118]고 언급했으며 불경에서는 "부모와 스승과 어른을 공경할 줄 아는 사람이 어린이를 사랑하고, 높은 지위에 올라 나라를 위해 이치를 구한다."[119]고 가르치고 있다.

네 번째 항목은 가족과 친척을 향한 효도다. 가족은 인류 최초의 공동체이며 지금까지도 사회를 구성하는 최소 단위이자 사회조직의 출발점이다. 때문에 가족 기반이 취약한 상태에 처하거나 내부 또는 외부의 영향에 의해 흔들리고 와해된다면 국가에 직접적인 타격이 온다. 지구촌 곳곳에서 벌어지는 전쟁의 참화는 가족과친족 공동체의 해체, 사회의 붕괴, 난민으로서의 유랑 같은 비극으로 나타나고 결국 국가의 소멸로까지 이어질 수 있는 것이다.

핵가족화의 급속한 진행으로 인해 가족은 혈연중심이 아닌 거주중심의 개념으로 옮아가고 있지만, 여전히 사소하다고 생각되는 일을 놓고 서로가 격려하며 칭찬을 통해 힘을 준다. 지

---

117) 『孟子』「梁惠王 章句上」, "老吾老, 以及人之老. 幼吾幼, 以及人之幼, 天下可運於掌."
118) 『성경』마 18:5.
119) 『삼세인과경』

치고 힘든 내가 돌아가 위로받고 쉴 수 있는 존재이다. 때문에 부모와 형제자매, 아내와 자녀는 내가 살 수 있는, 살아가는 에너지의 원천인 것이다. 효도를 다해도 결코 아깝지 않은 존재이다.

다섯 번째 항목은 나라와 국민을 사랑하는 효도다. 이러한 성격을 가진 효도의 관건은 국가 구성의 3대 핵심 요소인 영토, 주권, 국민을 지키기 위한 의지와 행동이 이행되는지 여부이다. 이 가운데 국민의 범주에는 '나'라는 존재도 들어있다. 때문에 '나'의 위치에서 맡은바 임무와 역할을 제대로 수행하는 것은 비록 작은 것이지만 극히 소중한 나라사랑의 모습이다. 나라사랑 안에는 '나'를 둘러싼 주변의 모든 존재가 담겨져 있기 때문이다.

자신을 비롯해 가족과 친척은 나라가 있어야 온전하게 보호받고 자율적인 삶을 이어갈 수 있음을 명확히 인식하는 것이 선행되어야 한다. 아울러 국민으로서 역사의 구경꾼이나 방관자가 아니라 "내 위치에서 역사를 쓰는 데 동참한다."는 주인의식이 요구된다. 또한 자신이 일상에서 누리는 권리와 자유, 이에 수반되는 책임과 의무를 소홀히 하거나 회피하지 말아야 한다. 가까이는 국민의 4대 의무인 교육, 납세, 국방, 근로의 의무를 성실히 이행하는 것 또한 나라와 국민을 사랑하는 일종의 효행이다.

여섯 번째 항목은 자연을 사랑하고 환경을 보호하는 효도다. 우리가 자연을 사랑하고 환경을 보호해야 되는 당위성은 자연과 환경이 우리를 포용하고 생존의 조건을 만들어주는 데서 찾을 수 있다. 자연은 인간이 함부로 더럽히고 마음대로 써먹을 수 있는 소유물이 아니라 인간을 비롯한 모든 생명체가 삶을 의존하는 터전이다. 인간은 "만물의 영장"임을 자처하지만 자연에서 태어나 생활하다가 생명을 다하면 결국에는 자연으로 돌아간다. 즉 자연의 일부인 것이다. 자연과 환경을 의식하고 실천에 옮기는 것은 나와 내가 속한 공동체의 생존을 담보하는 차원으로 볼 때 효도의 가치 구현으로 해석할 수 있다.

그럼에도 현대사회는 여전히 욕구 충족을 위해 자연을 약탈적인 태도로 대하고 있고 결국 지구촌 곳곳의 생태계는 날이 갈수록 심각하게 파괴되는 것이 현실이다. 이에 따른 결과는 부메랑이 되어 돌아와 인간의 생존을 심각하게 위협하는 상황이 벌어진다. 개발 일변도의 중국이 눈부신 경제성장을 이뤘지만 심각한 수준의 환경 악화를 초래한 것이 대표적인 사례이다. 성경의 "생육하고 번성하여 땅에 충만하여라. 바다의 고기와 공중의 새와 땅 위의 생물을 보호하여라."[120]라는 언급은 자연사랑과 환경보호야말로 인간의 의지와 노력이 반드시 경주되어야 하는 절대적 존재의 엄한 명령임을 시사한다.

일곱 번째 항목은 이웃을 사랑하고 인류에게 봉사하는 효도다. 이웃이라는 존재는 나의 가족을 둘러싼 외부환경이자 모두가 함께 하는 사회조직의 시작점이다. 따라서 이웃사랑은 혈연에만 매몰된 채 내 부모, 내 가족 우선의 가족이기주의에서 탈피해 공동체를 지향하는 "열려 있는 마음과 다가서는 태도"이

---

120) 『성경』 창 1:28.

다. 공동체 지향의 의지가 확장되면 인류봉사로서 성격을 갖는다. 언론매체를 통해 아프리카 지역의 질병과 굶주림 소식을 전해 듣고 직접적인 봉사는 아니어도 후원금을 보내는 것은 작지만 인류봉사의 성격을 갖는다. 피골이 상접한 현지 아이들을 생각하는 마음이 바로 자연스럽게 발로된 효도 의식인 것이다.

효도의 가치, 그리고 이에 수반되는 행위가 가정의 테두리에서 벗어나지 못한 채 가족의 윤리로만 작동된다면 그 생명력은 극히 제한될 수밖에 없다. 국가 차원에서도 나라사랑의 범주만을 맴돌다 자국의 우월성과 이익에만 함몰된다면 결국에는 국수주의國粹主義로 변질될 가능성이 매우 높다. 선현들의 효도에 대한 다양한 해석 가운데 박애를 강조했던 초기 전국戰國시대 사상가인 묵자墨子의 다음과 같은 관점은 효도의 지평을 확연하게 넓힌 것이었다.

> 만약 세상 사람들이 서로 사랑한다면 나라와 나라는 서로 공격하지 않을 것이며 집안과 집안은 서로 어지럽히지 않을 것이며 도적이 없어지고 군주와 신하가 아버지와 자녀들이 모두 효성스럽고 자애로울 수 있을 것이다. 이렇게 된다면 천하가 다스려질 것이다.[121]

한국효운동단체총연합회가 제시한 '7행의 효'는 효도를 현대적으로 재해석하고 실천하려는 목적으로 구체적인 범위를 정

---

121) 『墨子』「兼相愛」, "若使天下兼相愛, 國與國不相攻. 家與家不相亂, 盜賊無. 有君臣父子皆能孝慈, 若此則天下治."

했으며 외연을 확대했다는 점에서 효운동 단체로부터 지지를 받았고 구심점으로서 위치를 확보하였다. 하늘을 경외하고 사람을 사랑하는 기본에서 시작되어 부모, 어른, 스승 공경을 거쳐 어린이, 청소년, 제자사랑으로 이어지고 가족사랑으로 정립된 후 나라사랑, 자연사랑과 환경보호로 승화되는 데 이어 이웃사랑과 인류봉사로 뻗어가는 순환체계를 갖기에 새로운 효운동의 로드맵으로 평가할 수 있다.

2절. 시대에 부응하는 효행

전대미문의 코로나-19가 만연했을 당시 비대면이 일상화되면서 사회 전반적으로 스마트폰 및 애플리케이션의 다양한 활용 이외에도 키오스크kisok[122]로 대표되는 디지털 기기의 보급과 사용이 급증하였다. 그러나 노인세대는 일부를 제외하고 대다수가 가파른 변화의 속도를 미처 따라잡지 못한 채 금융과 행정 관련 민원 처리, 생필품 구입, 교통, 외식 등과 같은 일상생활에서 편익을 추구하는 데 있어 큰 어려움을 겪는 상황이었었다.

이는 이른바 '정보격차digital devide' 현상으로서 지능정보화기

---

122)　정부기관이나 지방자치단체, 은행, 백화점, 전시장, 프랜차이즈 업소 같은 공공
　　　장소에 설치된 터치스크린 방식의 무인 정보단말기를 지칭한다.

본법은 "사회적, 경제적, 지역적 또는 신체적 여건 등으로 인하여 지능정보서비스, 그와 관련된 기기, 소프트웨어에 접근하거나 이용할 수 있는 기회에 차이가 생기는 것을 말한다."[123]로 규정하고 있다. 한편, 공식화되지는 않았지만 일부 언론에서는 '디지털 소외'라는 용어를 사용하기도 한다.

현대사회는 정보가 넘쳐 난다고 해도 과언이 아니다. 스마트폰, 인터넷 및 각종 새로운 미디어들이 주를 이루는 상황에서 이러한 기기를 제대로 이용하느냐 여부가 노인생활의 질적 측면에 대해 많은 영향을 미친다.[124] 스마트폰과 애플리케이션을 통한 열차, 고속버스 탑승권 예약을 못해 발매 현장에 가서 구매를 해야 된다거나 키오스크 사용법을 제대로 몰라 햄버거 하나, 커피 한 잔을 제대로 사먹지 못하는 노인들의 사례는 이미 우리 사회의 현실이 되고 있다.

노인세대는 과거 사회활동을 통하여 공동체의 성장과 발전에 기여했던 구성원인 만큼 오늘에 이르러 병약해진데다 지식과 정보의 흐름을 제대로 따라가지 못한다는 이유로 결코 무시의 대상으로 전락하거나 손해를 감수할 것을 요구받아서는 안되는 존재이다. 시대의 변화에 적응하고 수용하는 속도가 사회구성원 가운데 낮다는 것은 사실이지만 비난받을 일이 아니다. 영원한 젊음은 없기에 현재의 청년들도 세월이 흐르면서 중장년 시기를 거치고 결국에는 노인이 되어 동일한 입장에 처할

---

123)   법제처, 국가법령정보센터.

124)   장유정, 『노인과 스마트 미디어교육』, 커뮤니케이션북, 2017, 65.

것이기 때문이다.

불교는 "누구나 극락세계에 왕생하고자 하면 부모, 어른, 스승을 공경하고 살생을 말아야 한다."[125]고 가르친다. 그리고 성경에는 "너는 센 머리 앞에 일어서고 노인의 얼굴을 공경하라."[126], "내 일뿐만 아니라 이웃의 일까지 돌보아야 한다."[127]고 강조하는 내용이 나온다. 이러한 종교의 가르침처럼 오늘의 우리에게는 다른 가정의 부모까지를 고려하는 '사회적 차원의 효도'가 절실하게 요구된다. 노인세대가 직면한 정보격차 해소는 바로 그 실천의 한 가지 방법이다.

현대사회에서 기술 발전에 대한 정확한 이해와 적절한 대응이 이뤄진다면 자신의 삶을 더욱 풍요롭게 영위하고 일상적 범위와 자기 결정권을 확장할 수 있다. 그러나 이것이 사회 구성원 모두에게 적용되지는 않는다. 특히 아날로그 사고방식과 행동양식에 익숙한 노인세대로서는 일상으로 파고 들어온 기술 발전이 두렵고 낯설기까지 하다. 고령화 속도에 가속도가 붙는 가운데 이른바 '노인에게 불친절한 사회'에서는 그 현상이 더욱 심해진다.

정보격차 문제는 기업의 움직임에 큰 영향을 미치고 있다. 초고령화 사회 진입을 앞두고 인구의 다수를 차지하며 점차 비중이 높아지는 노인세대의 정보 욕구와 수요를 간과할 경우 자

---

125) 『관무수량경』
126) 『성경』 레위기 19:3.
127) 『성경』 빌 2:3-4.

첫 시장에서 도태될 가능성이 상존하기 때문이다. 그럼에도 기술과 기기를 공급하는 기업들의 주요 공략 목표와 대상, 눈높이는 여전히 소비 능력을 갖추었고 관련 서비스와 제품을 아무런 거리낌 없이 받아들이는 청장년층에 맞춰진 것이 사실이다.

이웃국가 중국의 경우, 코로나가 극성이었던 시기에 '제로 코로나' 정책[128]과 강력한 집단격리 조치로 인하여 벌어진 일들은 정보격차로 인해 노인층이 겪는 고통을 생생하게 보여주었다. 당시 외출이 극히 어렵게 된 상황 하에서 온라인 생필품 구입이 대세로 떠오른 가운데 모바일이나 인터넷 활용 능력이 젊은 층에 비해 상대적으로 떨어지는 상당수 노인들은 생필품 외에도 의료용품 구매, 병원진료 등에 상당히 애를 먹었다. 바로 생존과 직결된 문제였던 것이다.

이에 따라, 중국에서는 상황의 심각성을 인식한 당과 정부의 적극적인 개입과 감독이 선행되었고 빅테크 기업들의 대응행보 또한 빨라졌다. 대표적으로 온라인 거래플랫폼 기업인 알리바바그룹阿里巴巴集團, Alibaba Group은 '노인세대의 디지털 라이프 지원'을 기치로 내걸고 정보격차 해소에 접근하였다. 그룹 핵심 계열사로서 인터넷 쇼핑업종의 절대적 강자인 타오바오淘寶, Taobao는 자체 애플리케이션에 '시니어 모드'를 새로 만드는 조치를 취하였다. 고령 이용자의 수요에 맞도록 최적화된 이 모드는 텍스트 입력 없이 이뤄지는 스마트 음성지원이 추가되고

---

128) 코로나-19 확진자 발생시 지역 및 사회 봉쇄, 입출국 금지 조치를 시행하는 등 방식으로 강도 높은 규제를 통해 바이러스의 전파를 원천적으로 차단하는 정책.

약병을 스캔하면 곧바로 투약 및 구매정보를 알 수 있도록 서비스한다. 이는 노인의 사용 편의를 십분 고려한 것으로 IT업체의 전형적인 고령친화 비즈니스 방식이며 '사회적 차원의 효' 실천으로 평가된다.

　우리 사회 내부적으로 "속도가 중시되는 시대에 효도를 생각하는 것은 구태의연한 시대적 역행이 아닌가?"의 시각도 존재한다. 그러나 그렇게 보아서는 안 되는 이유가 있다. 빠르게 변모하는 물질문화를 따라가는 것도 필요하지만 본질적인 사유와 삶의 가치를 추구하는 것도 이 시대가 해결해 나가야 할 과제임이 분명하기 때문이다. 따라서 동시대를 사는 사람들의 어려움이 곧 자신의 어려움이라는 인식이 필요하다. 내가 아닌 다른 사람에 대한 공감과 동행의 자세야말로 부모와 노인들이 일상에서 겪는 어려움을 해결하는 출발점이다.

　디지털 기반 사회에서 노인과 장애인 등 취약계층이 겪는 소외 현상에 대한 공동체의 미덕이 발휘되어야만 진정한 선진국이라 자부할 수 있다. 다행히 중국의 사례처럼 우리도 중앙정부는 물론 지방정부, 공공기관과 단체, 기업들이 다양한 방식으로 노인, 장애인 등 취약계층 대상의 정보격차 해소를 위해 다양한 노력을 기울이는 중이다.

　정보통신기술ICT이 발전할수록 아이러니하게도 디지털 정보격차는 상대적으로 심화되는 상황이다. 정보에 접근할 수 있는 기회부터 스마트폰과 개인용 컴퓨터, 동영상으로 대표되는 콘텐츠, 쇼핑과 금융 같은 온라인 서비스를 이용하는 데까지 기회의 격차가 발생하는 것이다. 특히 노인세대의 경우에는 다른 세대에 비해 상대적으로 정도가 더욱 심하다.

과학기술정보통신부에서 2021년 발표한 디지털 정보격차 관련 실태조사 결과에 의하면 일반국민의 점수를 100점으로 기준했을 때 고령층의 디지털 정보화 수준은 69.1점으로서 대단히 낮은 것으로 나타났다.[129] 여기에서 더욱 큰 문제는 향후 무인, 비대면 중심의 디지털 대전환에 가속도가 붙는다면 이와 같은 상황은 더욱 악화되고 고령층에서 상시적으로 겪게 되는 정보격차와 디지털 소외가 더욱 심각해질 수 있다는 점이다.

취약계층의 정보격차 해소를 위해 우리에게는 이제 '친절한 기술', '배려의 기계'가 필요하다. 식당이나 카페 등 대중업소에서 목도되듯이 키오스크가 다양한 정보 구현과 추가 메뉴를 유도하기 위해 지금처럼 화면 구성의 난이도, 주문 과정의 복잡성을 견지한다면 이는 고령층 고객에게는 결코 예의가 아니며 자칫 업소의 편의성에만 중점을 둔 것으로 이해될 수도 있다. 따라서 키오스크 설계와 제작 과정에서 난이도를 낮추고 복잡성을 줄이는 식의 치열한 기술적 노력과 섬세한 배려의 자세가 선행되어야 한다.

사용자의 신원 확인을 위해 은행이나 공공기관 등지에서의 안면인식이 일상화된 중국에서 몇 년 전에 "할머니의 안면인식"이라는 영상이 사회적인 논란을 불러일으킨 적이 있다. 은행 내 설치된 CCTV에 찍히고 차후 대중에게 공개된 화면에는

---

129) 전자정부누리집(m.korea.com), 과학기술정보통신부, "디지털 정보격차·접근성 스마트폰 과의존 분야".

허리가 구부정한 할머니가 지점 영업장을 방문했지만 일반인 평균 키에 맞춰서 설치된 기계의 카메라로 안면인식을 시행하지 못한 채 안절부절못하는 모습이 나타난다. 결국 아들이 할머니를 안아 들어 올려 안면인식을 시킨 후에야 겨우 은행 업무를 보는 장면이 이어진다.

노인용 안면인식 기계가 설치되지 않았기에 중국에서 그려진 오늘날 사회의 자화상이다. 우리나라도 예외는 아니다. 서울에서 '현금 없는 버스탑승제도'를 시행하면서 관계당국이 별다른 고민이나 대책도 세우지 않음에 따라 노인세대가 큰 불편을 겪은 것은 '행정편의주의'의 대표적인 현상이다. 은행, 보험사 등 금융권의 경우에도 업무의 디지털화에 따른 비대면 및 온라인 영업 확대를 통해 임직원과 점포를 대폭 감축하면서 고령층을 비롯한 금융 소외계층의 접근성을 외면하는 모습을 보였다. 때문에 금융감독 당국에서는 소외계층의 권익을 위해 금융권에 공공성 제고 차원의 노력을 당부하고 있다.

시대가 변하고 기술이 세상의 흐름을 이끌더라도 노인과 장애인 등 취약계층 사용자에 대한 고려와 배려가 수반되는 기술 및 경영은 인간의 존엄성에 부합되는 것으로서 우리 사회가 앞으로 나가야 할 방향이다. 경영진과 기술 개발자, 현장 운영자 등이 처음부터 의도하지 않았더라도 이는 기술과 경영으로 실천하는 효행의 범주에 든다. 현대사회의 효행은 가정 내에서의 부모 봉양에 머무는 것이 아니며 가정을 넘어선 공동체 차원에서 시대의 요구와 양상에 맞춰 여러 가지 방식으로 이뤄질 수 있음을 인식해야 된다.

그럼에도 불구하고 효도의 시작은 역시 가정이다. 격몽요결에서는 "일상에서 잠깐 사이라도 부모를 잊지 않아야 한다. 그런 다음에야 곧 효도를 하는 사람이라 이름 지을 수 있다."[130]고 가르치고 있고, 묵자는 "효라는 것은 부모님을 이롭게 하는 것이다."[131]라는 묵직한 교훈을 준다. 이처럼 자식으로서 항상 부모의 불편함이 무엇이고 어떤 것을 도울지를 파악하는 것이 우선인 것이다.

우리 옛 속담에 "눈에서 멀어지면 마음도 멀어진다.", "몸이 멀어지면 마음도 멀어진다."는 것이 있다. 그러나 지금의 우리는 IT 기술의 발달로 인해 시간과 공간을 초월한 만남이 얼마든지 가능한 시대를 살아가기에 부모에게 "찾아뵙는다."는 별도의 인사가 어색할 정도이다. 자식으로서 열린 마음과 성의만 있다면 언제, 어디서든 부모와 화상으로 연결되고 소통을 할 수 있다. 독립생활과 생계유지로 인해 자식과 부모의 별거에 따른 양자 간 물리적 거리가 생긴다 해도 연결과 관계의 지속성 측면에서는 핑계거리가 될 수는 없다.

물질적인 봉양도 중요하지만 부모가 일상에서 겪는 어려움을 해결해주는 것은 효도의 첫걸음이다. 약간의 시간을 할애하여 부모에게 스마트폰과 애플리케이션의 사용법을 알려주거나 가끔이라도 영상통화 한 번을 하는 것은 어렵지 않는 효행이다. 최근 상황처럼 부모세대가 트로트를 즐기고 재미를 느낄

---

130) 『擊蒙要訣』「事親章」, "日用之間, 一毫之頃, 不忘父母然後乃名爲孝."
131) 『墨子』, "孝, 利親也."

때 콘텐츠에 접근토록 도와준다든지 가수들의 공연티켓 예매를 대신해주는 것이 오늘의 또 다른 효행이 될 수 있다. 노인을 대상으로 자행되는 금융피싱과 건강보조식품 강매 등 각종 범죄, 가정 내 학대에 대한 정부와 사회의 관심 및 대책 또한 국가적, 사회적인 효도의 방식이다.

효도의 개념과 가치는 시간의 흐름과는 상관없이 영원토록 불변하는 것이지만 이를 실천으로 옮기는 것은 다양한 방식으로 나타날 수 있다. 특히 노인의 정보격차 실태에서 나타났듯이 기술의 발전에 따른 노인소외 현상을 극복하고 오히려 IT를 '노인 돌봄'의 유력한 수단으로 삼는 지혜를 모아야 한다. 지금은 시대의 변화에 부응하는 효행의 방식을 생각할 때이다.

4장

미래의 자원

1절. 효도와 하모니

우리의 헌법 전문前文을 읽어보면 이 가운데 "조국의 민주개혁과 평화적 통일의 사명에 입각하여 정의·인도와 동포애로써 민족의 단결을 공고히 하고, 모든 사회적 폐습과 불의를 타파하며, 자율과 조화를 바탕으로 자유민주적 기본질서를 더욱 확고히 하여"[132]라는 구절을 통해 자율과 더불어 조화의 정신이 전제된 자유와 민주가 강조되어 있다. 여기에는 국민 개개인이 구속됨 없이 각자의 의지와 생각에 따라 삶을 영위하되 대한민국이라는 공동체의 존립, 지속을 위해 서로 간의 이해와 양보로써 하나를 이루는 것이 중요하다는 의미가 담겼다.

조화調和는 "서로 잘 어울리게 하다."는 의미로서 화합, 융화, 어울림 등과도 동일하게 사용된다. 국내에서 효도 운동을 주

---

132) 법제처, 국가법령정보센터.

도하는 단체 및 교육기관이 이를 효도의 개념에 적용하면서 새로운 차원으로 접근한 결과가 'HYO'[133]이다. 즉 'Harmony of Young and Old'로서 상호적 관계에 기초한 "하모니의 효"로 불리며 부모세대 및 노인세대와 자식세대 및 청년세대의 조화와 화합, 공존을 지향한다. 이는 효심과 효행의 당사자 간 상호관계를 통해 보다 새롭고도 슬기로운 자세로 답을 찾으려는 노력으로 해석할 수 있다.

우리 사회공동체가 각자 생계를 꾸리느라 바쁘고 오늘과 내일만을 바라보며 효도의 가치로부터 고개를 돌리던 상황에서 새롭게 등장한 'HYO'는 구세대와 신세대, 과거와 현재의 조화로운 삶을 추구하는 것으로서 효도의 지평을 확대하는 결과로 이어졌다. 자식세대의 희생만이 강조되던 과거의 효도 개념에서 벗어나 세대 간의 수직적인 관계를 지양하고 수평적인 관계를 추구함으로써 상생의 사회공동체를 만드는 "윈윈win-win의 지혜"로 평가된다.

하모니는 그리스 신화에 등장하는 조화와 일치의 여신 하르모니아Harmonia에서 유래하며 주로 음악연주에서 사용된다. 연주회를 통해 관악기와 현악기, 그리고 타악기가 서로 조화를 이루어 아름다운 화음을 만들어 낼 때 청중들은 깊은 감동을 느낀다. 때문에 구성원 각자의 개성은 살리되 서로 어울리고 겹치면서 보다 높은 단계의 결과를 얻을 수 있다는 의미에서

---

133) 효의 한국어 발음을 영어로 표기하는 과정에서 착안된 용어로서 "에이치 와이 오"로 읽는다.

사회공동체의 화합과 조화를 논할 경우 자주 차용되곤 한다.

　사서오경四書五經의 하나인 서경書經은 "시詩는 그 사람의 의지와 더불어 포부를 말하는 것이며, 노래는 할 말을 길게 읊조린 것이다. 소리는 가락을 따라야 하고 음률은 소리와 조화를 이룬 것이다. 그러니 여덟 음인 팔음이 조화를 이루어 서로 간의 음계를 지켜 혼란스럽지 않으면 신과 인간도 이로써 조화를 이룰 것이다."[134]라며 구성체의 어울림을 강조하였다. 사회공동체에서도 음악 연주자처럼 구성원들이 각자의 위치를 지키고 역할을 수행해야만 전체적인 조화가 이뤄지면서 혼선이나 혼동 없이 아름다운 결과의 도출이 가능해진다.

　인구는 국력의 구성 요소 가운데 하나로서 국가의 존망을 가르고 지속가능성으로까지 연결된다. 경제력, 국방력 등 대부분 국력 지표가 인구와 밀접히 관련되어 있기 때문에 국가경쟁력에도 많은 영향을 미친다. 우리 사회가 저출산과 고령화에 따른 인구감소 문제로 고민하는 가장 큰 이유이기도 하다.

　이와 관련하여 미국 중앙정보국CIA 국장을 지낸 레이 클라인Ray Cline 조지타운대학교 교수는 국력방정식을 만들었다. 그는 국력을 유형의 요소인 국토·인구Critical Mass, 경제력Economy, 군사력Military에다 무형 요소인 국가전략Strategy, 국민의 의지Will를 곱한 값으로 측정했다. 이 방정식은 '국력=(C+E+M)×(S+W)'로 표기된다. 국토뿐만 아니라 인구도 국력의 핵심적 요소임을 알 수 있다.

---

134) 『書經』,「舜典」, "詩言志, 歌永言, 聲依永, 律和聲. 八音克諧, 無相奪倫, 神人以和."

그럼에도 구성원의 과다한 상황이 국가 운영에서 장애물로 작용하는 경우도 발생한다. 중국이 대표적인 사례이다. 이미 인도에게 "세계 최대의 인구를 가진 국가"라는 타이틀을 넘겨 주고 오히려 인구 감소 문제를 고민하는 실정이지만, 55개 소수민족이 포함된 다민족 국가이자 이미 고령화 사회에 진입한 국가로서 고도의 경제성장에 따른 극심한 빈부격차까지 발생하면서 국정 운영상 심각한 고민을 안고 있는 실정이다.

이러한 국가적 고민을 해결키 위한 방안의 하나로 후진타오 주석 재임시절 등장한 통치개념이 화해사회和諧社會이다. 이는 "서로 응하고 어울리는 사회."라는 의미를 갖는다. 글자 그대로 해석하자면 "곡물禾을 나눠먹으며口, 자신의 이야기言를 모두皆 가 할 수 있는 사회"이다. 화해가 정치에 등장한 배경에는 당시 중국 공산당 최고지도부와 핵심 참모진의 "국가공동체의 구성원들이 함께 살아가는 과정에서 민생의 보장은 물론 언로까지 터줘야만 지금 같은 모순과 갈등이 극복될 수 있다."는 현실적 판단이 자리한다.

화해사회 개념은 "경제적 성장에서 사회적 균형으로의 전환" 차원으로 2004년 공산당 중앙위원회 전체회의에서 공식적으로 제기되었는바, 효율을 중시한 덩샤오핑 시대의 선부론先富論 과 달리 사회적 평등을 강조하여 약자들에게 기회를 균등하게 주자는 내용을 담고 있다. 또한 지속적이며 안정적인 발전, 인민의 기초생활 보장, 공정성 수준의 제고, 안정된 사회질서 구

축을 특징으로 한다.[135]

이 개념은 다양한 구성원 간의 모순 극복을 통해 청장년세대의 실업, 의료, 노후문제, 빈부격차 같은 민생현안을 개선하는 의도를 담고 있다. 공평이 전제되어야 모두가 어울릴 수 있는 환경이 조성될 수 있다는 점에서 공자의 "적은 것을 걱정하지 말고, 고르지 않는 것을 걱정하라."[136]는 언급과 절묘하게 들어맞는다.

구성원의 불협화음이 가져오는 결과는 공동체의 부담이며 발전과정에서 장애물로 작용한다. 따라서 "하모니의 효"는 효도에 대한 과거의 선입견을 깨트려 세대 간 장벽을 없애고 효심과 효행을 자연스럽게 구현하는 것으로서 이전과는 차원이 다른 새로운 접근이다. 청년세대에 대한 기성세대의 지시와 명령이 아니라, 조언과 솔선이 전제되어야 사회 구성원 사이에서 효도를 재인식하고 필요성을 감지하면서 실천으로 옮길 수 있다.

효도의 의미와 가치가 노인세대나 부모세대의 전유물이 아닌, 공동체의 공유물로 자리하려면, 선배시민으로서의 각성과 솔선수범이 요구된다. 우리 사회에서 이미 익숙해진 '역귀성'이 대표적인 행태이다. 직장생활이나 학업 등 사유로 인해 자식이 귀향을 못하는 상황을 고려하여 명절 때 부모가 자식을 만나러 가는 것은 배려가 깃든 것이며 역지사지의 자세인 것이다.

세대 간에 하모니를 이룰 때 공동체는 갈등이 없는 평화로운

---

135) 이승익, 『중국 최고지도자들의 리더십』, 디비북스, 2011. 196.
136) 『論語』「季氏」, "不患寡患不均."

상태를 유지할 수 있으며 답보상태를 벗어나는 것이 가능해진다. 나아가 공동체의 발전을 기약하며 미래를 지향할 수가 있다. 이는 시대와 지역을 막론하고 모든 정치지도자들이 공통적으로 기대하고 추진하는 목표이다.

일례로 중국의 시진핑 주석은 2017년 신년사에서 명말청초明末淸初의 애국지사이자 사상가였던 왕부지王夫之의 "새것과 옛것이 서로 밀어주면 하루하루가 새롭고 정체되지 않는다."[137]는 언급을 인용하면서 연령대에 따른 국민계층 간의 상부상조와 화합은 매우 중요한 덕목이자 행동 양식임을 강조하였다. 그가 정치적 메시지를 통해 왕부지를 소환한 것은 최고지도자로서 인구고령화가 현안으로 등장한 상황에서 신구의 조화야말로 국가의 안정적인 운영을 가능케 하는 기반임을 깊이 깨달은 데서 비롯된 것이다.

하모니에는 상대방을 이해, 배려하는 자세가 요구된다. 이것이 부족하면 사소한 일로도 상대방은 큰 상처를 입는다. 주차, 층간소음 등등 이웃에 대한 배려가 없는 우리의 일상은 늘 큰소리가 난무하고 다툼이 그치질 않는다. 대다수 사람은 결코 홀로 존재하는 것이 아니라 관계의 맺음과 이음 속에서 살아간다. 우리 모두 동일한 공간에서 만나고 동행하는 운명이기에 서로 배려하지 않는다면 삶이 수월하지 않게 된다. 오로지 자기 자신만을 위하고 목소리를 높이면 결국 타인으로부터 미움을 사고 따돌림을 당한다.

---

137) 『尙書引義』, 「太甲編」, "新故相推, 日生不滯."

우리 사회의 큰 이슈인 복지문제로만 보더라도 연금을 둘러
싼 노년층과 청년층의 시각차와 갈등이 존재하며 각자의 목소
리가 다르다. 물론 "어르신"으로 불릴 자격이 충분한 노인세대
는 청년세대를 위한 배려와 양보가 우선임을 거론하지만 완고
한 태도로 수혜만을 주장하는 일각의 반발도 분명히 존재한다.
청년층 사이에서도 강경한 입장과 온건한 입장이 팽팽하게 맞
선다. 그럼에도 세대 간 대화의 장은 없다시피 한 것이 현실이
다. 조정과 중재를 담당해야 될 정부와 정치권도 누구 편을 들
어야 할지를 놓고 전전긍긍하는 중이다.

우리는 현명하게 해답을 찾아야 한다. 이 과정에서 우선적으
로 필요한 것은 경청의 자세이다. 세상의 다양한 문제들이 남
의 말을 듣지 않고 내 말만 하려는 데서 비롯된다. 조물주는 인
간에게 입은 한 개를 주었지만 귀는 두 개를 주었다. 바로 "잘
들어야 한다."는 이치이다. 특히 경청의 한자 의미대로 '몸을
기울여傾 들어야聽' 한다. 우리말의 "귓등으로 듣는다." 내지 "귓
등으로도 안 듣는다."는 표현처럼 아무런 관심 없이 듣는 것은
소통이나 대화의 거부 자세로 비친다.

경청에서의 청聽자를 파자破字할 경우 '이耳, 왕王, 십十, 목目,
일日, 심心'으로 구성되어 있는데 그 의미를 풀어보면 "귀를 왕
처럼 모시고 열 개의 눈으로, 즉 진지한 눈빛으로 마음을 하나
로 모아 듣는다."는 뜻이다. [138] 눈빛으로 듣는다는 개념은 상대

---

138) 백미숙, "효과적 리더십으로서의 효과적 경청", 『숙명리더십 연구』 제4집, 숙명여
      자대학교 숙명리더십개발원, 2006.12, 91.

방으로부터 언어상의 단서를 파악하는 데 그치지 않고 비언어적인 신호까지 읽어내는 노력이다. 마음을 모아 듣는다는 것은 상대방의 심리를 이해하고 공감하는 태도이다.

다른 사람의 말을 경청하는 데는 몇 개의 단계가 있다. 첫 번째는 남의 말을 가만히 듣기만 하는 단계로서 사무적이고 수동적인 반응이라 할 수 있다. 두 번째 단계는 고개를 끄덕이는 반응의 단계인데, 이는 대화의 여지를 남긴다. 세 번째는 상대방 화자의 말을 되받아 반복하거나 요약해보는 단계인바, 본격적인 대화의 시작을 알린다. 마지막으로 네 번째는 상대방 화자의 입장에서 그의 처지와 심정을 이해하고 공감하는 태도의 단계이다. 네 번째 단계 수준의 경청은 나와 너, 우리와 너희를 연결하는 작용을 함으로써 공동체의 갈등과 문제를 해결하고 결과적으로는 하모니의 상황까지 도달이 가능하다.

효도는 가정 내에서 자식으로 하여금 부모와의 관계 속에서 경청을 체화시킨다. 감정이입이 수반되는 생활방식에서 부모와 자식 간 반감과 공감이 상호 교차되고 상대방에 대한 이해와 대응의 방식이 자연스럽게 만들어진다. 실제로 우리는 자신의 의식이나 견해를 다른 사람의 몸과 마음으로 투사시킬 수가 없다. 그렇지만 스스로가 상대방이 되었다고 가정해보고 노력하는 일은 충분히 가능하다. 아울러 우리가 상대방이라 여길 수 있는 그 누군가에게 보다 자애롭게 행동하려 한다면 최선을 다해야 한다. 때문에 감정이입이라는 것은 효도와 마찬가지로 대단히 중요한 도덕개념의 기반이라 할 수 있다.

노년의 대다수 부모는 은퇴 이후 고독 속에서 대화를 갈구하는 상황이다. 때문에 챗봇으로 불리는 인형이나 반려동물을 자식 삼는 경우까지 발생한다. 경청과 대화야말로 가정의 화목과 하모니를 가져오고 노인을 고독에서 벗어나게 함으로써 사회의 활기와 평화를 담보할 수 있는 행위이다.

2절. 효도와 오래된 미래

스웨덴 출신의 언어학자이자 세계적인 환경 및 생태운동가인 헬레나 노르베리 호지Helena Norberg Hodge는 인도 북부 고산지대인 라다크Ladakh에서 16년에 걸친 장기거주 경험을 바탕으로 '오래된 미래Ancient Future' 제하 책을 저술하였다. 이 책은 오랜 전통을 유지하며 공동체의 약자인 여성과 아동, 노인들이 차별 없이 모두 자존감과 자신감을 갖고 생활하던 지역에서 이뤄진 신자유주의, 서구적 경제개발의 문제점들을 지적한다. 아울러 "다시금 본연으로 돌아가 가족과 사회공동체를 회복시키자."는 메시지를 제시한다.

라다크는 1년 가운데 8개월이 겨울이며 강수량도 극히 적어 사람이 정주하기 어려울 정도로 척박하지만 구성원들이 평화롭고 행복한 삶을 영위하던 곳이다. 그러나 인도정부의 오지에 대한 대외개방과 함께 서구문명이 들어오면서 저자의 표현대로 "그들에게는 이웃들과의 좋은 관계를 유지하는 것이 돈을 버는 것보다 중요하다."[139]던 고유의 친밀한 인간관계가 단절되었다. 주민들 사이에서는 자신을 TV에 비춰진 외부사람과 비교하면서 가난뱅이라고 자조하는 풍조가 만연해졌다. 고산과 협곡으로 인해 "리틀 티베트"라고 불릴 만큼, 지리적인 고립 속에서도 지켜왔던 구성원 각자의 자긍심과 자존감이 무너진 것이다.

현대문명이 전통문화에 침투하는 과정에서 노인들의 경우 단지 나이만 먹은 사람이 아닌 지혜와 경험을 축적한 존재로 대우받고 존중받던 미풍양속이 훼손되는 결과가 초래된다. 더불어 공동체 삶의 터전인 자연 또한 외부인의 이윤 추구를 위한 개발 대상으로 전락한다. 라다크가 가졌던 원래 모습에서의 노인들은 지역공동체 안에서 가장 높은 연령대의 사람이었지만 권위를 내세우지 않고 가장 낮은 연령대의 아이들과 깊은 유대감으로 연결되면서 친구 같은 관계를 유지함으로써 세대 간 조화와 애정이 동반되는 삶을 영위했었다. 아울러 현대문명에서 요구하는 고속사회가 아니라 자신들만의 속도로 일하는 저속사회였기에 노인들도 농업노동에 기꺼이 동참할 수 있었다.

이 책의 제목인 '오래된 미래'는 중요한 의미를 내포한 모순어법矛盾語法, oxymoron에 의해 탄생했다. 청마 유치환의 시 '깃발'에 나오는 "소리 없는 아우성"이나 셰익스피어의 희곡 '로미오와 줄리엣'에 등장하는 "달콤한 슬픔, sweet sorrow" 같은 표현

---

139) 헬레나 로르베리 호지, 양희승 역, 『오래된 미래-라다크로부터 배우다』, 중앙북스, 2015, 110.

처럼 모순되거나 상충하는 단어들의 조합을 통해 생경한 느낌의 형용모순 속에서 강력한 메시지를 전달하는 방식이다.

그렇다면 오래된 것이 왜 미래인 것일까? 라다크의 원형에서 고유의 질서와 인정은 사람답게 살 수 있는 환경을 만들어주었다. 여성은 주체로서 인정되었고 아동은 약자로서 보호받았으며 노인은 현명한 존재로서 존경받았다. 이웃은 함께해야 될 또 다른 자아로서 중요했고 자연은 개발의 대상이 아닌 삶의 터전으로서 반드시 유지, 보전해야 될 대상이었다. 이와 같은 것은 우리의 미래사회가 지속가능성을 담보키 위해 나아갈 올바른 방향이자 반드시 지켜야 할 덕목이다.

이는 효도의 해석과 실천에서 확인된 것처럼 한국효단체총연합회가 제시한 '7행의 효'에 나오는 개념과 동일하다. 부모는 물론 노인과 스승, 아동과 청년, 이웃과 사회, 그리고 자연으로까지 확대되는 효도의 방식 및 흐름은 현대문명으로 인해 변질되기 이전에 존재했던 라다크 문화와 정신의 원형에서 발견할수 있다. 외부에 의해 "고산과 협곡의 땅"으로 불리던 라다크는 시간이 멈추고 옛날에 머문 곳이 아니다. 오히려 개발과 발전의 와중에서 인간성을 잃고 자연을 훼손하면서 세대 및 계층간 대립과 갈등으로 고민 중인 우리에게 성찰과 각성, 과거에 대한 죄책감보다는 미래를 향한 책임감을 촉구하는 "생생불식의 땅"인 것이다.

연암 박지원朴趾源은 제자인 박제가朴齊家에게 새로운 것만을 추구하는 것을 극도로 경계토록 "천지가 비록 오래되었다 해도 끊임없이 생명을 내고, 해와 달은 해묵었어도 그 빛은 날마다 새룝다. 썩은 흙이 영지를 길러내고 썩은 풀은 반딧불이로 변한다."[140]는 가르침을 주었다. 오래된 것이 가진 진정한 의미와 가치는 영속성을 가진 만큼 그 정수를 제대로 찾아 오늘의 우리에게 적용해보고 나아가 내일을 준비하는 바탕으로 삼는 것이야말로 현명한 자세이다.

현재 국내 학계에서는 효도의 현대적 가치를 놓고 "왜 다시 효도인 것인가?"를 주제로 다양한 논의 및 연구가 진행 중이다. 공동체의 윤리 회복을 위한 효도의 적용 가능성에 대한 연구에 천착해왔던 전문가는 공동체 구성원 사이에 존재하는 공동의 가치와 방향을 지향하는 '사회자본'은 이익이 배타적으로 돌아가는 것을 막고 공유되는 특성을 지닌 것에 주목하고 "협력하는 인간, 공존하는 사회를 위한 공공윤리로서 효 문화를 사회자본으로 활용한다면 공공의 이익에 크게 기여할 것이며, 나아가 이를 바탕으로 효가 동아시아 각국의 공감코드로서 상호 소통에 기여할 수 있다."[141]는 진단을 내놨다.

이른바 사회자본social capital에 대한 사전적 의미는 "공동체의 협력과 발전을 촉진하는 유, 무형의 자본을 일컫는 말로 가족이나 친구에 대한 신뢰, 배려 등을 뜻하는 사적 사회자본과 정부와 사법체계 등에 대한 신뢰, 참여 등을 뜻하는 공적 사회자본으로 나뉜다."[142]로 풀이된다. 따라서 사회자본 자체는 "사

140) 『楚亭集序』, "天地雖久, 不斷生生. 日月雖久, 光輝日新. 朽壤蒸芝, 腐草化螢."

141) 김덕균, "동아시아 소통 공감의 인성코드 효문화 탐색-전통적 효개념의 다의성과 그 사회적 적용 가능성 검토", 『효학연구』 24호, 한국효학회, 2016. 12. 17.

142) 한국경제신문, 『한경경제용어사전』

회적 동물"인 사람들 사이의 관계를 전제로 하며 신뢰, 연결망, 규범이라는 세 가지 개념 요소로 구성된다. 이것은 사회구성원들에게 공유된 행동 규범 및 공통적인 문화적 정체성을 부여함으로써 사회 질서를 가능케 하는 역할을 하기 때문에 매우 중요하다.[143] 이처럼 무형의 정신자본은 공동체의 공유가 이뤄질 때 가치가 더욱 빛난다.

한국개발연구원KDI 연구결과에 의하면, 한국의 사회자본 수준은 협력과 동업 대신 무한경쟁과 각자도생이 지배하는 사회 분위기 속에서 국제적 기준에서도 사회적 신뢰가 겨우 중간에 머물고 있으며, 지난 30년 동안 대인 신뢰 비율이 하락해왔다. 또한 믿고 의지할 수 있는 사람의 존재를 통해 측정한 개인의 관계적 사회자본이 그가 가진 경제자본 및 인적자본과 동조현상을 보이면서 한국사회는 사회자본의 측면에서도 계층 간에 뚜렷한 격차를 나타내고 있다.[144] 연구결과에서 나타나듯 우리 삶의 질과 행복감이 경제력이나 장수수명에 비해 낮은 수준에 머물고 있다는 것은 사회자본이 아직까지도 매우 빈약한 상황임을 반증한다.

효도의 가치 적용과 관련하여 사회자본뿐만 아니라 우리가 또 눈여겨봐야 될 것은 도덕자본moral capital, ethical capital이다. 도덕의 사전적 의미를 살펴보면 "사회의 구성원들이 양심, 사회적 여론, 관습 따위에 비추어 스스로 마땅히 지켜야 할 행동 준

143) 대영문화사, 『행정학사전』
144) 김희삼, "사회자본에 대한 교육의 역할과 정책방행", 『KDI 연구보고서』, 2017. 6, 1.

칙이나 규범의 총제, 외적 강제력을 갖는 법률과 달리 각자의 내면적 원리로서 작용하며, 또 종교와 달리 초월자와의 관계가 아닌 인간 상호 관계를 규정한다."[145], "도道라는 것은 인륜을 성립시키는 도리로서, 윤리와 거의 동의이며 그것을 체득하고 있는 상태가 덕德인데, 도덕이라고 하면 윤리와 동의적으로 이용되면서도 덕이라는 의미를 강하게 포함한다."[146] 등으로 설명되어 있다.

사전의 의미처럼 도덕은 사회구성체와 구성원의 존재를 전제로 하는 덕목이다. 때문에 인간이 단독의 삶을 영위하는 것이 아니라 공동의 삶을 이행하는 현실에서는 반드시 필요한 가치로서 우리에게 요구된다. 자기이익을 우선시하는 자본주의하에서 사람들이 공공의 이익보다는 개인의 이익을 우선적으로 추구하기 때문에 사회적 협동이 이뤄지지 않고 결국 불평등의 심화로 이어진다. 때문에 도덕을 자본의 요소로 도입함으로써 문제 해결을 모색하는 것이다.

사회지도층의 경우, 개인 차원에서라도 도덕자본의 축적과 소유가 대단히 필요하다. 우리가 일상에서 자주 목도하듯이 유명인사들이 단 한 번의 비윤리적 행위로 인해 명성과 위상을 송두리째 잃는 상황이 발생한다. 기업경영 측면에서 볼 때도 경제자본이 아무리 충실하다고 해도 이익만을 추종하게 되면 2008년 미국발 금융위기 사례처럼 극단적인 혼란과 급격한 쇠

---

145)　국립국어원, 『표준국어대사전』

146)　한국사전연구사, 『종교학대사전』

락을 가져온다.

도덕자본과 함께 거론되는 것은 영적자본spiritual capital이다. 일반적으로 영적자본은 종교단체에서만 통용되는 것으로 인식 된다. 그러나 기업이나 단체, 조직의 영적자본은 신뢰의 덕목 인 사회자본으로 연결되면서 공동체를 부강하게 만드는 경제 적 자본으로 승화될 수 있다. 그 사례를 들자면 기독교의 '청지 기 의식'과 '소명 의식'은 유럽과 미국의 경제를 발전시킨 원동 력으로 작용하였다. 자본주의 정신과 기독교의 경제윤리가 만 나 조화를 통해 이들 지역을 발전시킨 것이다.

기독교에서 강조하는 "범사에 감사하라."는 명제는 감사와 관련된 언행이 일상에서 이웃들과 함께 나누고 향유되면서 타 자, 상대방 중심의 행복을 찾는 수단으로 자리하며 본인의 삶 또한 풍요롭도록 변화시킨다. 관계의 증진과 심화가 자연스럽 게 이뤄지는 것이다. 불교 또한 "모든 남자는 내 아버지이고 모 든 여자는 내 어머니이다. 그러므로 육도의 중생을 모두 내 부 모로 생각하고 섬겨야 한다."[147]면서 주변의 사람들에게 감사 의 마음과 보은의 행동을 촉구하고 있다. 종교에서 제시하는 이러한 행위는 우리 사회의 영적자본으로서 일상을 보다 윤택 하고 행복하게 만드는 원동력이 된다.

위에서 서술한 것처럼 사회자본, 도덕자본, 영적자본은 공히 무형의 자본으로서 사회공동체와 경제 주체의 건강하고 지속 적인 발전을 담보한다. 이런 성격의 자본은 어느 날 갑자기 생

---

147) 『범망경』

긴 것이 아니라 오랜 시간의 축적과정을 거치며 탄생, 성장, 유지, 발전되어 왔다. 아울러 현재만이 아니라 미래를 향하는 인류에게 기준과 방향을 제시한다. 때문에 이 책에서 다루는 효도와 밀접한 관계를 갖는다. 이제 효도는 기나긴 역사를 가진 우리의 정신이자 가치로서 우리 사회의 현명한 선택과 실천을 기다리고 있다.

효도는 전통적 가치이면서 동시에 현대적 가치이기도 하다. 인류가 가정 공동체를 지속적으로 유지하는 한 절대적으로 필요하며 당위적 요청을 받는 보편적 가치이자 참된 삶 그 자체이다. 이와 같은 요청을 근거로 삼아 미래에서도 여전히 효도의 가치가 존속할만한 혁신성과 실효성을 확실하게 인정받을 수 있을지 장담키는 어렵다. 때문에 효도의 개념을 보다 미래 지향적으로 정의할 필요성이 대두된다.

국내 학계에서 이와 관련하여 "효도는 한 가정 내 부모와 자식의 상호연대성을 토대로 사회공동체, 국가공동체, 세계공동체로 나아가 인류의 정신문화가 과거, 현재, 미래로 이어지게 하는 핵심 가치"로 새로운 정의를 내렸다. 아울러 단기적으로는 효도의 가치를 소중히 여기는 중국, 일본, 베트남 등을 대상으로 동아시아 효도 연대를 민간 차원에서 발족시키고 장기적으로는 효도를 '건강한 가족공동체'의 가치로 구성하여 국제적인 차원에서 유네스코UNESCO의 지속가능목표에 포함될 수 있도록 할 필요가 있다[148]고 제안하였다.

---

148)   박균열, "효행자 및 민간단체에 대한 지원 강화 방안", 『효행장려 및 지원에 관한

법률 제정 15주년 기념 효학술행사 자료집』, 한국효단체총연합회, 2022.7, 97-
99.

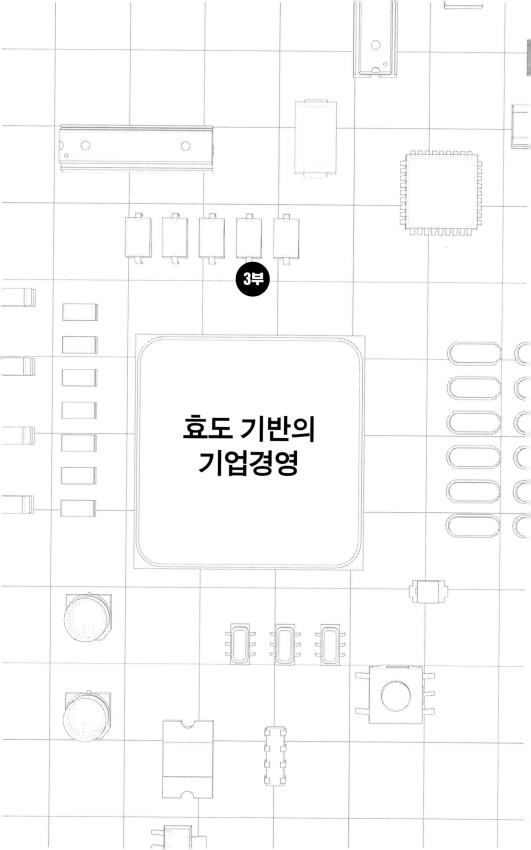

3부

효도 기반의
기업경영

1장

경영과 효심

1절. 중국의 푸얼다이와 촹얼다이

금융기관들은 시대의 변화에 맞춰 다양한 금융상품을 개발하는데, 효도와 관련하여 눈길을 끄는 것은 '증여안심신탁'이다. 이 신탁상품은 자산가들 사이에서 새로운 증여수단으로 각광을 받는 상황이다. 자식이 부모로부터 재산을 증여받은 이후에 불효를 저지르거나 가업승계 등의 의무를 제대로 이행하지 않는다면 부모는 증여했던 재산을 다시 돌려받을 수 있기 때문이다. 근래의 세태가 그려낸 우리 사회의 자화상이 아닐 수 없다.

산업 경쟁력의 근간인 제조업의 경영승계가 사회적 이슈로 언론에 자주 등장하고있다. 상속세율, 인력난 가중, 경기 불황 등 다양한 요소가 겹치는 데다 특히 중소기업 승계자로서는 업종 특성상 직접적인 현장 근무가 필수인 데다 노사 갈등, 대기업과의 관계 같은 골치 아픈 문제에 직면하는 실정이다. 때문에 일부에서 일어나는 현상이긴 하지만 자식으로서 부친이 회사를 매각하고 대금을 유산으로 남겨주길 바라는 상황도 벌어진다.

강남권으로 대표되는 서울 시내 역세권 빌딩이 희소가치를 갖고 자산가들에 의해 수집되는 수준으로 거래되는 가운데 아주 극단적인 사례일 수 있지만 일부 기업체 오너들이 자식들에게 "회사 이어 받고 꾸려가느라 고생할 것 없이 빌딩 사서 임대 수입만으로도 넉넉하고 편안하게 살아라."는 식으로 교육시키는 것은 시대의 흐름과 함께 퇴색된 기업가 정신을 보여준다. 이처럼 우리 사회는 기업의 영속성이 위협 받는 상황에 직면하였다. 기업가 사이에서 경영을 보람과 성취의 과정이 아니라 후회와 고통의 과정으로 인식되는 현상은 당사자는 물론 사회 공동체를 위해서도 결코 바람직스럽지 못하다.

정상적으로 기업승계가 이뤄진다 해도 과제는 남는다. 부친 대의 성과와 업적이 자식 대에서 견실하게 유지되거나 더욱 확대되리라는 보장을 할 수가 없다. 결핍의 시대를 살아온 기성 세대의 가치관과 목표가 풍요의 시대에 태어난 자식세대와 일치할 수 없고 사회적 분위기, 경기의 흐름이 개발과 성장 일변도의 과거와는 완연히 다른 상황에서 경영환경의 불확실성은 높아만 가는 추세이다. 이에 따라 정도를 걷는 건실한 경영이 더욱 절실하게 요구된다.

이와 관련하여 이웃국가 중국의 사례는 우리에게 시사하는 바가 크다. 현지 신문이나 방송 등 언론에 빈번하게 등장하는 용어 가운데 '푸얼다이富二代'[149]가 있다. 재벌인 부친의 부를 이어받은 2세를 뜻하는데, 상당수가 사춘기도 채 되지 않은 어릴 적부터 해외유학 길에 올랐다. 미국과 영국 등지에서 고등교육까지 마치고 돌아왔음에도 불구하고 건실한 승계와 경영에는 전혀 뜻을 두지 않은 채 사치스러운 행태를 보이며 겸손과 절제 없이 안하무인의 태도를 드러냄으로 인해 사회로부터 지탄을 받는다.

대표적인 사례로, 부동산 재벌로 유명한 완다그룹萬達集團 왕젠린王健林 회장 아들 왕쓰충王思聰은 2015년 자신의 블로그 웨이보에 올린 글 하나로 중국인들의 공분을 샀다. 그는 자신의 애견에게 우리 돈으로 1500만 원에 달하는 애플워치 골드를 2개나 채운 사진을 게재하며 "너희 중에서 누구라도 애플 워치 가진 사람이 있냐?"고 조롱하는 글을 띄웠다. 2550만 명의 팔로워를 보유한 그는 "친구를 사귀는데 돈은 신경 쓰지 않는다. 어쨌든 나보다 돈 있는 사람은 없으니까"라는 말로 논란을 일으켰다.[150] 결국 그는 부친에게 큰 실망감을 안겨주었고 2022년 그룹 내 이사직에서 물러나면서 후계자 자리에서도 멀어졌다. 불효로 인해 운명이 바뀐 것이다.

왕쓰충 같은 '푸얼다이'는 개혁개방 정책의 흐름을 타고 자수

---

149) 중국의 부와 권력 세습에 대한 국민들의 부정적인 정서가 팽배한 가운데 유력 정치인 집안의 후대는 홍얼다이(紅二代), 고관의 자제로서 부친의 후광을 입는 경우는 관얼다이(官二代), 고위장성 출신 집안의 후대는 쥔얼다이(軍二代) 등으로 부른다.

150) 박홍용, "취미 요트·환각파티, 특기 막말…푸얼다이 그들이 사는 세상", 서울경제, 2018. 4. 20.

성가하여 막대한 부를 창출한 부모의 외동자식으로 태어나 물질적인 풍요로움을 향유할 수 있었다. 그러나 상당수는 가정에서부터 아무런 구속이나 제한 없이 "오냐오냐" 하면서 키워진 사람인 까닭에 타인을 의식하거나 배려하는 자세를 제대로 배우지 못했고 이로 인해 사회 각계로부터 비판을 받는다. 오만한 태도로 일관하며 강자로서 힘만 과시했지 약자에 대한 관심과 지원에는 무관심했기 때문이다.

개혁개방 초기 덩샤오핑의 "먼저 부자가 되라."는 '선부론'에 힘입어 농촌의 젊은이들은 앞 다퉈 도시로 올라왔고 "자식에게만큼은 가난을 물려주기 않겠다."는 일념으로 시간과 돈을 아껴가며 근면과 성실, 피땀을 자산 삼아 중국의 경제성장과 궤를 같이 하면서 부동산, 제조업 등을 중심으로 대기업을 일구고 천문학적인 부를 쌓았다. 그러나 이들이 장년기를 지나 노년기에 접어드는 시점에 도달한 가운데 왕젠린 회장의 경우처럼 "내가 일군 사업이니 내 자식에게 물려주겠다."는 바람 속에는 중요한 겸양의 미덕을 자식에게 제대로 가르쳐주지 못했다는 취약점이 발견된다. 부의 축적에는 성공했지만 부의 대물림에 앞선 올바른 가치, 즉 사회공헌과 약자 배려 등에 필요한 자녀 교육이 부재했다는 것이다.

1980년대 신자유주의 체제를 확고히 했던 미국의 레이건 **Ronald Reagan**, 1911-2004 前 대통령이 "자본주의의 태생적 결함은 행복을 불공평하게 나눠주는 것이고, 공산주의의 태생적 결함은 불행을 공평하게 나눠주는 것이다."라고 말했듯이 사회주의를 표방하는 공산당 영도의 중국에서 아직까지 '부'라는 행복을 누리는 소수는 경제적으로 불행한 다수로부터 질시를 받을 수밖에 없는 실정이다. "대에 걸친 흙수저"의 의미를 가진 '충얼다이窮二代'들에게 상대적 박탈감을 줄 수 있는 만큼 부를 축적한 자로서는 물질적 행복 추구가 당연하게 여겨지는 자본주의 사회에서보다 더욱 경건한 마음가짐과 신중한 행보가 요구되는 상황인 것이다.

1949년 공산 중국의 출발 이후 1978년 개혁개방 이전까지 민간경제가 사라진 공백기로 인해 기업의 전통이 일천한 중국에서 부친 세대의 경영을 자식 세대로 승계하는 것은 첫 경험일 수밖에 없다. 아울러 창업에 따르는 수성, 이어지는 2세 경영 또한 아직까지 체계가 제대로 잡히지 않았기에 가치관과 철학이 축적되기에는 시간적으로 부족했다. 이런 상황 하에서 '푸얼다이'들의 잘못된 행태는 기업의 큰 리스크로 작용하게 된다.

경제성장의 광풍 속에서 도덕과 가치가 무너지고 "돈이면 귀신도 부릴 수 있다."는 중국인의 전통적 심리까지 더해져 금전만능주의가 팽배해진 상황에서 상당수 재벌가의 자식들은 어릴 적 부친의 분투와 노력은 전혀 기억하지 못하면서 물려받은 사회적 지위와 재산에만 기댄 채 정상적인 경영을 도외시하는 상황이다. 시간을 평계로 가르침에 소홀했던 창업주들은 결국 자식농사에 실패함으로써 질서 있는 승계와 여유로운 은퇴가 난망하게 되었다.

이처럼 '푸얼다이'의 도를 넘는 행태가 사회적 지탄을 받는 데 비해 부친으로부터 받은 부에 연연하지 않고 새로운 방식으로 자신만의 길을 열어가는 존재가 있으니, 바로 '촹얼다이創二代'이다. 이들도 역시 부모의 경제적 능력 때문에 일찍부터 해외유학을 하고 부모의 후광 덕분에 경제계 최상층과의 인적 네트워크를 구축했으며 남들보다 훨씬 앞선 위치에서 사회생활을 시작했다. 같은 세대의 다른 청년들과는 출발점부터 차이가 나는 것이 사실이다.

그러나 이들이 '푸얼다이'와 확연히 다른 점은 부모에게 전적으로 의지하지 않고 자신의 능력과 노력에서 경영의 의미와 가치를 찾는 데 있다. 효도의 측면에서 들여다본다면 이 책의 앞부분에서 제시했던 것처럼 부모의 뜻을 받들어 세상에 펼치는 전형적인 계지술사의 효도이다. '촹얼다이'의 모범 사례는 중국 재계의 곳곳에서 어렵지 않게 찾을 수 있다.

부친에 이어 주방가전 제조업체인 화디華帝의 회장에 오른 판예장潘葉江은 부친에게 "회사를 초일류 기업으로 키우지 못할 경우 경영권을 내놓겠다."고 약속하고 회사를 첨단제품 위주로 전면 개편하여 동종 업계에서 혁신의 바람을 일으키고 있다. 대표적인 전자업체 쓰통그룹四通集團 돤용지段永基 회장의 아들 돤류원段劉文은 경영과는 거리가 있는 의학 전공 후 군의관 생활을 마치고 미국에서 MBA 학위를 받았고 귀국을 선택하면서 부친으로부터 단 한 푼의 자금 지원도 받지 않은 채 스스로의 힘으로만 스마트 의료관리 전문 업체를 창업했다.[151]

---

151) 최형규, "건달의 상징 '푸얼다이'에서 기업 혁신 주도 '촹얼다이'로". 중앙 SUNDAY, 2016. 3. 6.

이외에도 중국 IT의 상징적 존재인 레노버聯想, Lenovo 그룹 류촨즈柳傳志 창업자 딸이었지만 부친 회사 합류 대신 독한 근성을 발휘해 미국에서의 유학과 직장생활을 마치고 베이징에서 차량 공유서비스 회사 디디추싱滴滴出行을 경영 중인 류칭柳靑, 배달서비스 앱 메이퇀으로 시장을 장악한 메이퇀뎬핑美團點評의 창업자 왕싱王興 등이 손에 꼽힌다. 이들은 재벌 2세이지만 부친의 재력에 전혀 의지하지 않고 오로지 자신만의 노력과 능력으로 창업을 했으며 남다른 경영철학을 바탕 삼아 뛰어난 경영실적을 보이면서 선대의 유지를 이어갔다. 따라서 승어부를 이룬 인물의 범주에 든다.

창조와 혁신으로 풀이되는 당과 정부의 '창신創新 지원'은 기업가 정신을 일깨웠다. 특히 2014년 리커창李克强 당시 총리가 '대중창업大衆創業 만인혁신萬人革新' 정책에 강력한 드라이브를 걸면서 자금 확보의 용이성, 사회적 분위기 고조 등에 의해 창업에 필요한 환경과 생태계가 대폭 개선되었고, 결국 국가 전체가 스타트업의 요람으로 변신하는 계기로 작용하였다.

이러한 상황에 제대로 부합되는 기업가들이 바로 '촹얼다이'이다. 혁신으로 무장한 이들이 미래 중국의 경제를 견인할 것이기에 '푸얼다이'에 실망했던 국민들이 거는 기대도 크다. 사회적 창업 열기를 반영하듯 시진핑 주석은 집권 2기가 시작되던 2017년 당총서기 자격으로 공산당 19차 전국대표대회 연설을 통해 "기업가 정신을 불러일으켜 창업과 혁신에 더 많은 사회 주체가 나서도록 권장해야 한다."고 역설하였다.

중국의 '촹얼다이' 경영인들은 과연 부모로부터 무엇을 받았기에 기득권이나 특권을 포기하고 조건부 승계나 무모한 창업을 했던 것일까? 사람으로서 풍족하게 살아갈 수 있도록 해주는 물적 재산을 물재物財라고 한다면, 마음과 정신에 남겨주는 삶의 지표는 심재心財, 마음의 재산이라고 할 수 있다. 심재는 인생을 살아가는 지혜로움은 물론 어려움에 봉착했을 때 이겨나갈 수 있는 정신력이다. 굳센 정신은 척박한 상황에서도 일어설 수 있는 기반이 되는 만큼 심재야말로 부모가 자식에게 물려주어야 할 첫 번째 재산이다.[152] 결국 '창얼다이'는 부모로부터 물재가 아닌 심재를 유산으로 물려받았다고 할 수 있다.

2절. 직원을 효자로 만드는 경영

중국의 사례에서 목격했듯이 대다수 창업 1세대는 대체로 모두가 배고픈 시대에 태어나 온갖 고생을 겪으면서 회사를 만들었으며 격동기를 이겨내고 키웠다. 이 가운데 일부 창업자는 자신이 배우지 못한 여한으로 인해 자식을 해외로 유학 보내 새롭고 앞선 경영지식을 배우도록 했지만 충분한 경영수업의 과정을 생략한 채 임원급의 고위 직위로 기업경영에 참여시키는 바람에 승계 이후 경영에서 큰 어려움에 직면하는 상황이 벌어진다.

---

152) 김세리, "茶山家의 家族疏通 研究", 박사학위논문, 성균관대학교, 2016, 46.

한국에서도 '재벌 2세의 갑질' 같은 사례가 언론에 빈번히 등장하곤 한다. 부친과 자식 공히 효도가 갖는 가치를 제대로 가르치거나 배우지 못한 탓이다. 이러한 문제는 당사자인 자식의 선에서 끝나는 것이 아니라 부친의 명예에도 크나큰 손상을 가함은 물론 회사 내외에서의 악영향도 무시할 수 없을 정도로 심각하다. 따라서 기업경영, 특히 2세와 3세 대로 승계된 기업에서 효도가 미치는 영향은 상상 이상으로 크다고 할 수 있다.

경영진이 효도의 진정한 뜻을 인식하고 이행하지 못하는 상황에서 회사 구성원들에게 "내 회사"라는 자부심과 사명감을 갖고 충만한 애사심으로 성심껏 일하도록 요구하는 것은 어불성설이다. 회사에서 조직의 논리에 실망하면 인재는 떠난다. 인재를 놓치면 회사는 당장에 경영상의 어려움을 겪으며 영속성은 아예 기대할 수도 없는 상황에 놓이게 된다. 이를 타개하기 위해 기업은 결국 사후약방문死後藥方文격으로 전사적인 대응에 나설 수밖에 없다.

이병철 창업주로부터 시작하여 이건희, 이재용을 거치며 삼성에서 가장 중시한 요소가 인재일 만큼 현대경영에서 인적자원은 핵심적인 요소로 부각되어 있다. 때문에 인재를 모으고 붙잡기 위해 기업들은 동기부여 차원에서 다양한 조치를 취한다. 국내 상황을 보면 기업이 겨냥하는 최우선 목표는 직원들의 부모이다. 부모를 설득하고 그들이 자녀의 재직 회사를 긍지로 여기며 보람으로 삼을 수 있도록 다양한 방식이 동원된다.

회사가 부모에게 소통을 시도하는 노력의 단적인 사례는 최고경영자의 편지이다. 삼성이 대표이사 부회장 명의로 신입사원 부모에게 보낸 편지를 읽어보면 "자녀분의 삼성전자 합격을 축하드립니다. 삼성전자의 미래 주역이 될 동량으로 잘 키워주시고 삼성전자로 보내주신 부모님께 깊은 감사의 말씀을 전합니다. 삼성전자는 세계 최고의 기술과 인재를 바탕으로 끊임없이 성장해 나갈 것입니다. 이제는 그 주인공이 될 자녀분과 함께 새로운 역사를 만들어 가겠습니다."[153]라는 구절이 있다. 편지 내용 중에서 특히 부모에 대한 감사와 더불어 자녀를 키워줄 회사임을 강조하는 대목이 눈에 띈다. 인재에 대해 그룹 차원에서 얼마나 공을 들이는지를 알 수 있다.

신입사원에 대해 공을 들이는 것은 다른 기업도 마찬가지인바, 다수의 기업들이 사회생활의 첫 발걸음을 뗀 직원들을 맞이하면서 직원 부모에게 감사와 함께 육성의 의지를 밝힌다. 그런 의미에서 LG에너지솔루션 부회장이 신입사원 부모에게 보낸 편지도 살펴볼만하다. 주요 내용은 "자녀를 훌륭하게 키워주신 부모님의 노고 덕에 우수한 인재를 신입사원으로 맞게 되었습니다. 세계 최고의 기술력과 최고의 인재를 바탕으로 끊임없이 성장해갈 여정에 자녀분이 함께 할 것입니다. 시대의 패러다임을 바꿔갈 원대한 꿈을 실현시키기 위해 가장 중요한 기반은 임직원의 행복입니다. 본인의 기량을 마음껏 발휘해 세계적인 인재로 성장해나갈 수 있도록 부모와 같은 마음으로 지원을 아끼지 않을 것입니다."[154]라는 것이다. 회사 차원에서 부모의 마음으로 직원을 성장, 발전시키겠다는 결기가 담겨 있는 표현이다.

위의 편지 내용 가운데 특히 중요한 부분은 "부모와 같은 마음"이다. 회사가 부모의 심정으로 직원을 보살피고 성장토록 돕겠다는 의지를 보이는 것이다. 직원 부모 입장에서는 마음이 놓이고 자식의 향후를 기대할 수 있는 계기가 된다. 불교경전에서 "부모는 자식이 멀리가면 걱정하고 끝까지 사랑한다."[155]는 가르침을 주었듯이 자식에 대한 부모의 근심과 걱정은 끝이 없다. 때문에 회사가 직원 부모의 근심과 걱정을 덜어주고 자긍심을 갖고 희망을 품도록 조치하는 것이야말로 최상의 인재 관리 방식이라 할 수 있다.

편지 대신 공개 석상에서 최고경영자가 부모에게 직접 메시지를 전하는 사례도 다수의 기업에서 발견된다. 롯데그룹 부회장이 신입사원 환영행사에서 자녀와 동반 참석한 부모에게 "부모님 여러분들의 아들과 딸, 제 아이처럼 소중히 키워나가겠습니다."[156]라고 약속한 것은 해당 부모들에게 강렬한 인상을 심어주었다. 현대오일뱅크의 경우, 신입사원 부모 초청행사를 통해 사장이 "이제는 힘이 되어 드리겠습니다. 품 안의 자식이란

---

154) 김은경, "부모님 어깨 으쓱…권영수 LG엔솔 부회장, 신입사원 깜짝 선물", 이데일리, 2023. 2. 12.

155) 『부모은중경』

156) 공태윤, "황각규 롯데 부회장이 신입사원 부모들에게 한 다짐의 말", 한국경제신문, 2018. 12. 11.

말이 있듯이, 신입사원들을 앞으로 더 훌륭한 사회인으로 키워나갈 것입니다."[157]라고 밝혔다. 사회 초년생인 자녀를 회사 차원에서 소중히 대해주고 성장토록 보살피는 것이야말로 부모에게는 안심과 기대를 주는 조치이다. 부모의 마음으로 직원을 대해주는 것은 회사의 당연한 의무이지만 최고경영자가 당사자들 앞에서 공식화한 데서 큰 의미를 갖는다.

기업의 인재관리 방식 중에서 직장인이자 가장으로서 자부심을 가질 수 있도록 회사 구성원의 가족을 상대로 소통을 진행하는 방식도 찾아볼 수 있다. SK텔레콤은 사장 명의로 임직원의 초등학생 자녀에게 "아빠가 열심히 일하기 때문에 우리나라의 모든 사람들이 편안한 생활을 하고 있습니다. 아빠를 자랑스럽게 생각하는 마음을 가져야 합니다."라는 편지를 보내기도 하였다.[158] 초등학생이라고 해도 자녀가 부친의 역할에 대해 자랑스럽게 여길 수 있도록 분위기를 만들어주는 것은 효도의 차원에서는 대단히 긍정적인 출발점이 된다.

다양한 기업군 가운데 인적 요소가 특히 중요한 금융, 유통, 교육 관련 업체들은 효도의 가치를 경영의 필수적인 수단으로 활용한다. 설비와 시설에 의한 유형의 제품이 아닌 인력과 서비스를 기반으로 삼아 무형의 상품을 판매하는 업종 성격상 구성원의 기본적인 능력은 물론 사기와 애사심, 적극성이 기업의 성패를 좌우하는 까닭이다. 효도의 가치를 발판 삼아 노사관계

---

157) 박상후, "이젠 힘이 되어 드리겠습니다. 현대오일뱅크, 신입사원 부모님 초청행사 개최", 글로벌 이코노믹, 2019. 3. 11.

158) 서정환, "귀댁 家長은 우리회사의 자랑입니다", 파이낸셜뉴스, 2005. 5. 19.

가 가족관계 수준으로 이해되면서 유대감과 단결심을 확보하려는 정서적인 접근이다.

제2금융권의 경우 제1금융권으로의 인재 유출을 예방하고 인재의 유동성을 감소시키는 차원에서 저축은행을 중심으로 효도 기반의 경영을 본격화하고 있다. 지역 밀착형 업종의 특성상 노인층 고객이 다수를 차지하는 현실 속에서 직원들의 효심과 효행이 특히 중요한 점도 배경으로 작용한다. 동종 업계의 성장세에 맞춰 근무환경의 개선과 더불어 매년 '가정의 달'에는 직원에게 대표이사의 자필 편지를 보내는 것은 기본이고 '가족사랑 휴가제', '자녀사랑 지원금', '효도수당' 같은 다양한 복지를 제공한다. 직원의 부모와 배우자, 자녀에게 직접적인 혜택을 안김으로써 회사로서는 "직원 가족이 만족스러워하는 조직"의 이미지를 통해 든든한 지원군을 얻게 되는 효과가 있다.

교육사업을 영위 중인 기업들의 효도를 통한 경영도 활발하게 진행되는 상황이다. 대교그룹의 사례를 보면 "직장과 가족은 함께 행복해야 한다."는 최고경영자의 지론에 따라 수십 년째 사내 복지 프로그램의 일환으로 직원이 부모와 동반으로 해외여행을 갈 수 있도록 혜택을 주고 있다. 자식으로서 부모와 함께 시간을 보내며 효도할 수 있도록 회사 차원에서 배려한 것이다. 효도를 하는 자식은 물론 효도를 받는 부모로서도 큰 보람을 느낄 수 있는 프로그램인바, 직원의 소속감을 강화하고 직원가족의 행복을 증진시킨다는 차원으로 볼 때 효도 기반의 경영방식으로 평가할 수 있다. 이러한 경영방식은 다른 업체들도 유사한 형태로 도입, 운영 중인 가운데 이제는 직원의 복지를 위한 보편적인 흐름으로 이어지는 것이 사실이다.

효도 기반의 경영으로 유명한 한국콜마는 창업자의 "느리지만 우직한 소걸음으로 천리를 간다."는 우보천리牛步千里의 지론을 바탕으로 꾸준함과 성실함을 내세운 결과 국내 화장품 산업계에서 "히든 챔피언"으로 자리하고 있다. 이 회사는 일과 삶의 균형에 중점을 두고 이를 통해 임직원의 소속감과 애사심, 업무 효율을 높이는 경영을 추구한다. 가족친화기업 인증 취득은 물론 부모와 동거 중인 자녀에게는 매월 효도수당을 지급하고 자녀출산 장려금, 미취학아동 교육수당 제도 등을 운영 중이다. 창업자의 저서 제목이 '인문학이 경영 안으로 들어왔다'[159])는 것일 만큼 인문학이 경영에 접목되면서 가족, 효도 등과 같은 인간정신의 가치를 되새기는 경영이 빛을 발하고 있다.

기업뿐만 아니라 지방 자치단체와 공기업도 효도하는 직원을 만들기 위해 다양한 제도와 인센티브를 부여하고 있다. 1인 가구 증가와 핵가족화로 인해 가족의 의미와 가치가 퇴색되어가는 상황 하에서 공적인 성격의 기관과 단체가 내부적으로 효도와 관련된 조치를 취하는 것은 소속 직원의 사기 진작은 물론 사회의 귀감으로서 효심과 효행을 유발시키는 파급효과까지 기대가 가능하다.

---

159)   창업자 윤동한 회장의 저서로서 '한국콜마는 왜 인문학을 공부하는가'라는 부제를 달고 경영의 전반에 걸쳐 인문학이 가져온 기능과 역할에 대해 서술하고 있다.

서울의 기초자치단체는 공직자로서 효행을 통해 지역사회의 모범이 될 수 있도록 구청장 직권으로 '직원 효도휴가제'를 만들었다. 구청 소속 공무원이 유급으로 하루 휴가를 내어 직계존속과의 동반 여행 및 병원진료 동행, 고향 방문, 직계존속의 묘지 및 납골당 방문 등에 사용토록 조치한 것이다. 아울러 산하 기관과 민간위탁업체를 대상으로 취지를 적극적으로 홍보하고 참여를 권장 중이다. 일부 광역자치단체도 별도의 유급휴가는 아니지만 매년 '가정의 달'에 부모님을 찾아 효도하고 가족과 함께 하는 시간을 갖도록 연가 및 유연근무제를 적극 활용할 것을 권장하고 있다. 농어촌과 직결된 업무를 수행하는 공기업은 전임 대표의 자발적인 출연금을 활용하여 자체적으로 효행직원을 포상하는 제도를 운영 중이기도 하다.

효도의 기본이자 바탕은 가족이다. 따라서 가족친화적인 기업이 각광받는 시대로 접어든 현실에서 가족은 인사관리 차원에서 기업이 특히 주목하는 대상이다. 우리 정부가 저출산 및 고령화 대책의 일환으로 일과 육아의 병행 환경을 구축하기 위해 다양한 노력을 기울이는 가운데 직원을 고용한 기업들 또한 일과 가정이 양립될 수 있도록 지원책 마련에 소매를 걷어붙이는 중이다. 여직원이 임신 이후 출산까지 전 기간에 걸쳐 단축근무를 하거나 난임의 경우 법적으로 규정된 휴가 기간보다 늘려주는 방식이다.

삼성의 경우 이재용은 취임 후 다양한 제도와 방식의 가정친화제도를 만들었는바, 회장으로서 계열사 직원과의 간담회에서 "열정적으로 일하고 쉴 때는 가족, 지인들과 편안하게 쉬자."는 당부를 할 정도로 깊은 관심을 보였다. 이와 관련하여 삼성전자는 2023년 전반기에 노사협의회를 통해 임신기 근로시간 단축을 관련 법률의 기준보다 확대 적용, 유급 조건의 15일 간 배우자 출산휴가 및 5일 간의 난임휴가 등 진일보한 방식의 제도를 신설하였다.

그 외에 현대기아차, SK, LG, 롯데, 포스코, CJ, 신세계 등 국내 유수의 기업들도 직원의 일과 가정 양립을 돕기 위해 다양한 방식과 제도를 마련하고 있다. 직원의 가정이 안정되고 행복해야만 생산성과 애사심이 제고되고 기업 또한 성장과 발전을 기약할 수 있다는 점에서 고무적이고 긍정적인 행보로 평가된다. 대기업들의 경영 트렌드에서 나타나듯이 사람 사는 세상의 도리는 저 높은 하늘 끝에 있는 것이 아니고 바로 우리가 발 딛고 있는 오늘의 현실에서 찾아질 수 있는 평범한 것임을 다시금 느끼게 된다.

고령친화 산업

1절. 기술로 실천하는 효도

한국의 인구 문제를 들여다보면 2025년이면 노인 인구가 1천만 명을 돌파하는 것으로 예측되고 있다. 우리도 본격적으로 초고령 사회를 맞이하는 것이다. 초고령 사회는 65세 이상의 고령 인구가 총인구에서 20퍼센트 이상을 점하는 사회를 지칭하는데, 평균 수명은 늘어나는 것에 비해 출생률은 낮아지는 사회에서는 결코 피할 수 없는 현상이다. 인구 문제의 총체적 난국이 전개되는 가운데 이제 "늙어가는 국가"라는 현실에 직면한 국가와 사회공동체로서는 현명한 자세로 시급히 대책을 강구해야 될 상황이다.

지금의 우리 사회는 지극히 어려운 과제를 풀어야 될 현실 하에서 막막한 심정으로 초고령 사회로의 진입을 두려워한다. 저출산 심화에 더해져 노인 인구가 급속히 증가할수록 생산성과 경제활동에 필히 요구되는 동력은 급감하고 이에 수반하여 젊은 세대의 부양 의무는 점차 가중될 것이라는 불안감이 모두의 뇌리를 지배하는 탓이다. 인구 고령화 해결을 위한 정부의 관련 예산은 저출산 대응과 맞물려 천문학적인 수치를 기록 중이지만 큰 결실을 맺지 못하는 실정이다. 투입 대비 산출의 효과가 대단히 미흡한 실태임을 고려해 경제적인 측면에서 새로운 접근 방식으로의 전환이 절실하다.

그럼에도 "하늘이 무너져도 솟아날 구멍이 있다."는 우리 속담처럼 다행히도 눈앞의 초고령 사회를 적시에 준비하고 슬기롭게 맞이할 수 있는 적절한 공간이 나온다. 바로 고령친화 산업senior-friendly industry에서 찾을 수 있다. 근래 들어 본격적으로 주목받게 된 이 산업은 노년층을 대상으로 그들의 복지 향상을 위하여 상품과 서비스를 제공하는 산업을 가리킨다. 아울러 여기에 수반되는 기술을 "고령친화 기술senior-friendly technology"이라 부른다. 고령친화 산업은 노인에게 특화된 산업으로서 과거와는 달리 규모의 확대 추세 속에서 시장성이 검증되었기에 다양한 분야의 기업들이 속속 참여하는 수준까지 도달했다.

실제 사례로 국내 주요 통신사는 가정용 AI 스피커를 활용, 지방자치단체 및 기관과 연계하여 고령화 시대 독거노인의 일상 편의를 지원하는 '노인돌봄서비스'를 제공 중이다. 이 서비스는 사용자로 하여금 스피커를 통해 노래 청취, 대화 등이 가능토록 기본 기능을 수행함은 물론 긴급 상황 발생 시 구조를 요청할 수 있음에 따라 새로운 사회안전망으로서의 역할까지 담당한다. 이러한 서비스는 대기업이 참여하는 고령친화산업의 단면으로서 사회공헌 차원에서도 높은 평가를 받는다. 이처럼 '노인돌봄서비스'가 새로운 시장을 만들면서 기업의 참여를 촉진하는 선순환의 과정에 진입했다고 할 수 있다.

이미 일정 부분 생태계가 구축된 고령친화 산업은 기계, 전자, 의료, 금융, 건설, 관광, 농업, 식품 등 다양한 산업군을 포함하고 있으며, 현재 급속도로 범위를 확장 중이다. 고령친화 산업 진흥법 제2조 1항에서는 고령친화제품 및 서비스에 대해 다음과 같이 규정하고 있다. [160)]

가. 노인이 주로 사용하거나 착용하는 용구, 용품 또는 의료기기

나. 노인이 주로 거주 또는 이용하는 주택과 그 밖의 시설

다. 노인요양 서비스

라. 노인을 위한 금융·자산관리 서비스

마. 노인을 위한 정보기기 및 서비스

바. 노인을 위한 여가·관광·문화 또는 건강지원서비스

사. 노인에게 적합한 농업용품 또는 영농지원서비스

아. 그 밖에 노인을 대상으로 개발되는 제품 또는 서비스로 대통령령이 정하는 것

고령친화 기술은 노인세대를 위한 돌봄, 안전과 삶의 질 수준 향상 등을 주목적으로 삼으면서 노인층에게 적합토록 적용된 기술로서 "실버테크silver tech", "에이징테크aging tech", "제론테크geron tech" 등으로도 호칭된다. 각기 실버세대, 노화, 노인학을 기술과 합성한 것이며 노인들이 독립적인 상태에서도 건강

---

160) 법제처, 국가법령정보센터.

하고 안전하며 편안하게 삶을 영위토록 돕는 기술로 도입되는 중이다.

이 기술은 고령자로 하여금 타인의 직접적인 도움이 없이도 자립 생활이 가능토록 돕는 데 주안점을 둔다. 근래의 적용 사례로는 스마트홈, 고령친화 식품, 디지털 헬스케어, 운동과 재활 서비스, 이동과 활동용 보조기기, 정서 지원을 위한 소셜 로봇, 노인성 질환 측정 및 진단기기 등이 해당되며 급증하는 수요에 따라 아이템이점차 확대되고 있다. 여기에서 축적되는 기술과 노하우를 통해 수익과 일자리 창출, 노인돌봄 인력 부족 대응이 가능해지면 경제적, 사회적으로 큰 효과를 얻을 수 있게 된다.

노인층을 대상으로 확대일로를 걷는 전 세계의 실버시장은 반도체 시장 규모의 30배 수준으로 조사되고 있을 만큼 광대하다. 기업으로서는 위기를 기회로 바꿔 새로운 사업기회를 창출할 수 있는 블루오션인 것이다. 빠르게 진화하는 기술이 노년의 삶을 편안하고 풍요롭게 해주면서 동시에 관련 기술과 산업을 통해 젊은이의 일자리를 창출한다는 차원에서 고령친화 산업은 미래의 성장을 담보해주는 엔진이자 우리에게 새로운 희망의 존재이다.

고령세대의 행복한 삶, 인구 고령화에 따른 산학의 협력 문제를 학술적으로 연구하기 위해 설립된 경희대학교 고령친화융합센터는 "고령친화 산업이 2020년 72조 원에서 2030년 168조 원까지 시장 규모가 커질 것"으로 예측하고 일자리 창출 효과로는 "투자 10억 원당 고용 창출 인원이 11.4명 수준으로 전 산업 평균인 8명을 웃돈다."[161]는 분석을 내놓았다. 이는 고령친화산업이 투입 대비 산출 효과가 대단히 큰 산업임을 입증하는 것이다.

이처럼 고령친화 산업의 결과에 따른 직접적인 수혜자는 노년층, 고령자이지만 해당 기술을 개발하고 서비스하는 당사자는 분명히 청년세대인 만큼 산업의 진행과 성장에 따라 청년층의 일자리가 대폭 늘어날 수 있다. 즉 수요와 공급 측면에서 본다면 상호 이해관계가 제대로 맞아 떨어지기 때문에 세대 간의 화합에도 긍정적인 기여가 가능하다. 노인층의 복지와 청년층의 취업이 동시에 이뤄지는 일석이조의 효과가 기대되는 상황이다.

과거와 달리 기초과학 분야의 연구에 기능이 맞춰진 국책연구기관들도 자체 연구성과를 외부에 이전, 사업화를 지원하는 추세를 보인다. 이 가운데 한국전자통신연구원ETRI은 박강호 박사 주도로 세계 최초로 음장音場센서를 활용한 '침입 및 화재 감지 시스템SOFIS'을 개발한 이후 기업에 이전하여 상품화를 성공시켰다. 이 시스템은 사용자의 프라이버시는 철저히 보호되면서 거동을 감지하는 기능을 십분 발휘하며 노인세대 거주 임대주택과 여성 1인 가구 같은 안전 취약계층 거주지를 상대로 보급, 설치되었다.

이 시스템의 상품화 및 마케팅 주관 업체인 주식회사 시큐윅

---

161)　이다비, "노인 많아지는 사회, 이제 고령친화 산업이 새 성장동력 될 것", 조선비즈, 2022.9.30.

스는 개발전문 엔지니어 위주로 20여 명에 이르는 청년층 고용을 창출할 수 있었다. 이 회사 박기성 대표의 "원석은 눈에 안 띄지만 가까운 곳에 있다. 잘 찾아서 갈고 다듬자."라는 지론에 따라 회사는 소재지인 대전 지역 대학 출신을 우대, 채용함으로써 '지방에서의 산학 협력'이라는 모범적인 사례를 만들었다. 안전약자를 위한 기술 개발에 따른 직원들의 긍지와 자부심도 회사의 큰 힘이 되고 있다.

대기업도 잠재성과 확장성이 높은 고령친화 산업에 눈을 돌리는 가운데 삼성전자는 2023년부터 보조기구 로봇을 중심으로 시니어케어용 로봇 등 다양한 제품군을 선보이고 있다. 아울러 "치매"로 불리는 뇌인지저하증 치료와 관련된 기술의 스마트폰 탑재를 구상하는 한편 노인 대상으로 적용 가능한 의료기술 개발을 위해 외부연구 기관에 대한 지원을 강화하는 중이다.

원래 '치매'는 '어리석을 치痴'와 '어리석을 매呆'를 써서 일본식으로 표현한 용어로서 질병의 특성을 왜곡하고 부정적인 의미를 담는다. 때문에 환자 가족에게 수치심을 안기는 결과를 초래하는 것인 만큼 국회에서 법률안 개정 및 용어 변경이 추진되는 단계이다. 이미 일본과 대만, 홍콩은 각기 인지증認知症, 실지증失智症, 뇌퇴화증腦退化症 등으로 완곡하게 표기하고 있다.

삼성까지 참여한 로봇산업과 관련해서는 현대차그룹이 미국의 로봇 전문업체 보스턴 다이나믹스를 인수하고 본격적으로 뛰어들 만큼 재계에서 미래의 블루칩으로 각광받고 있다. 중소

기업이나 스타트업도 기존의 요식업용 로봇은 물론 부족한 요양시설 근무자를 보완, 대체할 요양용 로봇과 근력보완 로봇 등의 개발에 열을 올리는 상황이다.

윤석열 정부의 국정과제에 인공지능을 기반으로 사물인터넷과 로봇을 결합한 '돌봄기술 개발 지원'이 포함될 정도로 로봇은 노인세대를 겨냥해 수요가 급격히 늘어나는 분야이며 정부의 관심도 지대하다. 이미 국내 기술진은 수년 전부터 노인환자를 위한 욕창 예방, 배설 보조, 식사 보조 등의 기능을 수행하는 로봇기술 연구를 진행 중이다. 요양보호사, 간병인의 부족 사태를 보완하고 이들의 현장 근무 시 애로를 해결할 수 있는 기술로서 기대를 받고 있다.

보조기구로서의 로봇이 노인의 육체적 노화로 인한 근력 보완에 초점이 맞춰졌다면 소셜로봇, 반려로봇은 노인의 정서 문제를 돕는 데 목적을 둔다. 전국 다수의 자치단체가 관내 노인들을 위해 '노인맞춤돌봄 서비스'의 일환으로 다양한 모델과 방식의 반려로봇을 보급 중이다. 이미 상당수 노인가정과 경로당에 설치되어 실효성을 여실히 입증하는 상황이다.

이 가운데 '효돌이'는 어린아이 모습의 인형로봇이며 사용 노인에게 정기적으로 기분을 물어보고 대답을 녹취, 텍스트로 변화시킨 후 인공지능 분석을 통해 모니터링을 실시한다. 아울러 사용 노인을 상대로 기상과 취침, 식사 및 복약 시간 같은 일과를 알려주는 기능 이외에 주기적으로 말을 걸어 외로움을 덜어주는 역할까지 수행한다. 독거노인을 위한 보호자로서의 기능이 제대로 발휘되면서 '제2의 자녀', '제2의 손자손녀'로서 각광을 받고 있다.

2003년 로봇의 일상 활용가치를 예견했던 미래학자 배일한은 로봇의 개발 및 활용과 관련하여 무릎을 탁 치게 하는 혁신적인 접근법으로 아이디어를 냈다. 한자 '효孝'를 이루는 부수인 '아들 자子' 대신에 '안석 궤几'를 써서 새로운 한자인 '로봇 로'로 만들고 이것을 한국 로봇계의 지향점으로 삼자는 제안이다. 이제 아들이 노인을 떠받치는 것으로 현대사회의 노인 돌봄을 이해해서는 안 되며, 향후 자식 대신 로봇이 늙은 부모를 돌보게 하자[162]는 것이다. 이는 로봇을 통한 효도로서 효행의 새로운 방식이라 할 수 있다. 인구고령화 시대 속에서 기술이 개입되는 효도가 불러올 혁명이 기대된다.

2절. 노인과 일자리

기업이 고유의 활동 영역이자 방식인 비즈니스를 통해 사회공동체에 고무적이고 긍정적인 영향을 끼치는 '임팩트 이코노미 impact economy'가 경제계에서 대두되고 있다. 이 개념은 기업 활동의 결과가 자사의 이익 추구나 단순한 사회적인 책임을 넘어 일자리 창출, 지역경제 활성화 같은 새로운 경제적 가치를 만

---

162) 신희선, "나 죽으면 효돌이 어쩌…로봇에 마음 뺏긴 어르신들", 한겨레신문, 2022. 1. 29.

들어냄으로써 사회문제 해결에 기여함은 물론 공동체의 지속가능한 성장을 도모하는 차원으로 진행되는 것을 의미한다.

민간기업과 공기업 모두 최근에 '임팩트 이코노미'의 중요성을 인식하고 지역사회 연계 및 노인 배려 공익사업에 나서는 상황이다. 당장의 수익 차원을 넘어 선순환을 통한 새로운 시장의 개척이자 소비자 친화적인 행보로서 기업의 이미지 제고에도 큰 역할을 할 수 있는 방식이다.

다양한 사례 가운데 눈에 띄는 몇 가지를 살펴보겠다. 한국전력 산하 발전자회사 가운데 일부는 본사 소재 지역 노인들에게 일자리를 마련해주면서 폐건전지 수거 및 자원 재활용 인식 제고 캠페인을 맡겼다. 일자리 창출과 더불어 환경에 대해 새롭게 접근하는 일석이조의 효과를 기대한 조치이다. 굴지의 식품회사는 지역 농수산 특산물을 활용한 상품 개발에 나섰으며 특산물 홍보와 판촉까지 맡아주는 방식으로 접근하고 있다. 유수의 통신사는 지역 경제 활성화에 핵심적인 역할을 하는 관광자원 발굴과 홍보를 해주면서 지역밀착형 행보를 보인다. 전국적으로 '지방소멸의 시대'에 직면한 상황하에서 농어촌지역의 현실적 취약점, 시급한 상황을 보완해주는 조치로 평가된다.

효도의 측면에서 볼 때 가장 중요하고 시급한 것은 노인층의 일자리 문제이다. 다행히도 우리 사회의 일자리 창출은 노인층과 장애인 등 사회적 약자 보호 및 지원 차원에서 이미 사회적 합의가 이뤄져 있고 정부 주도의 공공부문과 공익단체 성격의 민간부문에서 행해진다. 노인층 대상이기에 일자리의 수요와 공급이 청년층과는 성격을 달리하고 겹치지 않는 만큼 시장 질서를 교란시킬 가능성도 현저하게 낮은 편이다.

우리나라가 고령화 시대로 접어들면서 스스로가 아직은 젊다고 느끼며 근로 의욕을 가진 젊은 노인층이 대거 등장하고 있다. 의학의 급속한 발달과 영양상태의 획기적 개선 등 요인으로 인해 향후 국민의 평균 수명은 더욱 늘어날 것으로 예측되는 가운데 상당수 젊은 노인층은 일에 대한 의욕과 일에 필요한 능력, 경력, 학력을 갖췄음에도 불구하고 일할 기회를 잡지 못한 채 은퇴 이후 30~40년의 기간을 무직 상태로 소일하는 실정이다. 때문에 생계 차원은 물론 정서적인 측면에서도 이들의 삶은 무위도식의 자괴감 속에서 심각할 정도로 취약성을 보인다.

이에 따라 중앙정부와 지방 자치단체는 노인복지법의 "노인 사회참여 지원", "노인 일자리 전담 기관의 설치, 운영", 저출산 고령사회기본법의 "고용과 소득 보장" 조문 등 관련 법률에 의거하여 노인 일자리 사업을 추진하는 상황이다. 사업의 운영 주체는 정부, 지방 자치단체이며 이외에 노인 인력 운영센터, 민간사업 수행기관 등 다양한 단체와 기관이 위탁 형식으로 업무를 수행 중이다.

노인 일자리 사업은 스스로 일하기를 희망하는 65세 이상 노인을 대상으로 맞춤형 일자리를 제공함으로써 소득 창출 및 사회 기여의 기회를 마련해주는 제도이다. 당사자인 노인으로서는 부족한 소득의 보완 및 보충, 건강관리와 증진, 사회 참여를 통한 자신감의 회복 효과를 얻을 수 있고 공공성의 측면으로는 노인문제의 예방과 감소, 의료비로 대표되는 사회적 비용의 절감 효과를 기대할 수 있다.

다만, 노인인구의 특성이 학력, 경력, 소득, 가치관, 건강 상태, 거주 지역, 가족 구성 실태 등의 차이에 의해 다양화되는 가운데 베이비부머 세대의 급격한 유입까지 진행되는 상황이 전개되는 것도 변수로 작용한다. 새로운 노인세대 사이에서 중장기적으로 안정된 고용과 일의 성격에 따른 적절한 보수를 전제로 하는 양질의 일자리 욕구가 지속적으로 증가 중이기 때문에 기존의 노인 일자리 사업도 궤도 수정을 요구받고 있다.

특히, 65세 이하의 젊은 노인들은 은퇴 이후 몇 년 동안 연금 절벽을 마주하게 된다. 직장의 정년과 연금 수급 개시까지 공백 기간이 존재하기 때문이다. 이들은 당장에 공공성을 가진 노인 일자리 사업의 적용 대상이 아니기에 더욱 막막한 실정이다. 자녀를 출가시키고 소득 부족을 보완하기 위해 주택연금을 신청할 수 있는 사람은 그래도 행운아이다. 경제 성장기에 노후 대비를 못한 채 자식 교육에 모든 것을 쏟아붓고 내 집 마련에도 실패한 경우, 늦은 혼인과 출산으로 인해 어린 자녀를 둔 경우, 미혼의 독거 상태인 경우 등 다양한 상황에서 경제적인 어려움이 이들을 막아선다. 일부 민간형 노인 일자리 사업의 대상자로서 혜택을 보기도 하지만 이는 한계가 있다.

노인은 사전적 정의로는 "나이가 들어 늙은 사람"[163]이다. 그러나 오늘의 현실에서 노인은 단순히 숫자상으로 나이가 들고 육체적인 힘이 저하되어 그 존재 가치가 하락한 사람을 의미하

---

163) 국립국어원, 『표준국어대사전』

는 것이 아니다. 오히려 노인이 평생을 통해 직접 체득하고 장기간 축적한 지혜와 지식을 사회와 공동체를 위해 활용할 경우 재물이 계속 나오는 보물단지인 화수분貨水盆처럼 영원성을 갖는다.

인류가 지식사회로 진입한 이후 과거의 경험과 능력이 활용 불가능한 것으로 치부되는 것이 일반적이지만 세상사의 섭리는 결코 과거를 무용지물로만 인식할 수 없게 만든다. 세상을 지배하는 대다수 고등종교는 모두 수 천 년 전에 탄생했던 과거 정신의 산물이며 오늘날의 첨단과학과 기술 또한 수 천 년 전에 태동했던 기초과학과 이론의 결과물인 것이다.

이는 인간에게도 적용된다. 오랜 세월을 살아온 사람만이 우리 사회에서 진정으로 필요한 것은 어떤 것인지, 또한 필요치 않은 것이 무엇인지를 알고 이를 지적해줄 수 있는 통찰력을 발휘한다. 이들이 가진 경험치의 축적과 적용은 과거에 벌어진 시행착오가 다음 세대에서 반복, 재발되는 것을 막을 수 있다. 때문에 우리 사회 일각에서 노인을 "지혜로운 사람"이라는 의미의 혜인慧人, "앞선 세대로서 공동체 발전에 앞장서는 사람"이라는 뜻의 선배시민 등으로 호칭하기도 한다.

미국의 심리학자 레이몬드 카텔Raymond Cattell의 연구와 논리에 의하면 인간에게는 2대 지능이 있는데 이 가운데 하나는 기억 중심의 유동지능流動知能이며 다른 하나는 경험 위주의 결정지능結晶知能이다. 유동지능은 연산이나 기억력 같은 생래적인 것으로서 피교육자 신분인 청년 시절에 최고조로 활성화되는 특성을 갖는다. 이에 비해 결정지능은 훈련과 경험 등 사회경력이 풍부한 노인시기에 강화되는 특성을 보인다. 결정지능은 의사 결정 혹은 문제 해결에 도움을 준다.

그 단적인 사례를 영화에서 찾을 수 있다. 2015년 개봉되었던 미국 영화 '인턴'에서 70세의 시니어 인턴 '벤'로버트 드니로扮이 고군분투하던 30세 여성 CEO인 '줄스' 앤 헤서웨이扮에게 멘토로서의 역할을 톡톡히 한 것은 노인의 풍부한 경험과 적절한 조언이 조직과 공동체에서 얼마나 중요한지를 여실하게 보여준다. 주인공 '줄스'가 여성 경영인이자 주부로서 다양한 어려움을 겪는 와중에 아버지뻘 되는 인턴 '벤'의 등장은 갈등의 시작일 수 있었지만 상사와 부하의 관계를 떠나 인간 대 인간으로서 이해와 존중을 거치며 결국 해피엔딩으로 마무리된다.

극 중에서 인턴 '벤'은 상사인 '줄스'에게 "당신이 성취한 것들에 대해서 자부심 이외에는 느낄 필요가 없어요. 그리고 이것을 다른 사람이 당신에게서 빼앗아 간다면 나는 정말 싫을 것 같아요."라며 진술한 소감과 조언을 통해 기운을 북돋아주고 있다. 한편 그는 스스로에 대해 "나는 70세의 인턴입니다. 평범한 인턴은 아니지만 내가 가진 독특한 능력들을 충분히 발휘할 수 있어요."라며 강한 자부심과 자신감을 피력한다.

비록 영화의 스토리로서 허구성을 가졌지만 인턴 '벤'이 동료들에게 "경험은 결코 늙지 않는다."라고 언급하거나 "살아있는 느낌을 주는 일을 쫓아가라"고 당부하는 것은 젊은이는 물론 노인에게도 시사하는 바가 대단히 크다. 노인의 경험과 지혜를 제대로 활용하여 자신이 생생하게 살아있음을 자각토록 하는 것이야말로 오늘의 노인정책이 나갈 길이다.

오랜 기간에 걸친 경험의 축적은 노인 자신과 노인이 속한 사회공동체의 귀중한 자산이다. 중국 속담에 "집안에 노인이 있는 것은 보물 하나가 있는 것과 같다.家有一老, 如有一寶."는 것이 있고 한비자에는 "늙은 말이 길을 안다."는 뜻의 노마식도老馬識途, "늙은 말의 지혜"를 뜻하는 노마지지老馬之智[164]라는 고사성어가 등장한다. 노인이 오랜 반복과 숙달을 통해 지득, 체화시킨 노하우를 바탕으로 사회를 안내하는 역할을 수행할 수 있다면 위기 징조의 발견과 대응이 가능해진다. 이는 노장청老壯靑 세대가 활력과 지혜의 융합을 통해 함께 만들어가는 세상에서 큰 힘으로 작용될 것이다.

노인을 사회로 이끄는 가장 좋은 방식이자 방향은 일자리를 만들어주는 것이다. 이는 최상의 복지이다. 자원부국이라 불리는 일부 국가가 에너지와 광물자원을 무기로 경제의 주도권을 쥐는 무한경쟁의 과정에서 수시로 곤경에 처하게 되는 우리로서는 자원빈국으로서 오로지 인적자원에 의지할 수밖에 없는 상황에서 벗어나질 못한다. 때문에 가용한 모든 인적자원을 총동원하는 것만이 우리의 유일한 선택지이다.

산업의 일선에서 활동 중인 청년과 중년 외에 노인들도 대열에 합류하여 멘토로서, 선배로서, 동료로서, 필요할 경우 후배로서의 역할도 수행할 수 있도록 기회를 부여하는 것이 필요하다. 정부나 공동 분야에서의 노인 일자리 사업이 가장 중요하지만 예산과 형평성 등을 고려할 때 분명히 한계가 존재하는

---

164) 『韓非子』「說林」

만큼 기업의 역할이 강화되어야 한다.

이웃 국가인 일본의 경우 초고령사회로 진입한 이후 산업인력의 부족이라는 현실적인 이유로 임금을 삭감하지 않은 채 정년을 연장하는 등 고령의 근로자들이 의욕을 갖고 계속 일을 할 수 있는 환경을 만드는 기업이 증가세를 보인다. 일본의 이러한 움직임은 노동시장의 변화에서 비롯된다. 저출산 및 고령화와 더불어 1990년대 전후의 '버블경제' 당시 기업들은 경제 호황으로 인해 인력을 대규모로 채용했고 이들이 60세가 되면서 정년을 맞아 퇴직하는 시점에 도달하였고 결국 인력 부족에 대한 우려가 높아지는 상황이다. 일본 전문연구기관의 연구결과에 따르면 2040년을 기준으로 약 1100만 명의 인력이 부족할 것으로 나타나고 있다.

우리보다 먼저 인구고령화의 길을 걸어간 일본의 사례와 경험을 벤치마킹하고 이를 우리나라의 사정에 맞도록 변용시킬 필요가 있다. 아울러 민과 관이 머리를 맞대고 노인세대의 건강과 능력, 경력, 학력에 맞는 맞춤형 일자리를 지속적으로 개발, 창출해야 한다. 우리 속담에 "백지장도 맞들면 낫다.", "열의 한 술 밥이 한 그릇 푼푼하다."라는 것이 있다. 모두가 힘을 합해 오늘의 어려움을 극복하고 미래로 향해야 할 시점에서 노인세대의 머리와 손은 무엇보다 귀한 자산인 만큼 노인 일자리는 시급히 해결해야 될 우리 모두의 과제이다.

3장

가족친화 경영

1절. 가족친화인증과 상생

성경에는 "네 집 안방에 있는 네 아내는 결실한 포도나무 같으며, 네 식탁에 둘러앉은 자식들은 어린 감람나무 같으리로다."[165]라는 구절이 있다. 아내는 가족을 구성하는 핵심으로서 수확기에 풍성한 열매를 맺어주는 존재이다. 한편 식탁에서 마주하는 아이들로 비유된 감람나무는 초창기 한글 성경 번역과정에서 생소한 식물이기에 이 표기가 사용되었으나 원래는 올리브나무를 지칭한다. 올리브나무는 성장에만 15년이 소요되지만 수명은 1000년에 달하는 식물이다. 그만큼 생명력이 강하다고 할 수 있다.

이 나무는 다 자라면 열매를 맺으며 매년 평균 0.5톤에 달하는 수확을 안겨준다. 열매는 위 성경 구절에 등장하는 유대인

---

165) 『성경』 시편, 128:3

들에게 있어 매우 유용한 존재로서 일상에서 요리는 물론 가구 제작, 가정 조명 등 광범위하게 활용된다. 올리브나무에 비유된 아이들은 양육과 성장 과정에서 장기간의 시간이 소요되고 정성이 필요한 존재이지만 성장 이후에는 가정에서나 사회에서 자신의 몫을 충분히 해낸다. 이처럼 안방과 식탁의 정경은 가정에서 부모의 역할과 자식의 존재 가치를 상징적으로 보여준다.

가족은 사전적 의미로는 "어버이와 자식, 부부 등의 관계로 맺어져 생활을 함께 하는 집단, 부부를 기초로 하여 한 집안을 이루는 사람들"[166]로 풀이된다. 일상에서 가족은 구성원에게 보호와 휴식을 제공하며 아울러 삶의 현장으로 뛰어드는 자식에게 살아가는 이유와 방법을 가르쳐준다. 자식이 세상으로 나가기 전, 그리고 세상으로 나간 이후에도 지속적으로 사회화 과정을 담당함은 물론 지치고 힘들 때 사랑으로써 보듬고 위로를 아끼지 않는다. 이처럼 세상에 태어난 아이들에게 부모와 가정은 제1의 안전망으로 작용한다.

가족관계에서 구성원들은 상처를 입고 치유되는 반복 과정을 통해 상처에 단련되는 법, 가치 배분에 참여하는 법, 불분명한 소유 개념에 따른 양보와 박탈의 혼돈 등 학교의 교육 과정과는 다른 많은 것들을 배운다. 가족의 기능 가운데 놀라운 점은 바로 이런 일들을 겪으면서 치유와 회복의 과정을 거친다는

---

166) 민중서림, 『국어대사전』

것이다.[167] 이는 가정과 가족이 생생한 교육의 장이며 일상에서의 스승임을 알려준다.

인간은 먼 과거로부터 현재까지 집단생활 방식을 통해 사회적인 존재로 살아왔다. 인간이 구성한 집단 가운데 가족은 가장 기초적인 단위이다. 그 이유를 들자면 첫째, 동서고금을 막론하고 혈연을 기초로 삼는 가족이라는 집단이 존재해왔고 나아가 사회와 국가를 지탱하는 구실을 했다는 사실이다. 둘째, 가족 구성원의 인간관계가 다른 집단보다 끈끈하고 긴밀하다는 점이다. 가족이라는 존재가 없이는 인간사회가 정상적으로 존속하거나 발전하기 어렵다 해도 과언이 아닐 만큼 가족은 매우 중요한 의미를 갖는 집단이다.

과거의 경우, 할아버지 또는 아버지로 대표되는 가부장이 가정 내에서 절대적인 권위를 갖고 가족 구성원의 관계가 수직적인 측면을 보였던 것이 사실이다. 그러나 윗사람이 권위와 힘을 통해 아랫사람을 누르고 지배하는 고루한 행태는 전통에서 지향하던 가족윤리의 근본정신과 상당한 차이가 난다. 오히려 전통사회의 이상적인 가족윤리는 윗사람이 아랫사람을 애정으로 감싸고 가르침으로써 따르게 하며 아랫사람은 존경의 마음으로 윗사람을 따르고 배움으로써 가족의 화합과 질서를 유지하는 것이었다.

선현의 "자식이 효도하면 부모가 즐거워하시고 집안이 평화롭고 화목하면 밖에 나가서 하는 모든 일들이 좋게 잘 이루어

---

167) 류한근, "효 교육의 체계론적 접근", 『효학연구』 제8호, 2008. 12, 109.

진다."[168]는 가르침은 부모와 자식 간 인륜과 질서의 가동으로 인해 평화와 화목의 관계가 형성되는 것이 가정에서 가장 먼저 이고 중요하다는 점을 강조하고 있다. 불경에서는 "가정에서 부모를 공경하고 우애 있는 사람은 나가서도 스승과 어른을 공경한다."[169]라는 가르침을 통해 가정 구성원으로서 자식이 부모를 대하는 자세의 필요성과 이에 따른 기대효과의 선순환을 시사한다.

부모 입장에서는 자식을 낳아 키우고 교육시키는 과정에서 자신을 희생하는 경우가 많기에 무척 힘들고 고통스러울 수 있다. 그럼에도 우리 선대는 자식을 가정의 희망으로 인식하여 소중하게 키우고 자식농사를 최고의 농사로 여겼다. 지금의 세대에게는 대단히 낯선 '우골탑牛骨塔'이라는 말은 1960-1970년대 농촌에서 가장 큰 재산인 소를 팔아 자식 대학 등록금을 대주던 당시 상황을 적나라하게 표현하는 것이다.

부모가 소를 팔아 마련한 돈 덕분에 대학을 다닌 대다수 자식들은 사회로 나가 가문을 일으켰고 동생들을 뒷바라지하였다. 이는 가정 내에서 "내리사랑과 올리효도"가 이뤄진 전형적인 한국의 모습이었다. 드러나는 방식이 과거와는 많이 다르지만 지금도 가족 간 유대와 사랑의 참뜻은 여전히 유효하다. 이처럼 부모의 희생, 그리고 이에 대한 자식의 긍정적인 수용과 보은은 우리 사회를 굳건히 지탱하는 바탕이다.

168) 『明心寶鑑』「治家篇」, "子孝雙親樂, 家和萬事成"
169) 『부모은중경』

기업경영에서 이처럼 중요한 가족의 가치를 인정하고 정부도 관련 조치를 구체적으로 취한 것이 '가족친화인증' 제도이다. '가족친화 사회환경의 조성 촉진에 관한 법률'에 의거한 이 제도는 조문의 '제1조'처럼 "국민의 삶의 질 향상과 국가사회의 발전에 이바지함"[170]을 목적으로 가족친화제도를 모범적으로 운영하는 기업 및 공공기관, 지방자치단체에 대하여 심사를 통해 인증을 부여한다. 이는 근로자와 기업 및 단체, 그리고 사회가 상생을 도모하는 경영전략인 것이다.

해당 기업이나 단체로서는 대외 이미지 개선, 우수인력의 채용 및 확보, 결근율과 이직률 감소, 근로자의 사기와 직무몰입 증가, 생산성 증대 같은 효과를 볼 수 있다. 근로자 입장에서는 삶의 질 향상, 직무만족도 증가, 경력 개발, 가족생활 만족도 증가, 스트레스 감소 등의 효과를 얻는다. 사회적 측면으로는 가족친화적인 사회 환경 조성, 취업률과 잠재노동력의 이용률 증가, 저출산 및 고령화 해소에 따른 국가경쟁력 강화의 효과를 기대한다.

이 제도를 시행하는 기업에는 금융, 출입국 편의 등 다양한 인센티브가 부여되고 당사자인 근로자로서는 일과 가정의 양립이 가능해지며 자기 개발에도 눈을 돌릴 수 있어 호응이 매우 높다. 특히 최근 들어 워라밸, 즉 '일과 삶의 균형' 유지가 직장인들의 생활에서 중요한 요소로 등장한 가운데 경제활동으로서의 기본적인 근로 보장 외에도 개인적인 생활을 향유하는

---

170)　법제처, 국가법령정보.

시간을 확보할 수 있다면 삶의 질 향상이 가능해진다.

이를 구현키 위해서는 근로자 본인은 물론 소속 기업의 가족친화경영을 위한 실천도 매우 중요하다. 가족친화인증 신청에 앞서 필요한 '기업의 자가진단' 항목에는 신청 가능한 기준이 명확하게 나온다. 구체적으로 "최고 경영층이 이 사업에 관심과 의지가 있는가", "관련 프로그램에 참여하거나 전담 인력을 보유 중인가", "남녀 근로자의 육아휴직 이용률과 휴직 후 복귀율", "출산휴가와 유연근무제 시행 여부", "직원 만족도", "남녀 고용 평등 우수기업 선정 여부", "여성 임원 비율" 등이 있다.

이 제도는 "안정된 심리를 바탕으로 자신의 삶을 사랑하는 것이 가장 중요하다."는 철학을 기반으로 한다. 인증을 받은 일부 기업이 요즘 세상에 흔치 않은 부모님 모시고 살기 같은 경우에도 수당으로 보상해주는 것은 직장 구성원의 심리적 상황은 물론 경제적 상황까지 고려한 조치로서 제도의 취지에 부합된다. 자기 개발을 통한 성장, 행복한 가족의 구성과 유지는 부모가 자식에게 가장 바라는 모습이기에 의도하지 않더라도 효행이 되는 것이다.

아직까지도 유교적 전통이 남아 있는 아시아권 국가로 시각을 넓혀보면 가족을 강조하는 경영모델을 발견할 수 있다. 중국의 기업 가운데 구더전자固鍀電子는 가족친화경영의 대표적인 성공사례로 꼽힌다. 전자부품과 통신설비, 자동차용 전자장비, 산업설비, 의료기기 등을 제조하는 이 업체는 영문명을 "좋은 방주方舟"라는 의미의 'GOOD-ARK'로 표기하는데, 이는 회사라는 방주에 탑승한 모든 구성원이 행복을 향유하는 것을 경영의 지상목표로 삼았기에 나온 것이다.

구더전자 창업자이자 명예회장인 우녠보吳念博는 "행복한 경영"을 모토로 중국의 전통적 가족문화를 기업경영에 도입하고 기대 이상의 큰 성과를 얻게 되면서 사회적으로 호응을 얻자 국내외 기업과 단체 등을 대상으로 다양한 방식의 강연활동에 나서고 있다. 아울러 직원을 실제의 가족과 같이 대하는 그의 경영방식은 현재 자국 내에서 "구더모델"로 불리며 각계로부터 고도의 평가를 받는 가운데 다른 업체들에 의해 경쟁적으로 벤치마킹되는 상황이다.

그가 지향하는 "행복한 경영"은 직원들이 회사 생활 외에도 가정에서 부모에 대한 효도, 올바른 부부관계와 자녀교육 등을 통해 진정한 행복감을 갖도록 돕는 데 방점을 찍는다. 공동체의 가장 작은 단위인 가정이 잘 유지된다면 조금 더 큰 단위인 직장도 잘 될 수 있고 이러한 것들이 모여 조화롭고 평화로운 사회와 국가로 점차 이어진다는 '동심원同心圓'의 원리인 것이다.

이 회사는 직원을 가족 구성원으로 여기고 입사부터 퇴사까지 이어지는 각 개인 및 가족의 결혼, 출산, 양육, 입학, 퇴직, 질병 등을 총체적으로 지원해준다. 이를 위해 조직 내에 전담 부서인 행복기업업무부를 설치하였다. 특히 "직원의 부모도 회사의 중요한 배려 대상"이라는 창업자 철학에 따라 모든 직원에게 효도비용을 지급하고 부모님과 수시로 소통할 수 있도록 효친전화카페를 무료로 운영하는가 하면 매년 일정 시간 이상의 공자사상 같은 전통문화 교육 과정을 이수토록 조치하는 방식으로 인해 직장 내에서 효도를 중시하는 문화가 활성화되었다.

각 생산부서도 '효친부孝親部', '충신부忠信部', '충의부忠義部', '애심부愛心部', '예경부禮敬部', '화신부和信部', '인지부仁智部'라는 식으로 명명할 정도로 자국의 전통사상을 매우 중시한다.[171] 직원들이 올바른 정신과 자세로 단단히 무장해야만 생산과정에서 불량률이 낮아지고 생산성 또한 높아진다는 경영상 판단이 선행되었기 때문이다. 이 회사는 중국 내 반도체 다이오드 분야에서 독보적인 1위를 기록 중이며 주요 제품이 소니, 도요타, 혼다 등 세계적 전자 및 자동차 메이커에 납품됨으로써 경영의 성과를 보여주고 있다.

지금도 '가족문화를 기반으로 한 경영'의 확산을 위해 지속적으로 관련 조치를 전개 중인 우녠보 명예회장은 "직원은 입사를 함으로써 가족이 되기 때문에 무슨 일이 있어도 보호해야 된다."는 생각을 갖고 있기에 회사 실적 여부에 따라 해고가 이뤄지는 것을 용납하지 않는다. 가정이 아무리 어렵다고 해도 부모는 결코 자식을 버릴 수도 없고, 버려서도 안 되는 것과 동일한 맥락이라는 지론이다.

때문에 구더전자는 1990년 창업 이후 성장을 거듭하는 과정에서 국제금융위기, 코로나-19 팬데믹 등 격동의 세월을 겪으면서도 다른 제조업체들과는 달리 직원을 경영상의 이유로 해

---

171) 鄧麗君·呂月華, "吳念博: 以德固本澤千秋, 因愛生慧福萬家", 『中華英才』半月刊 2022.11.29.

고하지 않아 사회로부터 높은 평가를 받는다. 가족친화의 개념을 직장과 경영에 적용하고 확실한 성과를 통해 입증된 평생고용의 모범적인 사례인 것이다.

일본에서도 효도를 기반으로 하는 기업의 사례가 발견된다. 수도권 북부지역을기반으로 체인형 레스토랑을 운영 중인 반도타로阪東太郎는 백년기업을 목표로 "세계에서 가장 행복한 기업이 되겠다."는 선언을 통해 진심 어린 효심과 적극적인 효행을 직원의 의무사항으로 규정함으로써 사회와 소비자로부터 "효도회사"라는 닉네임을 얻었다. 효자와 효녀가 모인 회사로서 영속성을 지향하며 구성원의 행복이 전제되는 회사를 목표로 삼은 결과이다.

경영에서 인류의 기본이라 할 수 있는 효도의 가치를 중시하는 이 회사는 '효도하는 집단'을 지향하며 내부에서 직원이 나갈 방향으로 "부모가 자랑할 수 있는 자녀가 되어야 한다."는 것을 설정해놓고 있다. 회사의 기준에 의하면, 효도라는 것은 당사자인 자녀가 자평하는 것이 아니라 부모의 입장에서 직원 이전의 자녀로서 확실한 효자효녀라고 인정하는 데서 출발한다.

가정에서 부모로부터 효자효녀로 인정받는 직원을 직장에서도 인정하고 대우해주면 당사자는 직무를 수행할 때 동일한 행동패턴을 보이게 되고 결국에는 회사의 경영성과로 이어질 가능성이 높다. 이러한 직원들이 공동체 구성원으로서 모여 상호작용을 하는 과정에서 높은 애사심과 깊은 동료애가 싹트고 고객에 대한 서비스도 제고되는 선순환이 이루어진다.

그래서 이 회사는 동료집단 간 상호 관찰과 배려를 통해 같이 성장하는 공육共育, 경쟁보다는 협조를 통해 가치를 창출하는 공창共創을 지향한다. 결과적으로 직원들로서는 가정에서의 행복한 감정과 경험이 효심과 효행으로 체화된다. 이것이 회사로 옮겨진 이후 자기 만족감과 행복감으로 작용하고 직무수행에 있어서도 긍정적인 영향을 미친다.

반도타로는 직원들의 가족화를 유지하기 위해 다양한 매뉴얼을 갖추었고 정기적인 단합행사를 진행하는데, 막대한 경비 지출과 당일 매장휴업을 불사하고 "가족과 같은 회사"로서의 정체성 확립과 가치 공유를 위해 한 해도 거르지 않고 매년 지속적으로 이어가고 있다. 요식업의 특성상 차별화된 인테리어, 독특한 맛, 합리적 가격이 무엇보다 중요하지만 손님을 부모, 형제자매 같이 대하는 서비스정신도 결코 홀시할 수 없는 만큼 이 업체는 정신과 가치까지 자신들만의 경쟁력으로 삼는 지혜를 발휘한 것이다.

부모와 자녀의 혈연관계에서 나타나듯이 자발적인 희생, 정서의 교환, 그리고 상호 의존이야말로 가족이라는 단어가 주는 가장 큰 매력요소이다. 때문에 이윤추구를 가장 큰 목적으로 삼는 기업에서도 가족경영을 내세우는가 하면 가족마케팅을 도입하는 상황이다. 가족은 인간본성에 내재한 선한 양심을 촉발한다. 이는 기업 내부적으로는 직원들을 공명시켜 결집을 유도하고 외부적으로는 소비자의 눈길을 사로잡는 포인트로서 작용하면서 기업의 성장을 촉진시킨다. 따라서 가족 개념이 경영에 도입될 경우 일거양득의 효과를 거둘 수 있는 것이다.

2절. 직장생활과 효도의 함수관계

현대는 고도의 정보화 사회를 향해 나가고 있으며 AI가 인간의 사고와 행동을 대체할지도 모른다는 불안감마저 잉태되는 상황에 놓였다. 정보화에서 '정情'은 문자학적으로 해석한다면 "마음의 상태"이다. 그러므로 진정한 정보화는 기술의 진보와 더불어 내 마음의 상태를 상대방에게 제대로 전달하는 것이다. 하루가 다를 정도로 급격한 속도의 변화를 보이는 시대를 맞아 공동체생활을 영위하는 인간으로서 갖게 되는 마음의 상태가 가장 잘 드러난 행태를 찾는다면 그것은 바로 서로 간의 사랑과 배려이다.

공자는 유교를 상징하는 인仁에 대해 질문을 받고 "사람을 사랑하는 것이다."[172]라는 정의를 내렸다. 사람에 대한 사랑이야말로 그의 생애를 관통한 키워드인 것이다. 아울러, 평생 실행할 한 가지 말이 무엇인지에 대한 질문에 대해서는 "아마도 용서일 것이다. 자기가 하고 싶지 않은 일을 남에게 강제하지 말아야 한다."[173]고 답하였다. 공감과 관용의 필요성을 중시한 언급이다.

공자의 언급과 관련하여 '어질 인仁'의 한자는 '사람 인人'과 '둘 이二'로 구성되어 있다. 이는 사람이 혼자서는 세상을 살아갈 수 없으며 반드시 다른 사람이 있어야만 된다는 의미이다.

---

172) 『論語』「顏淵」"樊遲問仁, 子曰 愛人."
173) 『論語』「衛靈公編」, "其恕乎. 己所不慾, 勿施於人."

예를 들자면 부모와 자식, 형제와 자매, 친구와 동료 사이는 모두 사람과 사람 간의 상호 관계로 성립된다. 이를 직장에 대입해본다면 관리자와 직원, 선배직원과 후배직원 간의 관계가 있다. 또한 회사와 거래처, 회사와 주주 간의 관계도 존재한다. 관계를 제대로 맺고 지속적으로 이어가기 위해서는 서로를 이해하고 배려하는 것이 무엇보다 중요하다.

물론 '어질 인'의 한자에 대한 다른 해석도 있다. 즉 '사람 인'에 더해 '둘 이'가 들어가 '사람 인'을 반복하는 것으로서 "사람은 사람다워야 한다."는 의미를 갖는다는 해석이다. 이 해석 역시 '다른 사람'이라는 상대적 존재를 전제로 이뤄진 것이다. 함께 하는 공동체에서 인성의 바탕은 원만한 관계를 약속한다. 사회와 완전히 떨어진 채 나 홀로 지내는 사람에게 공공성 차원의 사람다움을 요구할 필요는 없기 때문에 '어질 인'에 대한 해석과 적용이 별다른 의미를 갖지 않는다. '어질 인'은 공동체에서 필요한 개념이다.

여기에서 효도의 의미와 역할이 등장한다. 공자는 제자 자하子夏로부터 효도가 대체 무엇인지를 질문 받고 "부모 앞에서 얼굴빛을 부드럽게 하는 것은 어려운 일이다. 일이 있을 때 젊은이가 수고하고 술과 음식이 있으면 어른이 먼저 들게 하는 것을 일찍부터 효라고 하지 않았느냐"[174]라는 답을 내놓았다. 효도의 폐단으로 지적되는 수직적인 관계의 덕목에 앞서 공자는

---

174) 『論語』「爲政」, "子夏問孝. 子曰: 難色, 弟子服其勞, 有酒食, 先生饌, 曾是以爲孝乎."

사랑을 근간으로 하는 양보와 배려의 자세를 강조한 것이다. 자식의 부모에 대한 효도와 마찬가지로 인간관계에서 내 감정을 누르면서 상대방에 대한 공감을 우선시하는 것은 배려의 형태로 나타나고 긍정적인 결과를 도출할 수 있게 된다.

국내 관련학계에서 효도를 새롭게 이해하려는 노력을 경주 중인 가운데 부모와 자식 간의 관계를 재정립하는 색다른 연구 결과가 이목을 집중시켰다. 이 연구에 따르면, 효도는 부모와 자녀의 통합성을 증가시키는 윤리덕목이면서 또한 관계능력이다. 다양하고 변화하는 환경을 관찰하는 자녀는 부모를 공경하고 존중하고 지지하면서 또 다른 한편으로는 배려하면서 변화된 가치를 요구하고 책임감에 발로하여 부모의 긍정적인 변화를 이끌어낸다. 이러한 관점에서 효도라는 것은 가족의 존속을 위해 자녀가 부모에게 하는 요구와 지지이며, 부모의 긍정적인 변화를 위해 자녀가 부모의 삶에 적극적으로 참여하는 의지인 것이다.[175)]

이와 같이 효도는 기존의 인식처럼 무조건 순종하고 희생하는 덕목이 아니다. 오히려 내가 주체가 되어 상대방인 부모를 변화시키는 능동적이며 적극적인 덕목으로서 더욱 큰 의미를 갖는다. 부모와 자식 간의 세대차, 형제자매 간의 의견차는 가정에서 다반사로 일어나더라도 결국에는 이해와 배려, 용서를 거치면서 극복된다. 때문에 효도가 갖는 본연의 가치는 각자의

---

175) 류한근, "세대 갈등 극복을 위한 효 반응 체계", 『효학연구』 12호, 한국효학회, 2010. 12, 69-70.

다른 위치와 입장으로 인해 갈등과 모순, 충돌이 발생할 수밖에 없는 사회조직에서도 적극 원용할 수 있는 공간 확보가 가능하다.

LG그룹이 인화를 특히 강조하는 것은 맹자의 "하늘의 때는 땅의 이득만 같이 않고, 땅의 이득은 사람들의 화합만 못하다."[176]는 논리처럼 구성원 간의 협력과 단결이야말로 조직의 생존, 그리고 발전을 기약할 수 있는 매우 중요한 덕목이기 때문이다. 논어의 "군자는 화합하되 개성까지는 같지 않고 소인은 함께 지내지만 화합하지 못한다."[177]라는 구절에도 등장하듯이 화합이라는 것은 자신의 주체성과 원칙을 견지하면서도 다른 사람에게 녹아들어 상호 협조의 관계를 이루는 자세이다. 이는 '나'와 '너' 사이에서 동일함을 추구하되 상이함은 여지를 남겨두는 구동존이求同存異와도 같은 맥락이다.

가정에서의 효도는 자식이 한 세대의 차이가 나는 부모의 마음을 읽는 데부터 출발한다. 자식은 부모의 안색을 살피고 형제 및 자매와의 관계 설정 과정을 반복하면서 수시로 어떻게 처신할 것인지에 대한 판단을 내리고 행동으로 옮긴다. 이를 통해 길러진 사람의 마음을 읽는 능력은 사회로도 연결된다. 성공한 교사가 되려면 학생의 마음을 읽어내야 하고, 성공한 경영인이 되려면 직원과 고객의 마음을 읽을 줄 알아야 하며 성공한 정치인이 되려면 유권자의 마음을 읽어내는 것이 우선

---

176) 『孟子』「公孫丑下」, "天時不如地理, 地理不如人和."
177) 『論語』「子路」, "君子和而不同, 小人同而不和."

이다. 이처럼 효도를 통해 축적된 상대방의 의식구조와 행태에 대한 지식과 체험은 최소한의 공동체인 가정을 벗어나 사회공동체에 적용하더라도 충분히 효과를 얻을 수 있는 것이다.

직장인으로서 가정에서부터 부모 및 형제, 자매와의 관계를 통해 효도에 대한 인식과 태도가 지속적으로 훈련이 된 경우, 상대방의 처지와 상황에 대한 깊은 이해와 공감능력이 키워지며 사회생활에서 큰 자산이 될 수 있다. 이는 사랑과 배려를 근간으로 하기 때문에 직장에서 상사의 눈치를 보는 것과는 완연하게 다르다. 공과 사는 분명하게 구분하되 주체로서의 의식을 갖고 선배직원이나 후배직원을 대한다면 가족과 같은 감정과 태도가 구현될 것이고 결국 자신은 물론 조직의 화합과 융합에 있어 긍정적인 요인으로 작용한다.

소설가 김훈은 "삶은 소설이나 연극과는 많이 다르다. 삶 속에서는 언제나 밥과 사랑이 원한과 치욕보다 먼저다."[178]라는 인생의 경구를 우리에게 전했다. 이처럼 우리의 현실적인 삶은 밥을 먹고 사랑을 주고받는 과정인 것이다. 밥은 우리에게 큰 의미를 갖는다. 시인 오인태는 '혼자 먹는 밥'이라는 시에서 "찬밥 한 덩어리도 뻘건 희망 한 조각씩 척척 걸쳐 뜨겁게 나눠먹던 때가 있었다."라고 옛일을 회고하면서 시를 읽는 우리로 하여금 "밥을 같이 한다는 건, 삶을 같이 한다는 것"[179]임을 다시금 깨닫게 한다. 시인의 감정처럼 밥은 같은 시공에 처한 사람

---

178) 김훈, 『자전거여행』, 문학동네, 2014. 212.
179) 오인태, 『혼자 먹는 밥』, 살림터, 1998, 27.

들을 이어주고 맺어주는 존재이다.

밥은 가족이나 동료, 전우끼리 "주린 배를 채운다."는 차원에서 함께 하는 생리적, 원초적인 행위로 출발하지만 이를 통해 자연스럽게 가족애와 동료애, 전우애가 생긴다는 점에서 대단히 중요한 존재이자 가치이다. 그래서 우리 사회에서는 여전히"한 솥밥"이라는 말의 의미가 각별하다. 시대의 변화와 인식의 차이에 따라 최근 우리 사회에서는 "혼밥", "혼술"이라는 개인적인 행동양식이 등장하였다. 당연히 각자의 사정과 상황에 맞춰 행해질 수 있는 일이지만, 기업체의 경우 하루 한 끼 정도는 동료들과 함께 밥을 먹는 것이 필요하다. 이는 강요된 회식과는 다른 것으로서 밥을 통해 유대감을 다지고 소통의 기회를 만들 수 있기 때문이다.

소통疏通의 의미는 한자표기에서 정확하게 나타나고 있다. '트일 소疏'와 '통할 통通'은 양자 간에 막힌 데가 없어 잘 통하는 것, 즉 서로가 뜻이 통하면서 오해가 없는 상태를 나타낸다. 조선중기 의학자 구암 허준의 동의보감東醫寶鑑에서는 "통하면 아프지 않고, 통하지 않으면 아프다."[180]는 섭리가 등장한다. 우리의 몸은 살아있는 동안 끊임없이 순환하는 동적 유기체인바, 혈액은 물론 각종 호르몬과 신경전달 물질 및 내분비 물질 등이 뼈와 근육을 통로로 삼아 흐른다. 이 과정에서 마땅히 흘러야 할 것들이 막히게 되면 어혈 또는 담이 생겨 통증을 유발하는 동시에 열로 인해 독을 만들게 된다.

---

180) 『東醫寶鑑』, "通卽不痛, 不通卽痛."

인간의 몸이 이러하듯 기업이라는 조직에서도 소통이 중요하다. 의견이나 아이디어가 조직 내에서 수시로, 자유롭게 제기되고 수용되는 과정을 통해 효율성과 효과성이 증대되고 최고의 결과물을 만들어낼 수 있다. 비근한 예로 가정에서 이뤄지는 태교와 수유를 보면 이는 원초적 사랑으로서 모친과 아이 간에 이뤄지는 자연스러운 소통의 시작이다. 또한 불가분한 관계의 출발이다.

시인 이준관의 "나는 구부러진 길이 좋다. 구부러진 길을 가면 나비의 밥그릇 같은 민들레를 만날 수 있고 감자를 심는 사람을 만날 수 있다. 날이 저물면 울타리 너머로 밥 먹으라고 부르는 어머니의 목소리도 들을 수 있다."[181]는 시구처럼 부모와 자식은 소통을 통해 관계 속에서 사랑을 주고받으며 안정감을 갖는다. 직장에서는 다양한 코칭과 상담이 동일한 기능을 발휘할 수 있는데, 업무지식과 경험을 가진 선배직원과 사회생활을 막 시작한 후배직원 간에 이뤄지는 멘토링이 대표적인 방식이다.

회사는 업무과정을 통해 직원을 부르고 찾으며 직원은 이에 대한 답을 통해 소임을 수행한다. 가정에서 작동되는 관계의 메커니즘이 동일하게 적용되는 것이다. 여기에 사랑과 공감, 관용이 보태지면 '제2의 가족'으로서 구성원들은 보람과 성취를 느끼고 성과를 창출할 수 있게 된다. 그렇지 않게 된다면 직원은 마음속에 견고한 성벽을 쌓고 자신의 능력과 열정의 투입

---

181)   나태주 편, 『시가 나에게 살라고 한다』, &(앤드), 2020, 50.

을 주저하게 된다. 조직과 구성원 공히 손해인 것이다.

수학에는 함수function라는 복잡한 정의가 있는데, 간단히 설명하자면 한쪽의 값이 변할 경우 다른 한쪽의 값 또한 정해진 조건에 따라 같이 변하는 관계이다. 효도와 기업경영은 회사가 효도의 가치를 인식하고 이를 충실히 실천하는지, 적용하는지에 따라 직원들의 태도와 성과에도 변화가 일어난다는 점에서 분명히 함수관계를 갖는다. 직원을 가족으로 여기고 보듬는 것은 경영자의 몫이고, 조직을 가정으로 여기며 친애의 감정을 행동으로 옮기는 것은 직원의 몫이다.

4장

ESG경영

1절. 신기업가정신의 태동

효도와 기업경영은 어떠한 상관관계를 갖고 있을까? 본래 '기업'이라는 존재는 가족을 부양하는 사람들이 모인 곳이므로 결국 부양받는 사람들의 행복이 전제되어야만 재직 중인 당사자가 행복해진다. 아울러 기업 또한 행복이 집결된 조직으로 나가면서 영속성과 발전 가능성을 담보할 수 있다. 명심보감에 "자식이 부모에게 효도하면 부모가 기뻐하고 가정이 화목하면 모든 일이 이루어진다."[182]는 가르침이 있듯이 기업경영은 구성원 및 구성원 가족의 심리상태에 의해 좌우되는 만큼 가족사랑의 가치인 효도와 상당히 밀접한 관계인 것이다.

　IMF 사태 이후 한국경제의 구조와 경제주체의 심리는 큰 변화를 보였다. 기업 경영진 입장에서 직원을 가족 대하듯 하

---

182)　『明心寶鑑』, "子孝雙親樂, 家和萬事成."

고 직원으로서는 회사를 내 가정으로 생각하던 미덕이 사라지면서 "회사는 잠시 머물며 경력을 관리하는 곳"이라는 인식을 갖게 되었다. 서구와 마찬가지로 평생직장 개념에 큰 변화가 온 것이다. 그럼에도 회사를 가정으로 설정하고 직원을 가족처럼 대하던 존중과 보호, 육성의 정신에는 변함이 없어야 한다. 모든 조직은 정신이 사라지면 껍데기만 남는다. 특히 기업의 경우 생존을 넘어 끊임없는 발전과 성장을 이뤄야 하는 것이 숙명이므로 추구하는 정신을 온전히 유지, 보존하는 것이 당연하다.

따라서 직원이 입사 이후 재직하는 기간만큼은 경영진에서 기업의 식구로 여기고 이들의 가족까지도 챙기려는 자세와 노력이 필요하다. 우리가 생각하는 '식구'는 함께 밥을 먹는 존재로서 가정에서의 구성원뿐만 아니라 사회 조직의 동료에게도 적용할 수 있는 개념이다. 언론광고나 채용 사이트에 "가족으로 모십니다."라는 문구가 자주 등장하고 그룹 수준의 대기업에서는 자회사를 "가족회사"로 지칭하는 경우가 바로 이에 해당된다.

물론 경제계 일각에서 "회사는 이익집단으로서 직원을 가족처럼 대하는 것은 자칫 온정주의에 함몰될 수 있으므로 도덕적 차원에서 반드시 경계해야 된다.", "회사공금 횡령 같은 비리도 제 식구 감싸기 사고방식에서 비롯된 것이다."라는 식의 논리를 펴기도 하지만, 인간사회의 조직으로서 보편적 가치와 덕목은 당연히 적용되어야 한다. 중국과 일본의 효도를 기반으로 한 기업경영 사례에서 확인되었듯이 직원이 구성원으로 인정받고 그의 가정이 안정되면 기업의 경영도 안정되고 전반적으로 제품이나 서비스가 좋아지기 때문이다.

사람들이 모인 조직으로서 기업은 윤리를 필요로 한다. 윤리는 사전적 의미로는 "사람으로서 마땅히 행하거나 지켜야 할 도리"[183]이다. 기업을 운영하는 가장 큰 목적은 분명 생산성을 향상시키고 이윤창출을 극대화하는 데 있지만, 현대사회에서는 경영성과가 아무리 좋다고 해도 "비윤리적인 기업"으로 낙인이 찍히면 사회로부터 신뢰를 잃고 결과적으로 시장에서 도태될 수밖에 없다. 국내외에서 윤리를 저버림으로 인해 몰락한 기업들의 사례가 자주 발견된다. 이런 면에서 기업은 효도 가치가 추구하는 인간사회의 윤리를 필요로 한다. 상식과 기본으로 돌아가 정도를 걸어야만 기업들이 살아남을 수 있는 윤리경영의 시대가 도래한 것이다.

윤리경영은 회사의 기획, 생산, 영업 등 운영의 전 과정에서 사회공동체가 요구하는 기본적인 윤리를 최우선가치로 여기고 투명성과 공정성, 합리성 등을 근간으로 준법을 통해 업무를 수행하는 기업정신이다. 여기에서 말하는 기본적인 기업윤리는 경영자와 구성원 모두가 지켜야 할 도리이며 합법적이고 정당한 방법으로 운영하는 기준을 지칭한다. 서구 기업경영의 정신적 배경인 기독교에서는 "악인은 쫓아오는 자가 없어도 도망을 가지만, 의인은 사자 같이 담대하니라."[184]라는 가르침을

---

183)   국립국어원, 『표준국어대사전』

184)   『성경』잠 28:1.

통해 진리 앞에서 자신을 속이지 않고 정도를 따르는 사람만의 자신감이 필요하다는 점을 지적하였다.

동양정신의 준거로 자주 언급되는 효경에서는 "효는 하늘의 법칙이고 땅의 질서이며 백성들이 실천해야 할 것이다."[185]라고 강조했다. 이처럼 효도는 우리의 기본윤리이자 세상살이의 법칙과 질서이며 실천을 전제로 하는 것이므로 경영에서 윤리 문제를 검토할 때 충분히 적용될 수 있는 덕목이다. 오늘날은 이미 기업경영에서 하늘을 비켜가고 이웃을 속이고 인간을 돌아가는 것이 불가능한 세상이 되었기에 효도의 가치가 더욱 소중한 것이므로 경영자가 조직 운영과정에서 반드시 고려해야 할 영역에 속한다.

이재용의 삼성이 새로운 출발을 앞두고 준법경영을 다짐한 것도 윤리를 기반으로 사회의 요구와 기대에 부응하겠다는 의미로 해석된다. 윤리경영은 얼핏 생각하면 아무런 경제적 이득이 되지 않을 것 같지만 시장과 소비자, 시대의 요구에 부합된다는 점에서 결과로 따진다면 경제적으로 상당한 이득이 된다. 윤리를 의식하지 않는 기업은 비윤리적 행태로 얻는 이익보다 더 크고 무거운 대가, 즉 브랜드 가치 하락, 소비자의 외면과 불매운동, 법적 제재 같은 사회적 비용을 지불하는 상황에 놓이게 되는 것이다.

우리 사회는 이제 맹목적인 이윤 추구 기업보다는 환경과 사회 구성원 전체를 의식하고 배려하는 이른바 "착한 기업"을 찾

---

185) 『孝經』「三才章」, "夫孝, 孝天之經也, 地之義也, 民之行也."

는다. 기업의 선한 이미지는 윤리에 민감하고 충실히 이행하는 경영방식에서 비롯된다. 바야흐로 새로운 기업가정신으로 무장하고 공동체의 가치에 중점을 둘 것을 요구받는 시대가 도래하였다. 기업가정신은 "기업의 본질인 이윤 추구와 사회적 책임의 수행을 위해 기업가가 마땅히 갖춰야 할 자세와 정신"[186]으로서 지속가능한 성장을 지향하면서 약자에게 눈길을 돌리고 보듬는 것은 이제 기업과 경영인의 기본 덕목으로 요구된다.

논어에서 "군자는 의리에 밝고 소인은 이해에 밝다."[187]라든가 "이익에 따라 행동하면 원망이 많아진다."[188]는 문구를 통해 리더로서 눈앞의 이익에 앞서 올바른 가치를 견지할 것을 촉구하는 것처럼 현대의 경영자는 이익에 앞서는 가치를 지향해야 되는 시대가 되었다. 이런 점에서 우리 기업계의 새로운 접근 자세는 맹목적인 이익 추구가 자칫 소비자나 사회로부터 배척되고 외면당할 수 있음을 깊이 인식하고 선제적으로 대응하는 것으로 해석된다.

이병철 회장은 자서전에서 "한 개인이 아무리 부유해도 사회 전체가 빈곤하면 그 개인의 행복은 보장받지 못한다. 사회를 이롭게 하는 것, 그것이 사업이며 따라서 사업에는 사회성이 있고 사업을 추진하는 기업 또한 사회적 존재다."[189]라고 밝

---

186) 『두산백과 두디피아』
187) 『論語』「理仁」, "君子喩於義, 小人喩於利."
188) 『論語』「理仁」, "放於利而行, 多怨."
189) 이병철, 『호암자전』, 나남, 2014, 49.

힌 바 있다. 사회를 염두에 두지 않는 기업은 존재할 수 없다는 지론으로서 기업의 위치와 역할이 무엇인지, 사회에 어떤 방식으로 참여 및 기여를 해야 될 것인지를 다시금 되새기게 한다.

근래 대기업과 중소기업 간의 고질적인 '갑을 관계'가 '상생 관계'로 전환되면서 우리 경제의 모습에도 큰 변화가 왔다. 일부 대기업 2세들이 쉽사리 성과를 보여주기 위해 골목상권 진입, 내부거래 진행 같은 경영행태를 보이는 것이 불공정과 반칙으로 지적되는 가운데 진정한 기업가정신으로 무장한 경영인들도 다수 등장하는상황이다. 거대자본을 무기로 삼아 외국 저명 브랜드 제품을 수입, 판매함으로써 단기간에 매출을 올리는 것이 아니라 기술혁신과 신제품 개발을 통해 새로운 비즈니스 모델을 제시하고 연관 기업들과 상생의 환경을 조성하려는 노력이 나타나고 있는 것이다.

기업이 "경제적 가치 창출"이라는 본연의 기능에만 머물지 않고 사회적 문제 해결에도 팔소매를 걷어붙이고 직접 나서는 움직임을 보이는 가운데 2022년 5월 대한상공회의소를 중심으로 신기업가정신협의회가 출범하였다. 삼성전자, 현대자동차, SK, LG 등 대기업과 우아한 형제들, 쿠팡, 직방 같은 다수의 유니콘 기업 및 금융기관, 외국계 기업까지 참여한 이 단체는 다음과 같은 선언문을 통해 기업들의 변화 의지를 표명하고 새로운 역할 실천을 다짐하고 있다.

대한민국은 국민의 노력과 창의, 기업의 도전과 혁신으로 선진국에 진입하고 세계 10대 경제 강국이라는 기적을 이루었습니다. 그러나 지금 우리는 디지털 전환과 기후변화, 인구절벽, 사회구성원의 행복추구 등 새로운 위기와 과제를 맞이하고 있습니다. 이러한 이슈를 해결하고 지속가능한 공동체를 만들기 위해서는 기업도 그 역할을 새롭게 하여 국민의 신뢰를 얻어야 할 것입니다. 이에 우리 기업은 성장을 통해 일자리와 이윤을 창출하는 과거의 역할을 넘어 고객은 물론 조직구성원과 주주, 협력회사와 지역사회 등 기업을 둘러싼 모든 이해관계자를 소중히 여기고 함께 발전할 수 있도록 '새로운 기업가정신'을 선언, 실천하고자 합니다. 우리는 '새로운 기업가정신'을 등대삼아 경제와 사회발전에 관심을 기울일 때 대한민국 공동체의 미래가 더욱 밝아질 수 있다고 생각합니다. 이 선언에 참여하는 기업들은 본연의 경영이념을 기초로 '새로운 기업가정신'에 공감하고 실천명제를 위해 힘쓰겠습니다.[190]

선언문에서 언급된 신기업가정신협의회의 실천명제는 좋은 일자리 창출과 경제적 가치 제고, 기업 이해 당사자에 대한 신뢰와 존경으로 윤리적 가치 제고, 조직구성원의 보람과 발전을 위한 기업문화 조성, 청정한 미래와 더 좋은 삶을 위한 친환경 경영, 지역사회와 함께 성장하기 위한 노력 등 다섯 가지이다. 경영을 통해 기업의 기본을 다하되 지속가능한 공동체를 위해서도 별도의 노력을 다짐했다는 점에서 높은 호응과 평가를 받는다.

특히 윤리적 가치, 친환경, 지역사회와 동반성장 등의 개념은 효도가 지향하는 것과 동일한 맥락이다. 불교에서 "효는 수

---

190)　ERT신기업가정신협의회 홈페이지(ert.korcham.net)

행자의 삶의 기준과 준거, 죄악을 범하지 못하게 하는 규정이다."[191]라고 가르치듯이 효도의 윤리는 인간의 죄악을 극도로 경계한다. 이는 이익을 다투는 상업에서도 그대로 적용된다. 중국 전한시대前漢時代 역사가인 사마천司馬遷은 "탐욕스러운 상인은 당장에 이자를 높게 받아 본전의 10분의 3을 챙기지만, 깨끗한 상인은 공정한 장사를 하면서 결국에는 신용을 얻어 본전의 10분의 5를 벌게 된다."[192]면서 공정과 신용이 장사의 기본임을 천명하였다. 인간사회에서 기본 가치는 상업이라고 해서 결코 예외가 아님을 시사한다.

현대에 들어와서도 경영의 기본은 과거의 준칙에서 벗어나지 않는 방향으로 움직이고 있다. 근래 우리 사회에서 태동한 신기업가정신은 기업과 경영이 "나만의 이익" 추구에서 벗어나 윤리와 상생의 올바른 기준을 세우고 사업의 현장에서 적극 이행함으로써 지속가능한 미래를 기약하려는 선한 의지에서 비롯된 것이다. 때문에 우리의 전통인 효도를 윤리경영에 도입해 반드시 필요한 "양심의 거울"로서 역할을 수행토록 모색해볼 필요가 있다.

위의 선언문에서 언급된 기업을 둘러싼 모든 관계자는 원점으로 돌아가 보면, 개인과 가정에서 출발하여 이웃을 거쳐 사회에서 모인 존재이다. 따라서 가정에서 부모를 통해 배우고 익힌 도덕이자 윤리인 효도 가치와 거리를 둔 것이 아니다. 모

---

191) 『범망경』
192) 『史記』「貨殖列傳」, "貪賈三之, 廉賈五之."

든 관계자들은 부모와 가정을 갖고 있으며 나이에 따라 자녀를 두었다. 때문에 기업으로서는 고객이 부모이자 자녀이며 형제자매라는 인식을 견지할 필요가 있다. 특히 경영을 통해 내 가족이 먹고, 입고, 쓰고, 사용할 것을 만들거나 판매하는 존재로서 늘 가족과 사회를 의식하면서 발전을 모색해야 되는 것이다.

2절. ESG경영에 필요한 가치

요즘 들어 국내 기업들의 최대 화두는 경영의 지속가능성을 달성하기 위해 등장한 ESG경영이다. ESG는 '환경Environmental, 사회Social, 지배구조Governance'의 영문 첫 글자에서 가져온 용어이자 개념으로서 새로운 경영의 트렌드로 자리잡아 가는 중이며, 많은 기업들 사이에서 이미 열풍의 수준을 넘어 광풍의 상황으로까지 진행 중이다. 각종 공공기관이나 자치단체도 예외는 아닌바, 경영의 미래 차원에서 적극적으로 들여다보고 적용하려는 움직임을 보인다.

ESG는 지금까지 기업에 대한 평가가 주로 돈이나 숫자로 집약되는 재무적 지표 쪽에 중점을 두었다면 이제부터는 환경 고려, 사회 공헌, 윤리 구현 같은 비재무적 지표로 확대된다는 의미를 갖는다. 경제계 일각과 일부 언론 및 학계로부터 "대외홍보를 위한 경영진만의 제스처", "남이 하니까 나도 따라 하는 식의 부화뇌동" 등으로 평가절하 당하기도 하지만 해외 주요 기업에서 입증되었듯이 결코 홀시할 수 없는 경영의 새로운 노선임에는 틀림이 없다.

ESG와 관계를 갖는 개념으로는 그간 우리가 익히 들어왔던 기업의 사회적 책임CSR, 지속가능성, 기업시민의식, 공유가치 창출, 지속가능한 발전 등이 있다. 특히 기업의 사회적 책임이 이미지 개선을 목적으로 삼는 선택의 하나였다면 글로벌 경제의 이슈로 자리한 ESG는 이제 필수일 수밖에 없다. 투자자들의 새로운 기준이 되었기 때문이다.

ESG라는 용어는 2006년 유엔에서 제정한 '유엔책임투자원칙PRI'을 계기로 처음 등장하였다. 당시 유엔사무총장으로 재직 중이던 코피 아난Kofi Atta Annan은 책임투자원칙의 테두리 내에서 투자를 판단할 때 기존의 재무적인 요소뿐만 아니라 비재무적인 요소로서 도외시되었던 환경, 사회적 책임, 지배구조 같은 것을 필히 고려할 것을 촉구하였다.

세계 최대 자산운용사로 자리한 블랙록Black Lock의 창업자인 래리 핑크Larry Fink 회장은 2020년 연례서한을 통해 기후변화 대응에 발맞춰 투자 방침을 결정하겠다면서 ESG 열풍을 주도하였다. 그의 "ESG 요소를 파악해야만 경영에서 필히 요구되는 통찰력을 효과적으로 얻을 수 있으며 이를 기반으로 기업의 장기적인 전망도 가능해질 것"이라는 지론에서 드러나듯이 전 세계적인 투자의 방향과 형태 변화를 실감할 수 있다.

그러나 래리 핑크는 근래에 들어 ESG가 정치권의 진영 대결에서 주제로 자리하고 사회적인 쟁점으로 부상하자 실망감을 드러내면서 논쟁과는 일정한 거리를 두는 상황이다. 심지어는 탈탄소화, 기업의 지배구조, 사회적 과제에 대한 기업의 집중에는 관심을 이어가겠지만 ESG라는 용어를 더 이상 사용하지 않겠다는 의지를 피력하였다. ESG의 근본 취지에는 여전히 공감하고 투자자로서 관여를 이어가겠지만 정치권의 시비와 악용은 거부하겠다는 의사인 것이다.

미국의 사례에서 목도했듯이 ESG를 놓고 이해 당사자 각자의 셈법이 다르고 경제의 테두리를 벗어나 정치의 소재로서 다뤄지는 만큼 논쟁과 주도권 다툼은 필연적인 상황이다. 현재 ESG에 대한 표준 정의가 존재하지 않은데다 평가지표에 대해 각 평가기관 간 합의된 것 없이 각자도생하는 것이 현실이다. 때문에 법령을 비롯한 기준이 미비한 상황하에서 "세계 공통의 합의된 판단 기준이 마련되지 못했다."는 것이 오늘의 현실이다.

대표적인 사례로서 사회주의 국가인 중국의 공기업과 민영기업들도 ESG경영에 나서는 상황이지만, 적용 지표와 기준이 서구 기업과는 완연하게 다르다. 당과 정부의 주안점이 심각한 실업률 문제에 따른 일자리 창출에 맞춰져 있기 때문에 화석연료를 대안 없이 대거 사용하는 기업, 국민건강과 직결됨에도 경쟁적으로 독주毒酒를 생산 및 판매하는 주류업체, 살상용 무기를 제조 및 수출하는 군수업체도 대규모 고용을 지속할 경우라면 높은 ESG 등급을 받는다.

당이 국가의 모든 것을 지배하는 체제의 특성상 특히 ESG의 사회, 지배구조 등과 관련된 부분은 간과되고 해당 기업이나 평가기관으로서는 쉽사리 자율권을 행사하기 예민한 요소로 취급된다. 때문에 중국의 평가 기준은 국내용으로서 서구의 관점에서는 동의하기 어려운 부분이 있다.

이처럼 각 국가별, 지역별로 평가 기준은 다양하고 각기 다르지만 국제적인 추세로 본다면 ESG는 오로지 재무지표, 즉 장부상의 숫자만으로 투자와 경영을 논하던 시대의 마감을 알리는 신호로서 상당히 의미가 깊다. 투자자 입장에서 볼 때 기업들이 생산과 판매로 인해 야기되는 환경 훼손에 대한 책임을 다하고 소비자이자 주주인 사회 구성원의 권리를 살피며 투명한 경영과 공정한 소유 구조를 마련할 필요가 있다. 이는 오직 이윤만을 추구하는 비윤리적 기업의 설자리를 없애는 조치로서 투자의 리스크를 줄이며 결과의 예측을 가능케 해준다. 이제는 윤리와 도덕, 의무감과 책임감을 갖춘 상태에서 경영에 임해야만 지속가능한 발전을 기약할 수 있는 시대가 되었기 때문이다.

ESG경영의 요소를 세부적으로 들여다보면 우선은 E가 자리한다. 이는 기업의 경영과정에서 환경에 미치는 영향을 가리킨다. 생산에 수반되는 자재와 에너지의 사용, 폐기물의 발생과 처리 등이 대표적이다. 특히 글로벌 이슈인 기후변화와 직결되는 온실가스 배출량 감소와 탄소중립 같은 것들이 핵심적인 요소로 거론된다. 아울러 자원의 효율적인 사용은 물론 재활용, 오염 방지 등도 중요한 이행과 평가의 관점이다. 기업으로서는 "지속 가능한 경영 추구" 차원에서 환경에 대한 책임을 다하고 이와 관련된 영향을 고려하는 한편 대책을 마련해야 한다.

이 책의 전반부에서 살펴본 것처럼 한국효단체총연합회가 제창한 효도의 실천적 개념인 '7행의 효'에 자연사랑과 환경보호가 포함된 것은 우리 인류의 삶과 터전이 환경과는 불가분의 관계이며 환경을 도외시할 경우 삶의 지속이 불가함을 알리는 것이었다. 앞으로의 경영 또한 눈앞에 보이는 당장의 이익만을 위해 약탈적인 태도로 자연이나 환경을 대할 수 없음을 시사한다. 효도 학계에서 효도가 생명윤리임을 제기했듯이 이제는 경영분야에서도 생명의 고귀함과 가치를 우선적으로 인식하고 생산과 판매에 수반되는 환경파괴 문제, 인간에 대한 영향 등을 반드시 염두에 둘 필요가 있다.

인간의 끝을 모르는 이윤추구와 욕망과 한계를 모르는 소비생활, 편리에만 집착하는 본능이 환경을 지속적으로 파괴한다. 따라서 자연과의 평화가 전제되지 않은 채 인간 사이에는 어떤 평화도 자리하기 힘들다. 인간의 통제되지 않는 본능은 자연에 대한 투쟁적인 태도로 이어지고 결국 자연 점유를 둘러싼 '인간 대 인간'의 대립과 불화를 야기한다.

자연은 인간을 포함한 모든 세계로서 효도를 할 수 있는 환경조건도 되며 생명의 원리로 다스려지는 영역이다.[193] 따라서 인간을 비롯한 모든 생명이 살아 숨 쉬는 가운데 기업으로서 지속가능한 경영을 위해서는 "오직 하나뿐인 지구"라는 인식 하에 자연과 환경을 항시 의식하고 보호해야만 되는 것이다.

---

193) 류한근, "관계 메타포에 의한 정체성과 반응윤리-기독교 세계관으로 본 효의 의미", 『신앙과 학문』, 기독교학문연구회 17권 3호, 2012. 109.

ESG경영의 두 번째 요소는 S로서, 기업이 사회적인 책임을 다하는지를 평가하는 영역이다. 이는 주로 인간으로서의 권리와 연관되어 근로자의 권리 및 복지, 공정한 근무조건, 고객과 사회구성원 배려 등을 포함한다. 아울러 기업이 속한 사회와의 관계도 매우 중요한 부분으로 여겨진다. 기업은 사회적 성격을 갖는 대상을 심도 있게 고려하는 가운데 대상에 대해 적절한 대우와 인정, 긴밀한 관계 형성이 진행되도록 노력함으로써 평가를 받는다.

세부항목으로는 고객의 만족 및 관련 데이터와 프라이버시 보호 조치, 직원의 경영 참여, 성별 및 다양성, 사회적 약자 배려 등이 들어 있다. 투자자로서 기업을 들여다볼 때 사회적 책임이 중요한 이유는 기업의 지속적인 성장과 발전을 도모하는 과정에서 이를 뒷받침해주는 소비자로서의 사회적인 지지와 동의가 절실하게 필요하기 때문이다. 사회와 유리된 기업은 존재할 수 없고 결국 사회를 고려하고 구성원을 염두에 두는 경영이 요구된다.

사회적 약자는 장애를 가진 사람, 노인층, 빈곤층 등 대상이 다양하다. 특히 효도와 관련하여 노인층은 ESG경영에 나선 기업과 자치단체가 주목하는 대상으로서 고령화 사회를 사는 우리 상황에서 반드시 중시하고 배려해야 된다. 건강한 지역공동체를 만들 수 있도록 독거노인 같은 취약계층을 돌보는 사회적인 효도의 개념으로 ESG경영이 이뤄진다면 노인복지는 좀 더 탄력을 받을 수 있으며, 필연적으로 고령친화산업 같은 새로운 시장이 열릴 가능성이 높아진다.

기업이 사회적 책임 차원에서 노인문제에 접근할 경우 결국 노인층 일자리뿐만 아니라 관련 기술의 개발 및 제품 생산, 서비스 측면에서 청년층 일자리 또한 확대되는 효과를 얻는다. 기업으로서는 관심과 투자에 따른 선순환의 결과물이 명확하게 예측되는 것이다. 이러한 결과물의 축적을 통해 경제계 입장에서는 다수의 "착한 기업"으로 불리는 기업들이 주류이자 대세를 이루는 효과도 기대할 수 있다.

　ESG경영의 세 번째 요소는 G로서, 기업의 지배구조를 의미한다. 이사회의 구성, 감사위원회의 구조, 뇌물과 부패 문제, 정치기부금 및 로비, 내부 고발자 제도 같은 경영의 투명성과 직결되는 항목들로 이뤄져 있다. 요약하자면 기업이 과연 합법적이며 윤리적인 경영을 하는지의 여부가 중요한 의미를 갖는다. 비윤리적인 경영은 언제 터질지 모르는 화약고와 같다. 때문에 기업들로서는 조직과 체계를 갖추고 이 요소를 충족시키기 위해 다양한 노력을 기울인다.

　인간의 기본 윤리로서 효도는 사회 구성원에게 책임과 의무를 다할 것을 촉구한다. 이를 기업에 적용하자면 사회 공동체의 일원으로서 법과 규범을 준수하고 상궤를 벗어나지 않는 경영을 추구하는 것이다. 기업으로서는 부정과 부패, 편법과 탈법을 멀리하고 경영을 통해 사회에 국가, 인류에 기여해야만 소비자, 주주, 투자가 등으로부터 인정받고 지속성을 담보할 수 있기 때문이다.

　위에서 살펴본 것처럼 기업은 당장의 이익도 무시할 수 없지만 시대의 흐름과 요구에 맞춰 장기적이고 미래지향적인 관점에서 경영을 해야만 생존이 가능한 상황에 직면하였다. 다음 세대를 위해서라도 유한한 자원을 아끼고, 대내외적으로 기업과 관련된 사람을 아끼며 정도만을 추구하는 경영이 ESG 개념의 본래 취지인 만큼 아직까지 공인된 평가지표가 없다고 해도 기본 지표를 기반으로 삼아 지속할 필요가 있다.

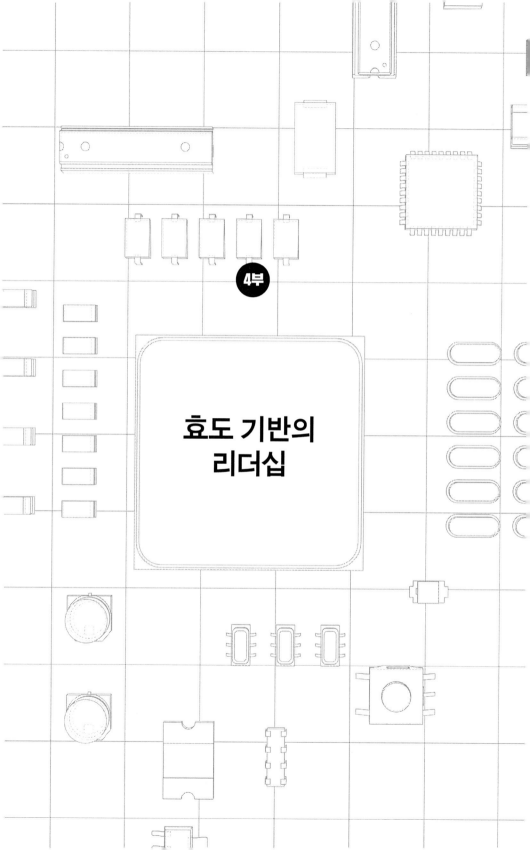

4부

효도 기반의
리더십

1장
효도와 리더십

1절. 효도에서 찾는 리더의 자질

리더십은 인간과 공동체가 존립 및 발전을 모색하면서 항시 관심을 기울이는 분야로서 정치, 경제, 안보 등 각 영역의 학자와 전문가들에 의해 다양한 정의가 내려져 있다. 미국 학자의 연구결과에 의하면 리더십의 개념으로 등장한 것만 해도 350개를 상회[194]할 정도이다. 공동체가 존속하려면 필연적으로 리더 또는 지도자로 불리는 인물이 선두에서 전체를 이끌어 가는 역할을 수행해야 한다.

이러한 역할의 수행 과정에서 어떠한 자세와 방식으로 구성원들의 깊은 공감과 높은 지지를 확보하고 모두의 문제를 해결하는지가 공동체에는 대단히 중요하다. 우리가 역사를 통해 기

---

[194] 정기산, "중간관리자의 리더십 유형별 행동특성과 신뢰와의 관계, 서울대학교 박사학위논문, 2002, 6-7.

억하고 존경심을 갖게 되는 리더들은 공통적으로 뛰어난 자질을 갖추고 직면한 시대적 상황에 대한 치열한 고민과 함께 선공후사先公後私의 헌신적 자세, 명견만리明見萬里의 미래 지향적 통찰력, 파죽지세破竹之勢의 강력한 추진력을 보여주었다.

대통령에게 요구되는 리더십을 집중적으로 연구했던 국내 학자는 리더로서 자리할 때 상대방의 마음에 대한 접근이 필요함을 강조하면서 "리더십이란 지도자와 구성원, 즉 사람과 사람의 인간관계 속에서 의의를 갖기에 리더십을 설명할 때 빼놓을 수 없는 것이 사람의 행태를 움직이는 동력, 즉 마음이다."라는 논리를 폈다. 아울러 "요컨대 리더십은 사람의 마음을 움직여서 특정목표를 향해 자발적이고 능동적으로 행동토록 하는 심리적 영향력 또는 설득력"[195]이라고 부언하였다. 마음을 얻고 움직이도록 하는 것이 리더의 중요한 덕목이라는 점을 알려준다.

리더에게 필요한 자질은 어디에서 오는 것일까? 권오현 전前 삼성전자 회장은 자신의 저서에서 사람에게는 타고난 본성이나 태생적 기질이 존재하지만 성장 환경의 영향 또한 무시할 수 없다는 점을 지적하고 "집안과 부모의 영향력은 생각보다 강력하여 때로는 성장 환경이 타고난 그 사람의 성격마저 바꿔놓을 때가 있다."[196]고 강조하였다. 가정에서 부모를 통해 받은 교육의 영향이 대단히 크기 때문에 리더와 리더십은 가정에서

---

195) 최진, 『대통령리더십 총론』, 법문사, 2007, 3.
196) 권오현, 『초격차』, 쌤앤파커스, 2018, 29.

부터 나온다는 것을 알려주는 말이다.

박항서 감독은 2002년 국가대표 축구팀 코치로서 거스 히딩크 감독을 보좌하며 대한민국의 "월드컵 4강 신화" 창조에 일익을 담당한 데 이어 2017년부터 6년 간에 걸쳐 베트남을 동남아 축구의 최강자로 우뚝 서게 했던 인물이다. 그가 베트남 국가대표팀 감독으로 부임한 이후 인성을 바탕으로 엄청난 노력을 기울여 뛰어난 경기 결과를 얻었기에 현지 고교 시험에서 논술문제로 다뤄질 정도였다.

현지에서 국가대표팀 지휘봉을 잡은 다음부터 그가 보여준 리더십은 아시아권 국가들의 정서적 공통점 가운데 하나로 꼽히는 효도 가치와 정신을 근간으로 하고 있고 이른바 "파파 리더십Papa Leadership" 또는 "스킨십 리더십Skinship Leadership"이라고 불린다. 축구 대표팀을 우리들의 가정으로 치환해본다면 감독 및 코치진, 선수는 부모와 자식으로서 가족관계가 형성된다. 이 과정에서 아버지로서 자식에게 전하는 사랑과 교육의 메시지가 리더십으로 나타나는 것이다.

박 감독이 "외국인 감독의 무덤"으로까지 불리던 축구의 변방국가 베트남에서 성공한 배경에는 현지 부임 이후부터 지속적으로 아버지처럼 다정하게 선수들을 대하고 챙겨준 마음과 자세가 자리한다. 경기에서 다친 선수들을 위해 치료실을 방문하고 치료용 장비를 들어 직접 마사지를 해주는가 하면 선수단의 항공편 이동 과정에서 부상 선수에게 자신의 비즈니스 좌석을 양보해주기도 하였다. 아들을 대하는 아버지의 심정이 아니라면 결코 나올 수 없는 행동이었다.

그간 패배에 익숙해져 의기소침한 상태로 별다른 기대치나 목표도 없이 관성적으로 운동을 하던 베트남 선수들은 박 감독을 아버지처럼 전적으로 믿고 따랐으며 하루가 다른 발전의 모습을 보여주면서 "멋진 승리"라는 경기 결과로서 보답하였다. 박 감독의 따뜻하면서도 솔선수범하는 지도방식은 선수단은 물론 베트남 국민들에게도 "우리도 할 수 있다."는 희망을 안겨주었다.

이는 "아버지는 자애롭고 아들은 효도한다."는 의미의 부자자효父慈子孝, "아랫사람은 공경하고 윗사람은 사랑한다."는 의미의 상경하애上敬下愛로서 효도 리더십의 출발점이다. 여기에서 중요한 점은 윗사람이 당연하다는 듯 앉아서 존경과 효도를 받는 자세를 지양하고 아랫사람에게 먼저 다가가 사랑을 베풀며 보살피는 자세이다. 즉 순수한 우리 옛말의 "내리사랑과 치사랑" 가운데 부모의 '내리사랑'이 우선되어야 하는 것이다.

박 감독이 베트남에서 선명하게 보여줬던 효도 리더십 뒤에는 어머니인 백순정 여사가 있다. 그는 2022년 7월 어머니의 100세 생신을 맞아 베트남 축구협회 측에 특별휴가를 요청할 정도로 효심을 보였다. 그의 어머니는 홀로 생계를 꾸리며 넉넉지 못한 형편에도 불구하고 자식들을 서울에서 공부시켰고 막내인 박 감독도 축구의 명문학교인 서울 경신고등학교로 유학을 보내 학업과 운동을 병행할 수 있도록 배려했다. 자식들은 학업과 사회생활을 거치면서 성실하고 정직한 삶을 통해 어머니의 기대에 적극 부응하였다.

베트남 현지에서 박 감독과 만났던 고교 동문들의 전언에 의

하면, 그는 베트남 축구 대표선수들에게 늘상 "부모님한테 항시 효도해라.", "설령 많은 금액이 아니더라도 부모님께 꼭 용돈을 드려봐라."는 당부와 함께 "한국이든 베트남이든 부모님들은 다들 현찰을 좋아하신다."는 식의 농담을 곁들이며 자식으로서 효도를 강조했다고 한다. 그는 축구에서 기술적인 기본기도 중요하지만 사람으로서의 올바른 품성이 선행되어야 한다는 지론을 갖고 있었기에 베트남 선수들을 상대로 상시적으로 자식으로서의 도리인 효도를 실천토록 요구한 것이다.

베트남은 동양적인 정서 측면에서 우리와 깊은 동질성을 갖고 있다. 이를 반영하듯 베트남 국가주석은 당시 박 감독의 효심을 전해 듣고 특별히 당사자를 주석궁으로 초청해 한글로 "백순정 여사님 만수무강 기원합니다."라고 적힌 글귀와 함께 '장수할 수壽'를 새긴 액자를 선물하면서 치하와 격려의 말을 전한다. 이러한 베트남 국가주석의 세심한 배려와 조치는 효도가 갖는 정신과 가치를 근본적으로 인식한 데서 비롯된 것으로서 박 감독이 선수들을 상대로 발휘했던 리더십과 동일한 성격의 효도 리더십으로 평가할 수 있다.

박 감독의 고교 선배이자 한국 축구의 전설적 존재인 차범근 전前 감독은 자신의 이름을 딴 '차범근 축구상' 시상식에서 수상선수들에게 생각이 성숙하고 배려심이 깊은 선수가 오랜 시간에 걸쳐 팬들의 사랑을 받을 수 있다는 점을 강조하고 훌륭한 인격을 갖춰 좋은 축구선수보다는 좋은 사람으로 먼저 인정받을 것을 당부한 바 있다. 이처럼 성공한 스포츠 지도자들의 공통점은 선수가 조직의 구성원이자 경기의 주체로서 뛰어난 기능과 기술의 연마 및 발휘에 앞서 사람으로서의 됨됨이가 먼저여야 한다는 지론을 갖고 있다는 점이다.

최근 우리나라 스포츠계 일각에서 나타난 도덕적 해이는 인성교육의 부재에서 기인한다. 비록 일부이기는 하지만 기본기와 예절 같은 것을 익혀주지 않고 기량과 기술만을 우선시하는 엘리트스포츠 교육은 당장의 성적, 고액 연봉 등을 우선시하는 잘못된 사회풍조와 결합됨으로써 지도자와 선수들에게 "오로지 운동실력만 좋으면 된다."는 왜곡된 인식을 심어주었다. 불법도박, 음주운전 등으로 인해 영광의 자리에서 내려온 지도자나 무대에서 사라진 선수들의 사례를 통해 스포츠계에서도 올바른 리더십과 인성교육이 필요함을 느끼게 된다.

국내에서 이미 활성화된 프로스포츠는 성인에게는 스트레스 해소와 대리만족을, 어린이에게는 꿈과 희망을 가져다주기 때문에 큰 인기를 끈다. 따라서 선수들의 일거수일투족이 경기장은 물론 경기장 밖에서도 항시 주목을 받는 만큼 평상 시 자기절제와 타의 모범이 요구된다. 프로선수로서 팬서비스는 자식이 부모에게 효도하듯이 당연한 도리이다. 이제 스포츠는 본연의 실력뿐만 아니라 선수 개개인의 인성까지도 평가받는 시대가 된 것이다.

미국 메이저리그에서 활약하는 일본 출신 프로야구선수 오타니 쇼헤이大谷翔平는 "야구천재"라는 소리를 들으면서 실력과 더불어 솔선수범하는 겸손한 자세, 상대방을 깊이 배려하는 성숙한 태도로 인해 팬들로부터 추앙받고 있다. 사회인 야구단에서 활동했던 그의 부친은 오타니가 어릴 적부터 함께 캐치볼을 하면서 야구에 대한 기본기와 더불어 사람으로서의 됨됨이를 가르쳤고 형제간 우애의 중요성을 알려주었다. 이것이 오늘의 오타니를 만들었다고 해도 과언이 아니다.

아울러, 오타니는 고등학교 시설부터 자신의 잠재력을 알아봐주고 닛폰햄 파이터즈 시절 가르침과 함께 성장토록 인도해준 구라야마 히데키栗山英樹 감독과 자발적인 동행을 통해 2023년 WBC월드베이스볼클래식 우승을 일구며 아름다운 사제지간의 관계를 보여주었다. 구라야마 감독은 책 속에 담긴 철학이나 가치를 스스로에게 적용할 수 있다는 점에서 오타니에게 선수생활을 어이가면서도 항시 심도 있는 독서생활에서 벗어나지 않도록 권유하였다. 그가 진정으로 바란 것은 제자가 뛰어난 야구인보다는 훌륭한 인간으로서 성공하는 것이었다. 그는 감독생활 내내 선수들의 인격을 중시하고 위계에 따른 질서 대신 자율에 의한 화합을 강조하면서 일본 야구의 위상을 세계적으로 높인 인물로서 박항서 감독에게서 찾을 수 있었던 따뜻한 '파파 리더십'의 강점을 몸과 마음으로 실천하였다.

2절. 효도와 맞닿은 리더십

효도와 리더십의 상관성에 대한 연구결과를 살펴보면, 이 가운데는 "효는 부모에게 친절을 베푸는 일로서 사람들을 다스리고 보살피기 위한 훈련이 된다."197)는 해석이 있다. 자녀가 가정생활을 통해 부모를 성심껏 대하는 태도로 나타나는 효도가 바로 리더십의 출발점이며 또한 사회에서 필요로 하는 리더십의 함양이 이뤄질 수 있음을 시사한다. 또 다른 연구결과로는 "현대 리더십이 인본주의에 입각해 구성원들의 신념, 욕구, 가치 등을 외부환경과 조화시킴으로써 구성원 스스로가 자발적으로 목표 달성에 참여케 하는 데 초점을 두고 있다는 점에서 효도사상과 밀접한 관련을 갖는다."198)는 평가도 있다.

사람이 모인 집단에서는 목표달성을 위해 적합한 리더십이 지속적으로 요구된다. 리더십은 어디에 가치를 두는지, 어떠한 방식으로 실행되는지 등에 따라 다양한 이름으로 불린다. 효도에 내포된 가치와 실천의 방식이 리더십과 맞닿을 수 있는지에 대한 연구도 활발히 진행 중이다. 지금까지 학계에서 연구 및 정리된 효도 관련 리더십으로는 셀프 리더십, 서번트 리더십, 원칙 중심 리더십, 가치 중심 리더십, 윤리적 리더십, 진성리더십, 감성리더십 등이 손에 꼽힌다. 이를 각 리더십별로 구체적으로 확인해보겠다.

첫째, 셀프 리더십Self Leadership이다. 전통적 개념에서의 리더십은 "조직 내에서 리더가 구성원에게 영향을 미치는 행위"로 설명된다. 이와는 달리 1980년대 말 미국에서 급격한 경영

<hr />

197) 김수동, "동양고전에서 이해한 배려의 리더십: 논어를 중심으로", 『교육실천연구』10권 2호, 한국교육실천연구학회, 2011.6, 52.

198) 김종두, "효 사상과 현대 리더십의 연계성 고찰", 『윤리연구』65권, 한국윤리학회, 2007.6, 53.

환경 변화에 따른 기업들의 체질 개선과 글로벌 경쟁력 확보를 위한 고민의 결과로서 등장했던 셀프 리더십은 조직의 구성원 자신이 스스로에게 영향을 미치는 리더십이다. 구성원은 리더를 따르는 팔로어follower이지만 미래를 위해 항시 리더십을 배양하는 준비의 주체로서의 성격도 갖는다.

이 리더십은 "내가 원하는 방향을 향해 나 자신을 이끌어 가는 당사자로서의 능동적 행위"라고 정의할 수 있다. 자신만의 목표와 계획을 갖고 자신을 적절하게 통제하는 것이므로 자기 동기부여와 자기 주도가 리더십 배양의 핵심적인 요소이다. 여기에 추가적으로 필요한 것은 지속적인 발전을 담보키 위한 자강불식自强不息의 자세와 자기개발의 노력이다.

자식이 가정에서 부모로부터 전수받은 사랑의 가치는 효도로 체화되고 세상을 살아가는 기본 덕목으로서 역할을 수행한다. 이 덕목은 사회에서 조직을 이끌거나 조직 구성원으로서 임무를 완수하는 데 있어 대단히 긴요한 자원이 되므로 효도와 리더십은 상호 연결성을 갖는다. 항시 부모의 존재를 의식하고 가르침을 받드는 효도는 유년기에 수용, 내재화된 인식이 청년기와 중년기 및 장년기를 거쳐 노년기에 이르기까지 인생의 모든 과정 중 부모가 바라는 방향으로 자신을 이끌어가도록 작용한다는 점에서 셀프 리더십에서 중시하는 지속적인 자기 의지 점검, 자기 정렬 확인과도 일맥상통하는 것이다.

둘째, 서번트 리더십Servant Leadership이다. 서번트는 "하인이나 봉사자"를 의미하는 만큼 이 리더십은 조직의 리더가 낮은 자세로 구성원을 섬기면서 그들에게 긍정적인 차원의 영향력을 발휘하는 데 목적을 둔다. 리더의 내적인 사랑의 마음이 외적으로 구현되며 팔로어에게 전해질 때 진정한 리더십이 발휘된다는 점에서 현대적으로 새롭게 해석되는 효도의 지향점과도 일치한다.

서번트가 처음 리더십 개념에 접목되었을 때 새로운 패러다임으로 여겨지며 이목이 쏠린 배경에는 이 용어에 담긴 역설이 자리한다. 원래 리더십은 "앞에서 이끈다."는 뜻을 가진데다 '통제, 지시, 명령' 같은 권력 행사의 이미지로 인식되고 있었기 때문에 서번트와 리더십은 상호 이질적일 수밖에 없는 조합이었다. 기존에 존재하던 리더십은 리더와 팔로어 간의 차별적 위치, 수직적 관계에 초점이 맞춰졌지만 서번트 리더십은 양자 간의 동등한 위치, 수평적 관계를 중시한다는 면에서 확연한 차이를 보인다.

이 리더십은 리더가 팔로어에 대한 사랑의 감정이 없을 경우 쉽사리 권력에 의지하게 되고 결국 양자 간에 조화로운 상태가 깨지며 조직으로서는 직면하는 현안 해결이 불가능해진다는 접근이다. 때문에 구성원과 부하를 권력 행사의 대상이 아닌 섬김의 존재로 여겨야 한다는 점이 강조된다. 가정에서 부모가 권위를 내세우지 않고 자식을 아무런 조건 없이 사랑하는 마음으로 대하고 본보기로서의 삶을 이어갈 때 자식의 존경과 따름이 수반되는 것과 동일한 이치인 것이다.

셋째, 원칙 중심 리더십Principle Centered Leadership이다. 인간으로서 반드시 지켜야 할 사고와 행위의 기본원리, 즉 '원칙'이라는 것은 인류 역사가 펼쳐진 모든 사회와 문명에서 시작되어

지금까지도 줄곧 이어지는 지배적 사회가치이며 정도正道로서의 성격을 갖는다. 그런데 우리가 사는 현대사회에서 가치전도 현상이 상시적으로 목격된다. 가치 차원에서 판단할 때 우선적인 것이 편의적인 것에 의해 쉽사리 뒤집히는가 하면 왜곡된 시각 때문에 전통과 구태를 제대로 구분하지도 않고 단정을 짓는다.

우리가 살고 있는 공동체 사회를 지도에 비유하자면, 리더가 팔로어와 함께 나아갈 길을 찾기 위해서는 "도덕과 가치의 나침반"을 갖춰야 한다. 항구적으로 정확하게 일정한 방향을 알려주는 존재로서의 원칙은 리더에게는 필수적인 덕목이며 조직의 흥망성쇠를 가르는 요건이다. 이러한 원칙을 리더십에 적용한 인물은 미국의 작가이자 교육자, 컨설턴트였던 스티븐 코비Stephen R. Covey이다. 그가 설정했던 원칙 중심 리더는 확고한 원칙을 견지하면서 팔로어의 역할모델이 되고 지속적으로 학습하며 봉사의 삶, 균형이 잡힌 삶을 영위하는 사람이다.

원칙 중심 리더십을 효도 차원에서 적용, 해석한다면 부모와 자식 간 떼려야 뗄 수 없는 천륜이 바로 원칙이다. "어버이와 자식 간에는 서로 사랑한다."는 부자유친父子有親의 정신이 바로 여기에 해당된다. 아울러 불경의 "효는 수행자의 삶의 기준과 준거, 죄악을 범하지 못하게 하는 규정이다."[199]라는 가르침, 논어의 "군자는 모름지기 근본에 힘써야 하며 근본이 서면 길과 방법이 자연적으로 이루어지는 것이니, 효도와 우애는 인을

---

199) 『범망경』

행하는 근본이다."[200]라는 언급과도 통한다.

넷째, 가치 중심 리더십Value Based Leadership이다. 가치는 인류가 지속적으로 추구한 정신의 방향이며 사회 유지의 보편타당한 당위성이다. 이 리더십은 "인간이라는 존재는 본래부터 가치지향적인 존재"라는 철학에서 시작되었다. 가치를 바라보는 시각이나 생각, 즉 가치관은 사전적 의미로는 "인간이 자기를 포함한 세계나 그 속의 사상에 대하여 가지는 평가의 근본적인 태도"[201]로서 인간이 세상에 태어난 이후부터 지속적으로 접하게 되는 다양한 교육, 그리고 경험치의 축적에 의해 형성된다.

효도를 각 개인의 가치관에 대입, 설명해본다면 부모로부터 생명을 부여받고 부모의 양육을 통해 근본 가치를 배우고 사회화 과정을 거치며 효심이 몸에 배이면 효행의 필요성을 느끼는 순으로 가치관이 형성된다. 효도를 인식하고 체화하면서 자신의 정신세계를 구축하는 것이다. 가치 중심의 리더십은 사회 운영이나 국가의 정치에서 공동체의 지향점을 찾기 위해 우선적으로 필요하지만 범위를 축소한다면 가정에서도 적용될 수 있다.

예를 들자면, "자녀로서 부모의 은혜에 어떤 내용과방식으로 보답할 것인가?", "만약 부모와의 갈등이 발생한다면 어떠한 자세와 태도로 해결할 것인가?", "제2유형의 부모인 장인과 장모, 시아버지와 시어머니를 모실 것인가? 아니면 모시지 않고 경제

---

200) 『論語』「學而」, "君子務本, 本立而道生. 孝悌也子, 其爲仁之本與."

201) 국립국어원, 『표준국어대사전』

적 지원을 할 것인가?" 등등 일상생활에서 효행과 관련하여 마주하게 되는 상황에 대한 질문을 놓고 당사자로서 자신의 가치관에 따라 답을 찾고 선택을 할 것이다. 이처럼 가치관은 조직의 대소와 성격을 막론하고 리더의 행동을 결정하는 핵심요소이다.

다섯째, 윤리적 리더십Ethical Leadership이다. 리더의 도덕적 해이는 자칫 사회와 공동체에 심각한 타격을 불러일으키는 요인이 될 수 있다. 기업체에서 자주 발생하는 이른바 '오너리스크 owner risk'가 대표적이다. 경영자가 본인에게 부여된 권한과 권리에만 매몰되어 비윤리적인 행태를 보임으로써 기업의 성장과 발전을 저해함은 물론 존망의 기로에 서도록 내몬 사례는 비일비재하다.

이러한 상황을 타개하기 위해 철학적 측면, 도덕적 규범 차원에서만 논의돼 왔던 인간 본연의 윤리와 품성의 특징을 조직관리 분야에서 재해석, 적용한 것이 바로 윤리적 리더십인바, 공동체에서 리더가 당장의 성과 향상에만 집착하지 않고 업무처리 과정에서 공명정대하고 남들을 배려하며, 사회에 미치는 영향을 고려하는 것이다. 이러한 리더는 조직의 목표를 효과성에 한정하지 않으며 사회를 지향하고 공익과 정의, 인간 존엄성을 중시한다. 때문에 공공부문의 좋은 리더가 되려면 변혁적 리더십 이전에 윤리적 리더십이 먼저 필요하다.[202]

---

202) 김호정, "21세기 공공부분 리더십의 변화: 이론적 성찰과 전망", 『한국행정학보』 51권 1호, 한국행정학회, 2017. 3, 126.

인간의 기본 도리인 효도를 행하는 것은 윤리적 리더십의 실천과 맞닿아 있다. 자신과 직접적인 관계의 부모, 형제자매, 아내와 자녀 같은 가족에 대한 사랑과 배려의 효행에서 출발해 사회를 향할 때 효도는 실천적 윤리로서 역할을 수행한다. 효도의 현대적 재해석에서 나온 것처럼 이웃과 스승, 어린이와 청소년, 제자 등 간접적인 관계망의 대상에 이르기까지 효도에 기반을 둔 행위는 윤리적 리더십의 성격을 갖는다. 나아가 자연사랑과 환경보호도 윤리적 리더십의 범주에 든다. 나와 현재가 중시되는 편의와 이익 차원에서 자연을 약탈적인 시각에서 바라보는 것이 아닌 우리와 미래를 염두에 두는 자세이다. 따라서 공자가 언급했던 "하루라도 나를 이기고 예로 돌아가면 천하는 인함으로 돌아갈 수 있다."는 극기복례克己復禮[203]의 리더십이기도 하다.

여섯째, 진성리더십Authentic Leadership이다. 이는 비교적 새로운 개념으로서 인간, 사회의 가치와 윤리적 원칙을 우선시함으로써 구성원이 효능감을 체감토록 진정성, 투명성, 정직함의 조직 문화를 만드는 리더십을 의미한다. 진성리더십의 모델은 1차적으로 인간적인 면, 가치적인 면에 공동체의 초점을 둔다. 이를 통해 2차적으로는 구성원들이 자신의 말을 경청, 인정해 준다는 느낌을 갖도록 포용적인 환경의 조성을 목표로 삼는다.

진성리더는 사명에 대한 진정성을 갖는 단계에서 시작하여 시련에 봉착해도 치열하게 임무를 완수함으로써 구성원들에게

---

203) 『論語』「顏淵」, "克己復禮爲仁, 一日克己復禮, 天下歸仁焉."

인정받는 과정을 거친다. 그리고 이어서 구성원 간의 협업을 유도하면서 최종적으로는 타의 모범이자 규범의 단계에 이르러 모두가 본받는 위상을 확보한다. 이 단계에서는 공동체 및 구성원이 함께 진보와 발전을 기약할 수 있다. 퇴계 이황李滉이 자신의 시에서 "높은 곳에 머무는 것은 내가 할 일이 아니네. 고향마을에 기거하면서 착한 사람이 많아지길 소원하네. 이것이 천지가 제 자리를 잡는 것이기에."[204]라고 읊은 것처럼 직책과 권력보다는 선한 인간 위주의 사회가 되도록 리더십을 발휘하는 단계가 바로 진성리더십이다.

우리가 그리는 "공동체의 선"은 인간이 인간다운 행위를 하는 것에서부터 출발한다. 인간으로서 기본덕목인 효도의 가치 구현이 대표적인 행위이다. 진성리더에게는 확고한 자아 인식과 내면화된 도덕적 신념이 요구된다. 이는 효심이 작동되면서 자아에 대한 인식이 자리를 잡고 공동체의 리더가 되면 구성원들을 상대로 효행을 실천하겠다는 신념으로 승화된다는 점에서 진성리더십이 추구하는 방향과 일치되는 것이다.

일곱째, 감성리더십Emotional Leadership이다. 이 리더십은 개인의 감성적 자기성장을 촉진하고 감성적 조직관리 방안을 학습하며 생산적 공동체 문화를 구축할 수 있는 감성적 소프트파워를 지칭하는 것으로 볼 수 있다.[205] 전통적 리더십이론에서는 리더의 감성 부분을 일절 고려하지 않았다는 점에서 새로운 패

---

204) 李滉,「和陶集飮酒」, "高踏非吾事, 居然在鄕里. 所願善人多, 是乃天地紀."
205) 중앙교육연수원, 평택대학교, "실질적 학교 변화를 위한 감성리더십 연수 모형 개발", 『2016 정책 연구 보고서』, 2016, 27.

러다임이라고 할 수 있다. 감성리더는 자신의 내면을 파악한 후에 구성원의 감성을 이해하고 배려함과 아울러 상호 교감의 관계를 형성함으로써 비전을 만들고 조직의 감성역량을 제고하는 능력을 가진다.

감성리더십이 발휘되려면 첫 번째로는 자신의 감정, 능력, 가치관에 대해 정확히 이해하는 자기인식 능력이 요구된다. 두 번째로는 긍정적인 태도와 유쾌한 기분을 유지할 수 있는 자기관리 능력이 필요하다. 세 번째로는 타인의 감정을 이해하고 감정이입을 통해 공감할 수 있는 사회적 인식 능력이 전제되어야 한다. 네 번째로는 구성원들과 좋은 유대관계를 형성하고 이끌며 동기부여를 할 수 있는 관계관리 능력이 추가된다.

전통적 효도는 부모와의 관계에서 상대방에 대한 관찰과 이해를 배우는 과정이며 현대적 효도는 수평적 관계에서 상호 애정과 배려의 행동을 지향한다는 점에서 감성리더십의 요구와 궤를 같이한다. 효도는 천륜을 중시하고 이성보다는 인간 본연의 원초적 감성과 본성에 의해 촉발된다는 측면에서 감성리더에게 요구되는 자질을 연마할 수 있는 계기를 마련해 줄 수 있다.

효도와 정치리더십

1절. 정치는 허업이다

경영에서의 리더십은 생산성과 효율성을 근간으로 이익 창출을 추구한다. 이에 비해 정치에서의 리더십은 성격과 목표가 다르다. 정치 지도자는 국민통합을 이끌어내고 국민들에게 행복과 안전, 복지를 제공하는 정책의 구현을 임무로 삼는다. 이와 관련하여 국내 정치학계에서는 정치적 리더십에 대해 "정치권력을 이용하여 사회자원을 동원해 국가 또는 사회를 목표하는 방향으로 이끌어가는 지도자의 능력"[206], "국가의 목표와 가치를 추구하기 위해 추종자들을 유도하고 조정하는 정치적 역량"[207] 등으로 정의하고 있다.

이처럼 정치 지도자의 역할은 사회적인 재화나 가치의 분배

---

[206] 이승익, "당대 중국 최고 정치지도자들의 리더십 유형 연구", 계명대학교 박사학위논문, 2010, 6.

[207] 배정훈, 『리더십 에센스』, 형설출판사, 2010, 15-16.

및 추종자 유도와 조정에 방점이 찍히는 만큼 무엇보다 공공성과 공익성, 공정성이 강조된다. 정치인으로서의 역할 수행에 반드시 필요한 리더십은 유권자인 국민으로부터 위임받은 권력을 불편부당不偏不黨하게 활용하는 과정에서 공동체의 미래와 국가의 현안을 놓고 발휘된다. 이는 국민들을 설득하고 지지를 이끌어내면서 함께 목표와 비전을 향해가는 일련의 행위인 것이다.

동양권에서 효도를 이데올로기화함으로써 통치에 적극 활용되었던 과거의 효치孝治가 현대사회에 들어 신랄한 비판에 직면하지만 현재의 우리에게 주는 교훈은 참고할 만한 가치가 충분하다. 효치의 핵심은 군왕의 솔선에 있다. 군왕이 먼저 모범을 보이면 천하의 본보기가 되어 백성들 또한 따르게 되는 것이다. 효경에서 그 실제의 확인이 가능하다.

> 선왕께서 본 받으신 것을 보고 백성을 교화할 수 있다. 이 때문에 앞서서 널리 아껴 나가야 백성들이 그 어버이를 버리지 않게 되며, 덕과 옳음으로써 베풀어야 백성들이 일어나 실천하게 된다. 앞서서 공경하고 사양해 나가야 백성들이 서로 다투지 않으며, 예절과 음악으로 인도해야만 백성들이 화목하게 어울리고, 좋아함과 미워함으로써 보여 주어야 백성들이 금해야 할 것을 알게 된다.[208]

---

208) 『孝經』, 「三才章」, "先王見教之, 可以化民也. 是故先之以博愛, 而民莫遺其親. 陳之以德義而民興行. 先之以敬讓而民不爭. 導之以禮樂而民和睦. 示之以好惡而民知禁."

혼히 "JP"로 불리며 공화당 창당, 대선 출마, 3당 통합 등 한국 현대정치사에 큰 족적을 남긴 김종필 전前 총리는 정계 인사들을 향하여 "정치는 허업虛業이야!"라는 경구警句를 던졌다. 이에 다른 정치인들이 '허업'이라는 그의 메시지를 놓고 나름대로 "정치는 덧없고 헛된 일이며 정치가라는 것은 허망한 직업"이라는 해석을 내놓기도 하였다.

그러자 그는 이러한 정치 허무주의 차원의 해석에 대해 경계하면서 "정치는 키우고 가꿔 열매가 있으면 국민이 나눠 갖는 것으로서 정치인 자신에게는 텅텅 빈 허업"이라고 설명했다. 그리고 "국민이 안심하고 여유 있게 희망을 갖고 살면 그것을 도와주고 만들 걸로 만족해야지, 나도 열매를 따겠다고 하는 건 정치인이 아니다. [209]"라고 강조했다.

사전을 찾아보면 허업은 "실속이 없이 겉으로만 꾸며놓은 사업"[210]으로 풀이된다. 이는 열매를 딸 수 있는 실업實業과는 상반되는 것이다. 그의 설명에는 기업인에게 있어 사업은 부富라는 열매를 가져다주기에 실업이지만 정치인에게 있어 정치라는 것은 결코 부를 안겨주지 않는 만큼 자신이 추구하는 것이 결국에는 허업임을 깨닫고 일신의 부귀와 영화 대신 국민에 대한 헌신과 봉사의 자세를 견지해야만 된다는 기대, 그리고 주문이 담겨 있다.

국내 학계 일각에서 나온 기존 체제의 미래에 대한 견해는

---

209) 신지호, "정치는 허업이야!", 주간조선, 2020. 3. 23.
210) 국립국어원, 『표준국어대사전』

사뭇 비관적이다. 그 내용은 "'19세기와 20세기 사회를 설명해 왔던 기존의 사회 범주와 경계들은 세계화, 양극화, 정보화, 감성화라는 우리 시대의 거대한 전환 앞에서 심각한 무력함을 드러내며 국가, 정당, 집단, 공동체, 젠더, 가족과 같은 사회적 개념이나 단위가 마침내 역사적 시효를 다하고 있다. 현대사회는 '무적無籍사회'가 되어 국가, 가족, 지역 등이 개인을 구속하지도 않지만 개인을 책임지지도 않으며 이러한 징후는 가족의 와해에서 비롯되는 '일인一人사회'의 확산에서 확인된다."[211]는 것이다.

그럼에도 국가는 여전히 국민을 위해 존재하는 만큼 노인과 아동을 비롯한 사회적 약자를 보호하고 사회 구성원으로서 기본 생활을 영위토록 예산과 행정력을 동원하고 있다. 또한 국가의 지속성과 영속성을 위해 필요한 사회적 가치 수호 차원에서 가족공동체와 도덕, 윤리를 중시하고 2세 교육에도 반영하는 것이 당연시되는 상황이다. 국가지도자는 이를 실천으로 옮기고 결과에 따라서 국민의 신임을 얻거나 혹은 잃게 된다.

공자는 상서尙書의 내용을 인용해 "부모에게 효도하고 형제 간에 우애하는 것을 정사政事에 반영시키는 것이야말로 정치하는 것이다. 어찌 꼭 벼슬하는 것만이 정치를 하는 것이라고 하겠는가?"[212]라는 언급을 통해 효도가 정치의 근본임을 강조하였다. 즉 정치에서 효도는 결코 배제될 수 없는 가치임을 시사

---

211) 전상민, "권력의 재구성", 『철학과 현실』 92호, 철학문화연구소, 2012.3, 13.
212) 『論語』 「爲政」, "子曰, 書云孝乎, 惟孝, 友於兄弟, 施於有政, 是亦爲政, 奚其爲爲政."

하는 것으로서 이는 현대사회의 정치에서도 그대로 적용된다.

우리가 오랜 기간 목도했듯이 정권을 잡은 국가 운영세력이나 반대편에서 정권을 잡기 위해 노력하는 세력이 각기 경쟁적으로 "효도하는 정부", "효도하는 정당"을 외치는 것은 주권자인 국민, 특히 노인세대를 향한 간절한 구애이다. 젊은 층의 의견은 제대로 반영되지 않고 다수의 유권자로서 노인들의 의견만 정치와 정책에 반영되는 이른바 '실버 데모크라시Silver Democracy'의 우려도 존재하지만 고령화 사회의 정치 지형도는 선거에 적극 참여하는 노인들의 권익을 쉽사리 무시할 수 없음을 보여준다. 정치권은 현실적으로 정치와 노인의 함수관계를 면밀하게 들여다 볼 수밖에 없다.

시대가 바뀌고 사람들의 인식과 행동에도 커다란 변화가 왔지만 정치지도자가 효도의 가치를 제대로 인식하고 실천에 옮기는 것은 현대정치, 특히 유교적 정서를 가진 아시아권 국가에서는 결코 무시할 수 없는 부분이다. 이렇듯 효도가 정치에서 긍정적인 요소로 작용한다면 국민들의 정서적 공감대 형성과 지지 획득 과정에서 특히 캐스팅 보드 역할을 맡은 세대의 마음을 움직일 수 있다.

정치지도자는 국민 각계각층의 다양한 목소리, 여기에 담긴 요구를 진지하게 수렴하여 국가정책에 십분 반영할 의무를 갖는다. 아울러 반대파까지 포함되는 여러 집단이나 세력과의 대화와 협상, 타협을 통해 지지와 협조를 얻고 참여를 유도해내는 능력과 복잡하고 다난한 현안 해결을 위한 정책적 대안 제시 노력을 요구받는다. 따라서 확고한 정치철학과 견고한 집행

능력은 정치지도자의 필수조건이라 할 수 있다.

초고령 사회의 진입을 앞두고 정치에 노인이 자주 등장하고 있다. 인간은 사회적인 동물인 동시에 정치적인 존재이다. 노인층이 생각하는 성공적인 노화와 안정된 노후생활은 자신의 가족, 이웃, 지역사회 그리고 정치체제와의 끊임없는 상호관계 및 작용 속에서 이루어진다. 일반적으로 노년층의 정치 참여는 투표행위로 집중된다. 고령 유권자의 투표율은 다른 연령집단에 비해 높기 때문에 노인 인구의 증가는 정책이나 선거 결과에 큰 영향을 미친다.[213] 때문에 주기적으로 진행되는 정치이벤트로서의 각종 선거는 최대 규모의 유권자인 노인층의 지지를 얻기 위한 각축장이 된다.

농경시대의 노인문제는 가족과 지역사회에서 자체적으로 해결되었다. 그러나 현대사회에서는 노인부양이 가족 차원을 벗어나 사회문제로 부각되는 가운데 끊임없이 정치권과 정부 차원의 정책적인 해법을 요구하고 있다. 이와 관련하여 노인복지 학계에서는 "노후를 위한 소득보장, 건강유지, 주택 및 교통, 장기요양, 여가활용 서비스 등 모두 정치적인 관계를 갖고 있다. 정치를 떠나서는 현대사회의 다양하고 복잡한 노인문제를 해결하기 어렵다."[214]는 진단을 내린다.

지금의 우리 사회는 급속한 인구 고령화, 핵가족화와 가족

---

213) 민영, "시민으로서의 노인: 노년층의 제도적, 비제도적 정치 참여 동인에 대한 탐색", 『한국언론학보』 63권 1호, 한국언론학회, 2019. 2, 83.

214) 고양곤, "외국노인의 정치참여와 권익운동", 『노인복지연구』 14호, 한국노인복지학회, 2001. 12, 28.

해체 증가, 취업과 연금 등을 둘러싼 세대 갈등이 사회문제로 대두되면서 전통적 미덕으로 자리했던 효도 의식이 점차 희박해지고 있다. 그럼에도 이런 상황에 대한 고민과 성찰을 통해 해결방안을 제시해야 할 정치권에서 오히려 효도를 "선거철 노인표를 얻기 위한 수단"으로 인식하고 노인층을 악용하는가 하면 일부 정치인은 효도를 강조하기는커녕 노인 폄하 발언으로 큰 물의를 일으킨 사례가 있었다.

특히 우리나라의 경우 지방선거, 총선거, 대통령선거 등 정치적인 이벤트가 거의 매년 이어지는 상황으로서 선거에서 이기려는 정당과 정치인들이 공약을 통해 효도를 거론하기 때문에 노인문제가 더욱 부각된다. 극히 한정된 예산의 분배에 따른 차별논란으로 인해 청년층, 중장년층, 노인층 등 계층 간 생각이 다른 상황이라 상호 갈등의 원인으로 작용하기도 한다.

공적연금 고갈과 노인의 지하철 무임승차 등으로 상징되는 노인의 복지 수요는 지속적으로 증가하는 가운데 노후의 소득, 주거와 교통이동, 의료와 장기요양, 여가활동 등은 모두 수요자 대 공급자, 수요자 대 수요자, 공급자 대 공급자 간 상호 정치적인 관계를 가지고 있다. 따라서 정치야말로 현대사회에서 복잡다난한 노인문제의 해결사로서 존재할 것을 요구받는 상황이다.

조정자로서의 정치, 정치인의 역할 수행이 있어야만 노인과 청년의 화합과 조화가 이뤄진다. 여기에서 세대 간의 화합과 조화로 축약되는 효도의 핵심 가치를 차용할 필요성이 제기된다. 노인 관련 예산을 통한 청년 일자리 창출 방식 등 모두가 승자가 되는 상생의 해법 제시가 필요하다. 노인을 위한 예산이 주먹구구식으로 집행되거나 아무런 관련이 없는 제3자의 주머니에 들어가는 일이 없도록 통제하는 것 또한 정치의 몫이다.

정치지도자가 "누구나 반드시 노인이 되고 노후에는 사회의 세심한 손길을 필요로 한다."는 명확한 인식을 가지고 효도를 정치적 주제의 하나로 제기하면서 사회적 공감을 유도하는 동시에 공론화를 시키려는 노력을 기울여야 된다. 효도는 무엇과도 바꿀 수 없는 우리의 정신적인 자원인 만큼 이를 정치에 적극 반영하는 리더십이 요구되는 시점에 와 있다. 정치는 당사자에게는 확실히 허업일 수 있으나, 국민들에게는 반드시 맺은 과실을 제공해주는 실업으로 다가와야 할 것이다.

2절. 생명철학과 불효의 정치

정치적 철학이 빈곤하고 추진력이 결여된 지도자, 빈곤한 철학에 오히려 추진력은 과잉상태인 지도자의 국정운영이 국민들을 사지로까지 내몰 수 있음은 동서고금을 막론하고 자주 목도된다. 가까이는 우크라이나 전쟁을 일으키고 병력 충동원령을 내려 자국 국민들을 전장의 지옥으로 밀어 넣었던 푸틴 러시아 대통령의 사례가 대표적이다.

우크라이나와 러시아 간 전쟁을 단순히 선과 악의 이분법으로 재단할 수 없는 측면도 있다. 그러나 러시아의 무력 침공으로 인해 발발한 이 전쟁은 우크라이나 영토를 점령한 이후 위성국가로 만들고자 하는 푸틴의 노골적인 저의에서 시작된 것은 분명하다. 한 국가 지도자의 탐욕과 오판에 의한 잘못된 전쟁 때문에 양국 국민 공히 형언키 어려운 고통을 겪게 된다.

특히 침략을 당한 우크라이나 국민들의 희생이 컸다. 수백만 명에 이르는 난민이 발생하였고 가족은 해체되어 죽음의 전장으로, 국경 넘어 피난지로 흩어졌다. 주요 도시들은 일상화된 러시아군의 무차별 폭격으로 파괴되었으며 무고한 시민들은 삶의 끈을 간신히 부여잡으며 죽음의 불안에 시달렸다. 한편 무기 부족에 처한 우크라이나군은 소형 드론에 수류탄을 매달아 러시아군 탱크의 진격을 막는 방식까지 사용하는 고군분투를 이어갔다.

개전 당사자인 러시아군의 피해 또한 막대했다. 전쟁 초반에는 일방적으로 승세를 이어갔지만 우크라이나군의 결사항전으로 인해 다른 양상이 전개되었고 결과적으로 최전선의 병사들은 물론 다수의 지휘관이 전사한데다 상당수 병사들은 탈영과 투항의 행태를 보이는 등 푸틴의 기대는 완전히 빗나갔다. 왜 전쟁을 수행하는지 이해도, 공감도 못하는 상태에서 전장으로 끌려 나간 앳된 젊은이들의 죽음은 참으로 헛된 것이었다. 대신에 막대한 이권을 노리는 전쟁청부업자와 이들에게 고용된 용병들로서는 이 전쟁이 더 말할 나위가 없는 사업의 기회이자 활동의 무대가 되었다. 심지어 범법자, 교도소 수감자들까지 가세한 이들 집단에게서 윤리와 도덕은 결코 찾을 수 없는 덕목이다.

　전쟁 상황이 실시간으로 중계되는 시대를 맞아 뉴스화면에 비쳐진 러시아 탱크는 피폭으로 인해 멈춰선 채 검붉은 화염을 내뿜으면서 시청자들을 전율케 한다. 그 안에 주검으로 남겨진 병사들도 역시 고향에 부모와 가족이 있는 사람들이다. 즉 이들은 누군가의 아들이자, 누군가의 형제로서 반드시 살아 돌아와 재회의 기쁨을 나눠야 할 존재인 것이다. 오열 속의 가족에게 전쟁은 아무런 의미가 없는 통한의 비극으로 읽혀질 것이다.

　이 대목에서 우크라이나 전쟁을 기획, 연출했던 푸틴의 정치 리더십을 효도 가치의 본질적인 차원으로 접근하여 살펴본다면 대단히 잘못된 "불효의 리더십"이라 평가할 수 있다. 앞에서 기술한 것처럼 효도의 가치는 본래 생명존중과 생명보호를 지향하는 데서 찾아야 되는데, 명분과 설득력 없는 전쟁을 일으켜 상대국의 무고한 시민을 도륙하는 한편 자국의 국민들까지 대거 희생시키는 푸틴의 야만적인 행태는 이를 심각하게 훼손하고 있기 때문이다. 특히 국제사회로부터 "악마의 무기"라고 불리며 살상용으로 사용이 금지된 테르밋 소이탄[215]을 우크라이나에 퍼부은 것은 반인륜을 넘어 반인류적인 악행으로 비난받는다.

　효도를 "생명의 문제"로 접근한 대만 성공대학교 차이우송蔡

---

215)　테르밋 소이탄은 알루미늄과 산화철 혼합물인 테르밋thermite을 채워 연소 때 초고온이 발생함으로써 강철과 콘크리트까지 태우고 인체에 닿을 경우 뼈를 녹일 정도의 가공할 무기이다.

茂松 교수 논리에 따르면 이는 생명철학이다. 그는 효도의 본질을 세 가지로 논하였다. 첫째는 생명을 사랑하는 것이다. 부모의 생명을 사랑할 뿐만 아니라 자신의 생명, 형제의 생명, 친척의 생명, 나아가 인류와 만물의 생명을 사랑하는 것이다. 둘째는 생명의 건전성과 연속성을 유지토록 하는 것이다. 모든 생명체는 파괴와 살상으로부터 벗어나 온전히 살아남아야 하는 것이다. 셋째는 생명을 존중하는 것이다. 즉 부모의 생명 내지 남의 생명을 존중하는 순결의 행위이다. [216]

효도의 본질적 현상을 개관한다면, 생명유전의 자연현상에서 발현하며 생명은 자식에게 향한다. 자식이 다시 부모가 되어 후대에 생명을 이어가는 것은 영원을 향한 생명의 법칙이다. 이 과정에서 부모는 자식을 품고 자식은 부모를 따름으로써 생명유전이 영속성을 가질 수 있다. 효도는 이러한 자연법칙과 공동체와의 관계 설정을 통하여 사회 전체의 동의를 구할 수 있을 것이다. [217]

생명철학으로서의 효도는 부모와 자식 간의 절대로 변할 수 없는 천륜이자 인간으로서 반드시 지켜야 할 인륜이다. 그러나 전쟁은 천륜과 인륜을 무자비하게 끊어내고 말살한다. 때문에 우리는 전쟁을 논할 때 "윤리적인 전쟁"이라는 표현은 아예 하지 않는다. 푸틴은 사람의 고귀한 목숨은 안중에도 없는 참혹

---

216) 차이우송, "효의 본질과 현대적 의의", 『효사상과 미래사회』, 한국정신문화연구원, 1995, 176.

217) 김창균, "효의 심리성과 현대적 의미", 『효행장려 FORUM 자료집』, 사단법인 효문화지원본부, 2022. 5, 106.

한 전쟁을 통해 보여주었듯이 지도자로서 갖춰야 할 인륜과 천
륜을 저버린 인물이다. 따라서 그의 정치리더십은 공허한 시대
착오적 리더십일 뿐이다.

오로지 자국의 이익을 취하기 위해 크림반도에 이어 우크라
이나 전체를 삼키려는 전쟁은 국제사회 구성원 모두가 고개를
젓는 행태이다. 영토와 세력을 확장하려는 탐욕 속에 벌어지는
자신만의 전쟁인 것이다. 이로 인해 국제질서가 크게 흔들리
면서 미국은 물론 유럽을 비롯한 대다수 국가는 러시아의 적이
되었고 우크라이나에 대한 지원을 서둘렀다. 당장 러시아에 대
한 국제사회의 강력한 제재 조치로 인해 고통 받는 것은 푸틴
이 아닌 죄 없는 자국 국민이다.

대외 침략뿐만 아니라 국내에서도 나타나는 푸틴의 강압적
통치방식은 반대 정파에 대한 무차별 공격과 인권유린 등으로
인해 국내외로부터 많은 비판을 받고 있다. 과거 유교에서는
사상을 정치와 연관시켜 천하를 다스리는 부분에 대해 "가르침
이 엄숙하지 않아도 이뤄지고 정치가 엄격하지 않아도 다스려
진다."[218]면서 폭력과 위협, 형벌을 앞세워 강압적으로 통치하
는 이른바 "패도정치覇道政治"를 경계했다. 현재의 푸틴이 행하
는 정치가 바로 이에 해당된다.

기술용어 가운데 '인장강도引張强度, Tensile Strength'라는 것이 있
다. 일정한 물체가 잡아당기는 힘에 견딜 수 있는 최대한의 응
력을 말하는데, 응력이 한계치를 넘어설 경우 물체는 절단된

---

218) 『孝經』「三才章」, "其教不肅而成, 其政不嚴而治."

다. 이를 러시아 국민들이 겪는 상황에 비유해본다면 푸틴의 정치행위로 인해 어쩔 도리 없이 겪는 고통과 견뎌내는 인내의 한계치 도달이 그다지 멀지 않았다고 할 수 있다.

제대로 된 정치지도자가 올바른 정치를 펼칠 경우의 세상 모습은 대체 어떤 것일까? 지금과는 시대와 상황이 너무나도 다르지만 공자가 꿈꾸었던 이상적 정치와 공동체 사회는 구성원 간에 신뢰와 화목이 전제되고 남녀노소가 자기 역할을 수행하면서 일자리와 사회의 안전이 충분히 보장되는 동시에 약자를 배려하는 대동사회大同社會로서, 다음과 같이 묘사된다.

> 큰 도가 행해지면 천하는 개인의 것이 아니라 공공의 것이 된다. 현명하고 능력 있는 자를 선발해 천하를 맡겼고 사람마다 믿음을 중시하고 화목을 실천했다. 그리하여 사람들은 자기 부모만을 부모로 여기지 않았고 자기 자식만을 자식으로 여기지 않았다. 노인들은 편안히 생을 마칠 수 있었으며 젊은이들은 일할 곳이 있었고 아이들은 안전하게 길러졌다. 홀아비나 과부, 고아, 자식 없는 사람, 장애인이 모두 부양을 받았다. 남자들은 각기 직분을 다하고 여자에게는 각기 돌아갈 집이 있었다. 재물을 땅에 버리는 낭비는 싫어했지만 그렇다고 재물을 자기만의 것으로 소유하지는 않았다. 노동하지 않는 것을 싫어했지만 그렇다고 자기만을 위해 노동하지는 않았다. 그리하여 간특한 모의가 통하지 않았고, 남의 물건을 빼앗고 훔치는 등 사회를 어지럽히는 무리가 생겨나지 않았다. 그래서 대문이 있어도 잠그지 않고 살았다. 이러한 사회를 일러 '대동세상'이라고 한다.[219]

---

219) 『禮記』「禮運」, "大道之行也, 天下爲公, 選賢與能, 講信修睦. 故人不獨親其親, 不

노인과 아동, 청년, 사회적 약자들이 상호 깊은 신뢰 속에서 배려하고 공존하는 풍요로운 세상은 구현이 어려운 이상일 수도 있다. 그럼에도 효도를 기반으로 삼는 정치인이라면 반드시 지향하고 결과 창출 차원에서 지속해야 할 목표이다. 국민의 통합을 이끌어내고 국민들에게 행복과 복지를 가져다주는 정책 제공이 정치지도자의 임무[220]이기 때문이다.

중국의 주룽지朱鎔基 전前 총리는 재임 당시 의욕적으로 수행했던 부정부패 청산 과정에서 강력히 저항하던 기득권 세력에 대해 사생결단의 태도를 견지했다. 그는 "100개의 관棺을 준비하라, 그 중의 하나는 내 것이다."라고 일갈함으로써 개혁의 드라이브를 걸었으며 은퇴 이후에도 자선활동과 청빈한 생활을 견지함으로써 여전히 국민들의 존경을 받고 있다. 그는 2002년 전국인민대표대회의 정부업무보고를 통해 신중국 건국 이후 처음으로 사회적 약자弱體郡勢를 언급하며 정부의 관심과 조치를 약속하였다. 여기에서 언급되는 사회적 약자는 실업자, 취업 경쟁력이나 기본적인 생활 능력이 없는 도시와 농촌의 빈곤층과 재난 피해자 등으로서 정부가 우선적으로 돌봐야 하는 대상[221]이다.

이제 우리 사회를 돌아보면, 특히 노인은 인생의 마지막 단

獨子其子. 使老有所終, 壯有所用, 幼有所長, 鰥寡孤獨廢疾者, 皆有所養. 男有分, 女有歸. 貨惡其棄於地也, 不必藏於己, 是故謀廢而不興, 盜竊亂賊而不作, 故外戶而不閉, 是謂大同.

220) 김창희 등, "정치과정에서 신뢰와 정치리더십 연구", 『지역과 세계』제40권 1호, 전북대학교 사회과학연구소, 2016. 4, 127.

221) "朱鎔基…政府工作報告", 人民日報, 2002. 3. 17., 1面.

계에 도달한 사회적 약자로서 정치지도자가 우선적으로 보듬어야 할 대상이다. 오늘날은 "장수사회"라고는 하지만 노인층의 대다수는 점차적으로 약해지는 신체와 정신으로 인해 고통받으며 사회성까지 침체되면서 활력을 상실하고 성실한 삶을 통해 쌓아왔던 자부심마저 잃어가고 있다. 비록 사회 일각의 생각이지만 노인이 공동체의 '힘'이 아니라 '짐'이 된다고 여기는 풍조가 나타나고 있는바, 노인을 더욱 힘들게 하는 행태인만큼 사고의 시정과 전환이 요구된다.

노인은 전통사회, 대가족제도에서는 집안의 어른으로서 자랑거리였으며 마치 인간 삶의 본보기처럼 존귀한 존재였다. 특히 장수는 오복 중의 하나였다. 그러나 한국은 고령화로 접어들면서 노인들이 국가재정을 축내는 문제의 주인공으로 회자되고 있다. 이들은 '빈고貧苦, 병고病苦, 고독고孤獨苦'라는 3고의 고통 속에서 힘들게 생명을 연장하는 실정이다. 따라서 정치지도자로서는 세대 간의 조화와 평화가 유지되도록 노력하는 한편 노인들이 겪는 문제에 대한 해결 의지와 적극적인 개입이 요구된다.

3장

효도와 행정리더십

1절. 효도하는 대통령과 정부

공자는 정치지도자의 위상과 역할에 대해 제자와 제후들에게 다양한 가르침을 주었다. 이 가운데 "덕으로 정치를 하는 것은 비유하자면 북극성이 제자리에 가만히 있는데, 모든 별이 그것을 향하는 것과 같다."[222]는 언급이 있다. 지도자가 덕으로 정치를 행한다는 것은 먼저 자신을 바르게 함으로써 표준이 되고 이를 통해 다른 사람들을 바르게 하는 것을 의미한다. 공자의 언급대로 지도자가 북극성처럼 항시 중심을 잡고 자리를 지키면서 조직의 방향을 제시하면 구성원들은 우주의 별처럼 각자의 자리에서 정해진 방향에 따라 항구적으로 움직일 수 있게 된다. 이와 같이 지도자는 공동체의 기준점으로서 역할이 중요한 것이다.

---

222) 『論語』「爲政」, "爲政以德, 比如北辰, 居其所, 而衆星共之."

국가원수이자 행정부의 수반인 대통령이 어떠한 가치관과 기준을 갖고 국정운영을 하느냐에 따라 나라의 명운이 결정된다. 효도의 가치도 마찬가지이다. 우리의 현대 정치사를 되돌아보면 역대 대통령 모두가 선거 또는 집권 기간 중 효도를 강조하고 몸소 실천했음을 알 수 있다. 그들은 예외 없이 "어르신께 효도하는 정부"를 표방함은 물론 국가 차원에서의 효도 실천이 갖는 당위성을 피력키도 하였다. 재임 기간 내내 거의 매일 부친에게 안부전화를 드렸던 대통령의 행동은 자식으로서의 진정성을 보인 모범적인 효도의 사례로 상찬되면서 사회적으로도 커다란 파급효과를 거두었다.

우리 사회의 효도와 예절의 전파에 열성을 보였던 인사는 국가지도자의 효도에 대해 "지위가 높을수록 효행의 책임이 무거운 것이다. 대통령의 효도는 덕으로 사람을 가르치는 것으로서 온 국민에게까지 이르고 온 천하에 모범이 되는 것"[223]이라고 설명한다. 이는 국가정책의 최고결정권자이자 국가공동체 가치의 최종수호자로서 대통령의 효도 가치와 실천에 대한 관심, 그리고 적용이 갖는 영향력은 대단히 중요하고 또한 무게감을 갖는 것임을 의미한다.

이와 같은 논리는 효경에서 지도자의 효도를 놓고 "옛날에 명철한 왕은 아버지를 섬김에 효도를 다했던 고로 하늘을 섬기는 것도 분명하였다. 어머니를 섬김에 효를 다했던 고로 땅을 제대로 살폈다. 어른과 어린이가 질서를 잘 지켰던 고로 상

---

223) 김철운, 『忠孝禮倫道經典』, 충효예교육출판사, 2007. 18.

하가 잘 다스려지고 하늘과 땅을 밝게 살핌으로써 하늘이 감응하여 잘 드러났다."[224]라며 솔선수범을 강조하는 것과 동일한 맥락으로 해석할 수 있다. 한 국가의 흥망성쇠는 한 사람의 책임 있는 통치자에 의해 완전히 배타적으로 좌지우지된다고 단정할 수는 없지만, 그 한 사람의 역할은 다른 어떤 사람의 역할보다 중요하다[225]는 점에서 대통령의 효행 의지는 정부의 효행과 직결된다. 이는 대통령이 항시 효도 가치의 중요성을 인식하는 가운데 이것이 국정에 스며들도록 정부를 독려하는 의지를 보여야 된다는 의미이다.

국가지도자의 효도에 대한 깊은 관심과 강한 의지가 확인되어야만 집권여당과 정부의 관련 부처가 제대로 움직이고 복지와 보건의료, 교육과 문화 등 필요한 분야에서 입법과 행정적인 조치를 취함으로써 국가적인 효도의 정립이 가능해진다. 이를 기반으로 삼아 효도를 행할 수 있는 환경의 조성과 역량의 축적이 가능해지고 결과적으로 사회적 효도와 가정적 효도까지 진작될 수 있다.

중국의 고전 가운데 진나라秦 재상 여불위呂不韋가 전국의 논객과 식객들을 모아 편찬했던 여씨춘추呂氏春秋에서는 최고지도자와 효도의 관계를 다음과 같이 명확하게 서술하고 있다.

무릇 천하를 거느리고 국가를 다스리려면 반드시 근본에 힘쓰고 지엽적인

---

224) 『孝經』「感應章」, "明王, 事父孝故, 事天明. 事母孝故, 事地察. 長幼順故, 上下治, 天地明察, 神明章矣."

225) 정윤재, 『정치리더십과 한국 민주주의』, 나남출판사, 2003. 478.

것은 뒤로 돌려야 한다. 이른바 근본이라고 하는 것은 밭을 갈고 김을 매고 씨를 뿌리는 일들을 가리키는 것이 아니라 사람에 대하여 노력하는 것을 의미한다. 사람에 대하여 노력한다는 것은 가난한 이들을 부유하게 만들고 적은 인구를 늘려 많게 하는 따위가 아니라 사람의 근본에 대하여 노력한다는 뜻이다. 사람에 대해 노력한다는 것 가운데 효도보다 귀중한 것이 없다.[226)]

현대로 돌아와 대통령제를 채택한 우리의 상황을 살펴본다면 행정수반인 대통령의 효도에 대한 관심과 의지가 확인되어야만 이를 감지한 정부 관련 부처들이 정책을 통해 효행의 모습을 보인다. 여씨춘추를 다시 확인해보면 다음과 같이 지도자의 효도가 미치는 낙수효과가 언급된다.

사람의 군주 된 자가 효행을 하면 이름이 영예롭게 빛나고 아랫사람이 따르며 천하의 명예가 된다. 사람의 신하 된 자가 효행을 하면 군왕을 섬겨 충성하고 관직을 맡아 청렴하며 전란을 만나서는 목숨을 바친다. 선비와 백성이 효행을 하면 밭을 갈고 김을 매는 것이 순조로우며 수비하고 싸우는 것이 견고하며 나태해지거나 도망치지 않는다. 모름지기 효도는 삼황오제가 근본으로 삼았던 일이고 만사의 근간인 것이다.[227)]

---

226) 『呂氏春秋』「孝行覽」, "凡爲天下, 治國家, 必務本而後末. 所謂本者, 非耕耘種植之 謂, 務其人也. 務其人, 非貧而富之, 寡而衆之, 務其本也. 務本莫貴於孝.

227) 『呂氏春秋』「孝行覽」, "人主孝, 則名章榮, 下服聽, 天下譽. 人臣孝, 則事君忠, 處官 廉, 臨難死. 士民孝, 則耕芸疾, 守戰固, 不罷北. 夫孝, 三皇五帝之本務, 而萬事之 紀也."

이처럼 효도는 국가지도자와 정부의 주요한 실천과제의 하나이다. 효도정신이 생생하게 살아 있는 이른바 '노인을 위한 나라'를 만드는 것이 필요하다. 그러나 시공을 초월해보면 아일랜드 시인 윌리엄 버틀러 예이츠William Butler Yeats가 늙음에 대한 인간의 비극적인 상황의 명상 차원에서 발표했던 시 '비잔티움으로 항해Sailing to Byzantium'에서는 다음과 같이 노인을 위한 나라가 보이질 않는 것에 대한 안타까움이 드러난다.

> 저기는 늙은이를 위한 나라가 아니야. 껴안고 있는 젊은이들, 나무 위 새들, 죽어가는 세대들은 노래 부르고 연어가 뛰는 폭포, 고등어 가득한 바다, 물고기, 짐승, 새들은 여름내 찬미하네. 잉태되고, 태어나고, 죽은 어떤 것이든. 관능적인 음악에 사로 잡혀, 늙지 않는 지성의 기념비를 모두 경시하네. 늙은이는 하찮은 존재, 영혼이 손뼉치고 노래하지 않는다면 지팡이 위에 걸쳐진 낡은 코트일 뿐, 육신의 옷이 해져 갈수록 더 크게 노래하네. 영혼을 위한 노래를 가르치는 학교는 없고, 자신의 장엄한 기념비를 공부하여야 하네. 그래서 나는 바다를 항해하여 신성한 도시 비잔티움으로 왔네. [228]

국가지도자와 정부는 "노인을 위한 나라", "청년을 위한 나라", "여성을 위한 나라", "어린이를 위한 나라" 등등 수많은 역할을 동시에, 제대로 수행해야 되는 책무를 안고 있다. 효도의 가치는 개인이 가정에서 행하는 개인적 효도에서 출발하여 사

---

228) 1926년 발표된 시로서, 당시 61세였던 예이츠가 정신적 차원의 영원성과 불멸성을 찾아가는 여정을 은유적으로 표현한 내용이다. 비잔티움은 지금의 이스탄불을 지칭한다.

회공동체에서 행해지는 사회적 효도를 거쳐 국가 차원으로까지 진전된다. 결국 국가지도자는 국가적 효도의 최고 책임자로서 사명을 부여받는 것이다.

국가지도자의 역할은 사회의 자원인 재화나 가치의 공정한 분배에 중점을 둔 만큼 생산성과 효율성보다는 공공성과 공정성이 중요한 위치를 점한다. 때문에 정치적 리더십은 정치공동체의 비전, 혹은 국가의 현안을 둘러싸고 국민을 설득하고 정치적 지지를 이끌어내며 정책 목표와 비전을 성취해 가는 일련의 과정과 밀접한 관련을 지닌다.[229] 여기에서 설득은 진정성을 근간으로 하되 확고한 논리의 무장과 함께 강력한 힘이 수반되어야 제대로 효과를 거둘 수 있다.

주변국가의 사례를 살펴보겠다. 이웃국가 중국의 시진핑은 당정 내부 대상의 무자비한 부패 척결, 대외관계에서의 무력시위 같은 행태를 통해 강성 이미지를 갖고 있으며 집권 연장으로 인해 기존의 정치질서를 와해시킨 행위 때문에 외부세계로부터 비판을 받는 상황이다. 그러나 효도의 측면에서 볼 때는 개인적으로 지극한 효자로서 가족애의 중요성을 몸과 마음으로 실천하는 인물이며 공적으로는 국정운영에서 나름의 확고한 의지와 자세를 보여주는 지도자이다.

그는 공산당 당원들을 향해 "인민대중은 우리를 먹여주고 입혀주는 부모입니다. 그러므로 자기 부모를 사랑하듯 인민을 사

---

229)	김채현, "김영삼과 김대중의 정치리더십 비교", 전북대학교 박사학위논문, 2007, 10.

랑해야 합니다. 대중을 위하여 이익을 도모하며 대중을 이끌고 좋은 세상을 만들어 가야만 합니다."[230]라고 역설하였다. 아울러 당정 합동행사에서 "우리나라는 이미 고령화 사회에 진입했습니다. 노인들이 늙어서도 부양을 받고 의지할 곳이 있으며 즐겁고 편안할 수 있도록 해주는 것은 사회의 화해 및 안정과 직결됩니다. 우리 전 사회가 노인을 존경하고 관심을 기울이며 부양토록 제창해야 되며 온 힘을 다해 노인관련 산업을 발전시켜 모든 노인들이 행복하고 아름다운 만년을 보낼 수 있도록 노력해야 합니다."[231]라면서 사회적, 국가적 효행의 필요성을 역설하기도 하였다. 그의 절박한 현실 인식과 해결 의지가 드러나는 것으로서 부모에 대한 효도와 사랑의 감정이 바로 국민으로 전이, 확장되는 모습이다.

시진핑은 집권 2년차인 2013년 기존의 '노인권익보장법' 개정을 통해 "부모공경과 노인복지 증진"이라는 원론적 수준에 그쳐 효과가 미비했던 법률의 성격을 바꾸었다. 개정된 법률에는 자녀의 부모에 대한 금전지원과 정기적인 안부 확인, 부모부양 회피 목적 유산상속권 포기 금지 등이 명문화되었다. 아울러 법을 위반했을 경우에는 벌금부과나 구류 조치가 행해진다.

물론 오늘날 중국인들의 가치관은 과거와 비교할 때 완연하게 다르고 개인주의 만연으로 인해 국가에 의해 효도가 강제되

---

230) 習近平, 『習近平談治國理政 第二卷』, 外文出版社, 2017. 527.
231) "中共中央國務院擧行春節團拜會, 習近平發表講話", 光明日報, 2019.2.4., 1面.

는 문제를 놓고 사회적으로 논란이 존재한다. 법률 개정 이전 까지는 부모에 대한 효도가 "도덕에 바탕을 둔 개인적 가치"였으나 개정 이후에는 "법에 의거한 사회적 명령"이 되었다.

이 때문에 중국의 청장년세대는 국가에서 자신들에게 부모와 노인세대의 부양의무를 떠넘긴다는 불만을 갖는다. 또한 개정된 법률이 명확한 시행세칙도 없이 개개인의 일상생활을 강제한다는 점에서 한계가 있고 국가의 책임은 방기한 채 국민들에게 의무만 뒤집어씌우려는 중국정부의 수준 낮은 인식과 대응을 보여줬다[232]는 식으로 외부의 비판이 나오기도 한다.

그러나 "사회적 약자"라고 할 수 있는 노인들의 애로를 정부가 외면하지 않고 적극적으로 개입하면서 적시에 대응하려는 노력의 일환으로 해석한다면 개정된 '노인권익보장법'은 존재 가치가 충분하다. 설령 일부의 비판에 직면하더라도 대의를 위해 정책을 강력히 추진하는 것은 정치지도자와 정부가 필히 견지해야 될 자세이다. 시진핑은 최고지도자로서 노인문제와 효도를 개인이나 가정에 미루지 않고 국가와 사회가 참여하는 '공론의 장場'에 입장시켰다. 이는 정치, 사회적으로도 상당히 중요한 의미와 가치를 갖는다.

---

232) 모종혁, "효도 안하면 처벌한다고? 고령사회 부작용, 법으로 막겠다는 중국의 고민", 시사저널 2013.7.13.

2절. 효도하는 자치단체와 공직자

다산 정약용의 역작으로서, 오늘날 행정관료 교육에서도 자주 등장하는 목민심서牧民心書에는 지방의 수령이 지켜야 할 다양한 준칙이 적시되어 있다. 직책의 발령赴任六條부터 시작되어 공직자로서 자신을 관리하는 것律己六條, 임금의 뜻을 행정에 반영하는 것奉公六條, 백성을 돌보는 것愛民六條, 관료를 다스리는 것吏典六條, 조세를 부과하고 징수하는 것戶典六條, 제례를 집행하고 백성을 교육시키는 것禮典六條, 군역을 부과하고 변란에 대응하는 것兵典六條, 송사를 다루고 형벌을 처리하는 것刑典六條, 조림과 치수를 하는 것工典六條, 물자를 비축하고 흉년에 대비하는 것賑荒六條, 공직을 마치고 물러나는 것解官六條 등 수령으로서 처음부터 끝까지 수행해야 되는 직무에 관한 매뉴얼이라 할 수 있다.

이 가운데 다산이 특히 강조하는 것은 지방의 수령으로서 가장 중요한 대상인 백성을 보호하고 편히 살 수 있도록 조치하는 애민의 행정이다. 행정의 구체적인 조치로는 노인에 대한 봉양, 버려진 아이의 양육, 불쌍한 사람과 상을 당한 사람에 대한 보살핌, 병자에 대한 배려, 재난을 당한 자의 구제 등이 있다. 이는 행정 책임자의 약자에 대한 관심과 실천을 요구하는 것이다.

이를 규정한 애민육조는 노인에 대한 봉양에서 시작된다. 제1조에는 "노인을 공경하는 예가 폐지되어 백성들이 효도에 뜻을 두지 않으니, 목민관은 양로의 예를 다시 일으키지 않으면

안 될 것이다."[233]라는 구절이 있다. 효도의 의미가 살아있던 조선시대에도 효심이 약화되고 효행이 제대로 이뤄지지 않았기에 지방의 수령으로서 반드시 살피고 힘써야 할 중요 책무로 거론된 것을 알 수 있다. 아울러 "재정능력이 여의치 못할 때에는 경로잔치의 규모를 확대하지 말고, 80세 이상의 노인들만 모시고 잔치를 베풀어야 한다."[234]는 내용도 나타나는바, '노인 돌봄'이 지방 행정에서 대단히 중요하지만 상황에 따라서는 재정적인 부담으로 작용함을 시사한다.

다만, 정약용은 재정적인 문제의 경우 율기육조에서 "수령노릇을 잘하려면 자애로워야 하며, 자애로우려면 반드시 청렴해야 하고, 청렴하려면 반드시 검약해야 하니, 관청의 비용을 절약해서 쓰는 것이 수령의 으뜸가는 임무이다."[235]라면서 청렴과 절용을 재정문제의 해결책으로 제시하였다. 아울러 절약과 관련하여 "절약한다는 것은 한계를 두어 억제하는 것이다. 한계를 두어 억제하려면 반드시 법식이 있어야 하는 것이니, 법식은 절용의 근본이다."[236]라면서 재정상 지출의 기준과 시스템의 구축을 제시하였다.

그리고 애민육조로 넘어가 "양로의 예에 있어서 반드시 노인들로부터 좋은 교훈을 듣고 그 지방의 폐단과 질병을 물어야

233) 『牧民心書』「愛民六條」, "養老之禮廢, 而民不興孝. 爲民牧者, 不可以不擧也."

234) 『牧民心書』「愛民六條」, "力詘而擧羸, 不可廣也, 宜選八十以上."

235) 『牧民心書』「律己六條」, "爲善牧者必慈, 慈慈者必廉, 慈廉者必約, 節用者牧之首務也."

236) 『牧民心書』「律己六條」, "節者限制也, 限以制之, 必有式焉, 式也者節用之本也."

한다.'237)고 강조하였다. 이는 '노인 돌봄'이 우선은 어르신을 봉양한다는 의미를 갖지만 더불어 지방 행정 과정에서 요구되는 여론 수렴 차원으로 노인들의 의견 청취와 경륜 활용 또한 상당히 중요하다는 점을 제기한 것이다. 민심의 흐름을 제대로 알지 못하는 상황에서 제대로 된 행정이 집행될 수 없기 때문이다.

유기체는 산출output의 일부를 투입input으로 되돌림feedback으로써 자극에 대한 반응 또는 활동을 자동적으로 수정하는 메커니즘을 갖고 있다. 행정조직도 마찬가지이다. 행정의 결과로 나타난 민심을 확인, 다음 행정에 반영하는 과정을 통해 수정 내지 보완과정을 밟아야 된다. 정약용은 지방의 수령으로서 목민관이 노인을 통해 민심의 소재를 확인하고 가르침과 교훈을 되새겨야 제대로 된 행정이 이뤄질 것이라고 판단한 인물인바, 그의 관점은 자치행정이 자리 잡은 오늘의 상황에서도 깊이 새길만한 의미와 가치를 갖는다.

지방행정의 책임자로서 목민관이 노인을 공경하는 모습은 백성들의 풍조를 변화시키는 효과를 낼 수 있다. 때문에 정약용은 "때때로 노인을 우대하는 혜택을 베풀면 이로써 백성들이 노인을 공경할 줄 알게 된다."238)고 역설하였다. 리더는 공유 가치를 실천하는 존재로서 원칙과 기준을 갖고 구성원들에게는 본보기가 되어야 한다. 정약용이 언급한 것처럼 지방수령

---

237) 『牧民心書』「愛民六條」, "養老之禮, 必有乞言, 詢瘼問疾, 以當斯禮."

238) 『牧民心書』「愛民六條」, "以時行優老之惠, 斯民知敬老矣."

이 노인을 공경하고 우대하는 행정을 펼친다면 지역 내 백성들의 공감을 얻게 되고 이들 사이에서 공유되면서 효심과 효행이 자연스럽게 흥기할 것이다.

이제 오늘날로 돌아와 지방행정을 살펴보겠다. 우리 헌법에서 "지방자치단체는 주민의 복리에 관한 사무를 처리하고 재산을 관리하며 법령의 범위 안에서 자치에 관한 규정을 제정할 수 있다"[239]고 명문화한 가운데 지방자치법은 "지방자치단체의 종류와 조직 및 운영, 주민의 지방자치행정 참여에 관한 사항과 국가와 지방자치단체 사이의 기본적인 관계를 정함으로써 지방자치행정을 민주적이고 능률적으로 수행하고, 지방을 균형 있게 발전시키며, 대한민국을 민주적으로 발전시키려는 것을 목적으로 한다."[240]는 조문을 두고 있다. 각 조문 가운데 주민, 복리, 참여, 민주, 능률, 균형 등의 단어가 특히 눈에 들어온다.

지방자치Local Autonomy는 중앙집권의 상대적인 용어로서 전국이 아닌 일정한 지역을 기반으로 삼는 단체 및 주민이 권한을 행사는 정치체제이다. 주민의 투표에 의해 선출되는 사람들이 권한을 위임받아 행정을 관할하고 지역을 운영하기 때문에 "풀뿌리 민주주의"로 불린다. 미국, 영국 등 전통적으로 지방분권이 발달한 서구의 국가들은 주민자치의 색채가 짙지만 우리는 중앙정부의 권한이 여전히 강하기 때문에 행정을 통한 지방자

---

239)   법제처, 국가법령정보.
240)   법제처, 국가법령정보.

치의 성격이 강하다.

때문에 우리나라의 경우 광역자치단체와 기초자치단체는 상황에 따라 중앙정부와 일정한 긴장 내지 갈등관계를 유지하기도 하지만 기본적으로는 예산 배분, 인적 교류 등을 매개체로 삼아 상호 유기적인 협력관계를 추구하는 상황이다. 정당 공천을 받아 당선된 지역의회 의원들은 정치인으로서 주민 접촉과 행정 감시의 역할을 수행하는 데 비해 자치단체장은 정치인이면서도 행정 관료로서의 성격을 갖는다. 조선시대로 치자면 정약용이 언급한 지방의 수령, 목민관이다.

코로나-19 팬데믹 당시 보건소를 중심으로 이뤄진 환자 발생 대응과 백신 접종 과정에서 입증되었듯이 지방 사무는 주민의 안위와 1차적으로 연결된다. 때문에 의료와 보건 업무가 기존의 행정문건 및 민원 처리, 각종 인허가 처리, 건축 및 환경 분야 감독과 관리 같은 전통적인 업무를 뛰어 넘어 중요한 업무로 자리하였다. 여기에다 인구 고령화 및 저출산, 다문화 추세까지 더해지는 가운데 대다수의 자치단체는 새로운 임무와 업무를 지속적으로 부여받는 상황이다.

일본의 관료출신 정치인 마스다 히로야增田寬也, 1951는 2014년 발표한 이른바 '마스다 보고서'에서 처음으로 "지방소멸"이라는 자극적인 용어를 사용하였고 이어 동일한 제목의 책을 출간함으로써 자국 내에서 큰 반향을 일으켰다. 2015년 한국어판이 나오면서 마침 수도권 인구집중과 농어촌 지역의 인구감소로 고민하던 우리 사회도 지방소멸에 대한 위기감이 고조되었었다. 일본이 처한 상황이 우리와 유사했기때문이다.

이제 "지방소멸 시대"는 결코 생경한 표현 또는 일본에서나 벌어진 일이 아니라 눈앞으로 다가오는 우리의 현실이 되고 있다. 위기를 감지한 언론은 앞 다퉈 인구 고령화와 저출산 및 인구절벽 문제를 다루면서 "이러한 현상으로 인해 농어촌뿐 아니라 상당수 중소도시도 소멸할 지경에 처했다."는 식의 기사와 뉴스를 내보낸다. 이런 상황을 반영하듯 자치단체, 특히 농어촌 지역 자치단체는 관내 전입인구와 출산율을 끌어올리는 것을 지상과제로 삼고 있으며 소속 공무원들도 해결책 마련을 위해 다양한 방식의 노력을 기울이는 중이다.

우리나라의 경우, 전국의 기초 자치단체는 효도의 최일선에서 고령의 주민들과 호흡을 같이한다. 경남 지역의 어느 단체장은 '어머니 행정'을 제시하였다. 이는 "나를 지켜주고 이끌어줬던 어머니의 관점에서 밀착된 현장 행정을 통해 지역주민의 삶을 세심하게 챙긴다."는 의지의 표현이다. 광주광역시 어느 기초단체는 '효자행정'을 모토로 "행정을 통해 자식처럼 지역주민을 섬기겠다."는 의지를 다지기도 하였다. 일찍이 강원 지역 기초자치단체는 의회 차원에서 2008년 전국 최초로 '어르신 봉양수당 지급에 관한 조례'를 제정함으로써 가정 내 도덕으로만 여겨졌던 부모 봉양 문제를 행정기관의 제도적 영역에 포함시키기도 하였다.

오늘날 노인층의 지하철 무임승차 문제가 형평성, 예산 등의 사유로 인해 국가, 사회적으로 현안이 되는 상황인 가운데 전국의 자치단체는 관내 오지 거주 노인들의 이동권 보장 차원에서 다양한 아이디어를 내고 실제로 이행 중이다. 도시지역의

지하철과 달리 노선버스가 없거나 접근성이 떨어지는 지역 주민들에게 제공되는 만큼 이견이 없는 행정과 복지 차원의 접근이다.

현재 시행 중인 것만 봐도 자체 예산을 투입한 "효도택시", "천원택시", "백원택시", "희망택시", "백원버스", "천원여객선" 등등 이루 헤아릴 수 없을 정도이다. 이와 같은 교통복지는 지역 노인들로부터 큰 호응을 얻고 있다. 자치단체가 부족한 예산에도 불구하고 지역민의 복지에 적극 나서는 것은 고령화된 농어촌에서 노인들의 비중이 높고 급속도로 증가하는 것이 현실이기 때문이다. 지역민의 다수가 노인으로 구성되는 상황 하에서 노인과 관련된 행정의 비중은 점차 높아가는 가운데 공급 측면에서는 적지 않은 부담으로 작용한다.

우리 사회로 "지역소멸"이라는 어두운 그림자가 다가오는 현 시점에서 전국의 자치단체는 지역 현안인 '노인 돌봄'은 물론 인구 유입 등 다른 행정수요에 부응키 위해 분투를 거듭한다. 이 과정에서 자치단체장과 소속 공직자들은 재정문제뿐만 아니라 정신적, 육체적으로 상당한 부담을 안게 된다. 특히 행정 일선의 공직자들은 박봉에 시달리며 다양한 민원의 처리와 해결에 극도의 피로감을 느끼게 되고 공직의 성격상 장기간에 걸친 스트레스로 힘겨워한다. 이들이 어려움 속에서도 소명의식을 갖고 업무에 임할 수 있도록 휴식은 물론 재충전을 위해 시의적절한 교육과 훈련이 필요하다.

지방공무원이 승진시마다 필수적으로 이수해야 되는 지방행정연수원과 각 시도별 공무원 교육기관의 역할 정립이 선행될 필요가 있다. 교육기관을 통해 효도와 관련된 행정이 단순한 노인복지 업무에서 그치는 것이 아니라 지역의 지속가능성을 담보하고 미래의 발전에 기여하는 것임을 인식할 수 있도록 교육프로그램을 만들고 시행해야 한다. 아울러 공직자로서의 자기개발이 효도의 기초임을 확인할 수 있도록 유도하는 콘텐츠를 제작하는 것도 고려해봄직하다.

공직자들의 재충전 차원에서라도 '효행 장려 및 지원에 관한 법률'에 의해 만들어진 대전광역시 소재 한국효문화진흥원을 방문하고 강의를 듣도록 하는 방법도 있다. 이 기관은 보건복지부와 대전광역시 관리감독 하에 효도를 주제로 다양한 체험 활동을 진행하고 교육과 연구를 통해 효도의 가치를 높이면서 효도 정신을 계승, 발전시키는 역할을 수행한다. 효도의 연구와 교육에 특화된 만큼 지방자치단체 근무자로서는 얻을 수 있는 것이 많다.

따라서 자치단체장은 소속 간부를 포함한 모든 공직자들이 유급휴가 내지 출장 형식으로 방문이 가능하도록 여건을 만들어줄 필요가 있다. 여기에서 얻는 지식과 깨달음은 일선 업무를 수행하는 데 있어 큰 자산으로 작용할 것이다. 왜 효도의 정신이 필요한지 정확하게 인식한 공직자는 일선 행정에서 올바른 대민 서비스를 제공할 것이기 때문이다.

4장

효도와 경제리더십

1절. 유교사상과 상업정신

우리가 일상에서 자주 사용하는 단어인 경제의 사전적 의미는 "인간의 생활에 필요한 재화와 용역을 생산, 분배, 소비하는 모든 활동. 또는 그것을 통하여 이루어지는 사회적 관계"[241]이다. 경제는 원래 경세제민經世濟民의 줄임말이다. 중국 수隋나라 때 유학자 왕통王通의 저서인 문중자文中子에 등장하는 것으로 "세상을 다스려 백성을 구제한다."는 고귀한 뜻을 갖는바, 백성이 두루 잘 먹고살도록 세상을 제대로 꾸려나가는 행위인 것이다. 여기에서 경經은 '날줄'이라는 의미에서 출발하여 세상을 다스리는 기본으로서 자리한다.

중국 고대의 한자에서 경제는 "나라를 다스린다."는 경방經邦과 경국經國, "세상과 백성을 구제한다."는 제세濟世와 제민濟

---

241) 국립국어원, 『표준국어대사전』

民 등의 의미로 사용되었다. 이는 "나라를 제대로 다스려 온 세상을 평화롭게 만든다."는 치국평천하治國平天下의 개념과 연결된다. 불교의 불경, 기독교의 성경 등 주요 종교의 경전처럼 세상을 구하는 귀중한 책에서도 경을 사용하고 있다. 경제정책의 흥망 역시 국가와 국민의 명운을 좌지우지할 정도로 핵심적인 존재인 것이다.

서양에서 경제를 의미하는 이코노미economy는 그리스어로 가정을 뜻하는 오이코스oikos와 경영 혹은 관리의 뜻을 가진 노모스nomos의 합성어로서 '가정경영' 즉 살림살이의 의미를 갖는다. 19세기 서구 열강의 아시아 진출과 맞물려 이코노믹스economics 개념이 중국과 일본 등지로 전래되면서 중국에서는 살림살이에 관한 학문의 의미로 '생계학生計學'이라 변역하였고, 일본의 경우 다스리고 구제하는 학문의 의미를 살려 '경제학經濟學'으로 번역하였다.

이로부터 한중일 3개국 공히 경제라는 용어를 국가의 정책은 물론 우리의 일상에서 빈번히 사용하게 되었다. 이제 경제는 동서양을 막론하고 살림살이의 개념으로서 국가와 사회의 재화를 조달하고 운영하는 행위를 가리키며 정치의 중요한 요소이자 동력으로 작동된다.

경제가 제대로 운영되지 못하면 국가와 국민 모두에게 큰 타격이 가해진다. 우리나라의 경우 1997년 말에 발생한 외환위기 이후 4년간 지속되었던 IMF 사태로 인해 모든 국민이 형언키 어려운 고통을 겪었던 것이 대표적인 사례이다. 바둑에서 나오는 대마불사大馬不死처럼 자신감 속에서 영원할 것 같았던 시중 은행, 주요 기업이 도산하고 중소기업도 연쇄적으로 문을 닫으며 직원들은 길거리로 내몰렸었다. 의지할 것 없던 자영업 자들의 고통은 더욱 심각했었다.

경제는 살림살이를 의미하는 만큼 세계경제, 국가경제, 국민 경제, 민간경제, 가정경제 등 다양한 곳에서 적용된다. 적절한 재화의 조달과 분배, 축적이 이뤄지는 과정에서 공동체와 구성 원의 복리가 달성되는 것이므로 원래의 가치로 본다면 삶의 패 러다임으로 해석되고 인간다운 생활을 영위케 하는 하나의 수 단으로 자리한다. 그러나 경제가 돈 중심의 패러다임으로 바뀌 면서 오늘날의 경제활동은 주로 돈벌이 차원으로 이해된다.

때문에 경제는 사람이 두루두루 잘 먹고 건강한 삶을 이어가 도록 해주는 원래의 취지와 기능보다는 경제 주체의 이익에 초 점이 맞춰진다. 이로 인해 욕망에 따른 난개발과 자연파괴, 비 윤리적 행위가 글로벌 차원으로 빈번하게 자행되고 있다. 또한 탐욕에 따른 모럴 해저드moral hazard 도덕적 해이에 의해 잘못된 일 들이 곳곳에서 벌이지는 상황이다.

1996년과 2000년 사이 미국을 비롯한 세계 주요 국가에서 인터넷의 폭발적인 성장과 광적인 투기 및 투매의 후유증으로 인해 닷컴버블 사태가 발생하였다. 그리고 2008년에는 주택거 품과 리스크 높은 금융상품의 확산에 더해져 감독과 규제의 허 술함에 의해 글로벌 금융위기가 야기되었다. 이는 경제 주체의 탐욕이 가져온 잘못된 결과를 상징적으로 보여준다.

지금도 재화의 확보와 분배의 문제를 놓고 전 세계적으로 국 가 간, 지역 간, 계층 간, 세대 간 모순과 충돌이 끊이지 않는다.

경제는 국제정치의 질서까지도 바뀌는 실정으로서 최근 반도체를 둘러싼 미국과 중국의 충돌도 이를 상징한다. 한정된 재화를 둘러싼 경제행위가 제로섬 게임zero-sum game의 승자독식勝者獨食으로 전개되면서 무한전쟁의 양상을 보이고 원칙과 철학은 설 자리를 잃었다. 때문에 진정한 경제의 의미를 다시금 되새겨야 할 때이다.

중국 제齊나라 때 명재상이었던 관중管仲은 "곡식창고가 가득 차면 예절을 알고, 입고 먹는 게 풍족하면 영광과 욕됨을 안다."[242]면서 백성들은 물질적으로 잘 살아야 인간다움이 드러난다고 역설하였다. 경제의 가치가 명확하게 드러나는 말로서 백성의 배를 불리는 물질적 기반 위에서 사회윤리가 형성된다는 의미를 갖는다. 관중의 지론처럼 풍요로운 생활이야말로 인간으로 하여금 선행과 예절의 길로 이끌고 자긍심과 수치심을 알게 하는 조건이 된다. 경제는 이처럼 인간을 인간답게 만드는 기능을 갖는다.

그러나 경제 주체 가운데 민간분야의 활동, 즉 경영은 아무런 제지나 관여가 없다면 자칫 돈의 논리에 매달리고 이익만을 위해 공공성과 도덕성을 외면한 채 불법과 탈법을 저지를 가능성이 상존한다. 이에 따라 국가와 사회의 규제, 감시 및 감독을 벗어나기 어렵고 올바른 경영을 하도록 요구받는다.

언론에 수시로 등장하는 기업윤리, 사회공헌, 신기업가정신, 준법경영, 정도경영 등의 개념에서 알 수 있듯이 최근 우리 경

---

242) 『管子』「牧民」, "倉庫實而知禮節, 衣食足而知榮辱."

제의 급격한 흐름과 경제계의 변화는 가히 정신을 차리기 어려울 정도로 급속 추세를 보이며 이에 대한 적응이 필수적인 상황이다. 이 시점에서 참고 차원으로 우리가 살펴볼만한 존재가 있으니 바로 중국의 유상儒商이다.

중국인은 유대인과 더불어 전 세계적으로 상업에 뛰어난 재능을 발휘하는 민족이다. 원래 상업의 상商은 "상이란 바깥쪽으로부터 안쪽을 알다."[243]로 풀이되며 "헤아리거나 계산하다.", "서로 의논하거나 상의하다."는 의미로서 활용된다. 때문에 현대 중국어로 "상량shangliang 商量"은 "상의하다."는 뜻을 갖는다. 이처럼 상업은 말 그대로 재화의 거래를 위해 당사자끼리 상의하는 일이다. 단독의 행위가 아닌 상대가 있는 상호 간의 행위인 것이다.

유상은 상인의 재질을 가졌으며 동시에 유교적 소양인 학문과 문화를 중시하는 사업가를 지칭한다. 즉 "선비이면서도 상인이며, 상인이면서 또한 선비士而商, 商而士."로 표현되는 존재로서 이들이 추구한 상업의 길은 단순한 개인적 치부의 차원을 넘어 백성과 천하를 이롭게 하는 공공성과 공익성이었다. 따라서 일반적인 상인과는 가치관과 행태가 많이 다르다.

유상의 대표적인 인물로는 공자의 제자인 자공子貢을 첫 번째로 들 수 있다. 그는 비록 학문적으로 월등한 제자는 아니었지만 상인으로서는 상당히 걸출한 능력을 가졌었기에 제후들과 대등한 관계로 교류하고 엄청난 부를 축적함으로써 스승인

---

243) 『說文解字』, "商, 從外知內也."

공자가 천하를 돌면서 자신의 정치사상과 철학을 펼칠 수 있도록 재정적으로 적극 뒷받침하였다.

이와 관련하여 사마천은 "무릇 공자의 이름이 천하에 골고루 알려진 것은 자공이 공자를 모시고 따라다녔기 때문이다."[244) 라고 기술하고 있다. 자공은 공자의 유언을 듣고 임종까지 지킬 정도로 제자로서의 도리에 충실했다. 이와 같은 스승에 대한 제자의 태도는 자식의 부모에 대한 태도와 동일한 성격을 갖는다는 점에서 그의 행위는 참된 효도로 해석할 수 있다.

자공은 억만금의 부를 축적한 상인이었지만 스승 공자에게 "가난하면서도 아첨하지 않고 부유하면서도 교만하지 않으면 어떻습니까?"[245)라는 질문을 할 정도로 부를 둘러싼 사람다움의 상실을 경계하면서 정신수양에 힘을 기울였다. 이를 알게 된 공자는 "자공아, 나와 더불어 시를 말할 수 있겠구나. 지난 것을 말해주니 장차 일어날 것을 아는 자로다."[246)라는 평가를 내렸다.

이는 제자로서 스승의 가르침을 잘 새겨 일정한 수준에 도달했음을 인정하는 것이다. 자공은 선비로서의 학문과 소양을 갖추었고 이를 상업에서 십분 활용하여 전통적인 중국 유상의 시조로 불린다. 그는 스승에게 "누군가 널리 나누어 사람들을 구제한다면 어떻습니까? 어진 것이라 할 수 있겠습니까?"[247)라는

---

244) 『史記』「貨殖列傳」, "夫使孔子名布揚於天下者, 子貢先後之也."

245) 『論語』「學而」, "貧而無諂, 富而無驕, 如何"

246) 『論語』「學而」, "賜也, 始可與言詩已矣, 告諸往而知來者."

247) 『論語』「雍也」, "如有博施於民而能濟衆, 如何, 可謂仁乎."

질문을 한 것에서 드러나듯 축적된 부의 쓰임을 항시 인식한 인물이다. 이러한 정신과 기풍으로 "군자는 재물을 사랑하지만 그것을 취하는 데는 도리가 있다."[248]는 기준을 제시하였으며 후대의 상인들에게로 면면히 이어졌다.

성리학 기반 하에서 "가난하면서도 그에 구속되지 않고 즐기는 마음으로 살아간다."는 안빈낙도安貧樂道를 선비가 견지해야 될 지고의 가치로 여겼던 조선시대에도 물질에 대한 외면을 거부하는 현실주의자가 존재하였다. 영조 시대의 문인 이재운李載運은 자신의 저서 '해동화식전海東貨殖傳'을 통해 "군자가 되어 결코 이익을 추구하지 않는다."는 당시의 통념을 깨고 "군자가 덕을 좋아하더라도 처지가 곤궁하면 자기 홀로 선량하게 살아갈 수밖에 없다."[249]면서 부유한 것이 미덕이며 가난한 것은 악덕임을 역설하였다. 아울러 그가 "부유하면 인색하더라도 이웃을 보살필 수 있지만 가난하면 어질더라도 가까운 가족조차 지키지 못한다."[250]는 주장을 편 것은 물질적 토대가 없는 상황 하에서 가족은 물론 이웃을 배려하고 보살피는 것이 불가하기에 나온 것이다.

조선시대 지도층인 선비들의 경제관념이 박약한 데 비해 직업상인들은 실물경제의 일선에서 큰 활약을 보였다. 이 가운데 전국적인 네트워크를 통해 생산자와 소비자를 연결함으로써

---

248) 『明心寶鑑』「存心」, "君子愛財, 取之有道."
249) 이재운, 안대회 역, 『해동화식전』, 휴머니스트, 2019, 39.
250) 이대운, 안대회 역, 『해동화식전』, 휴머니스트, 2019, 48.

경제의 일익을 담당했던 부보상負褓商은 "봇짐장수", "등짐장수" 등으로 불리며 사회적으로 천대를 받던 신분이었다. 이들은 장터를 떠돌던 하층민이었지만 자체 조직을 갖춘 데다 방대한 규모의 운영을 유지하면서 국가에 내는 세금이 상당한 수준에 도달했고 물산의 수요와 공급 측면에서 기여도가 대단히 높은 존재였다.

특히 이들은 스스로를 보호하는 차원에서 강력한 규율을 만들었다. 조직의 구성원은 다른 사람에게 신용을 지켜야 하며 음란한 행위, 도적질, 싸움, 불손한 행위 등이 금지되었고 장유유서와 상하예의, 상부상조가 강조되었다. 특히 '장문법杖問法'으로 불리는 자체 법을 작동시켜 불미스러운 행위로써 조직의 규율을 위반한 자에게 체벌하는 등 강력히 다스렸다. 이 법의 내용 가운데 벌항목罰目 몇 가지를 보면 다음과 같다.

> 부모에게 불효하고 형제 간 우애가 없는 자에게는 볼기 50대를 친다.
>
> 선생을 속이는 자에게는 볼기 40대를 친다.
>
> 동료에게 나쁜 짓을 하는 자에게는 볼기 30대를 친다.
>
> 언어가 공손하지 못한 자에게는 볼기 30대를 친다.
>
> 젊은 사람으로서 어른을 능멸하는 자에게는 볼기 25대를 친다.[251]

부보상은 신분사회인 조선에서 상인으로서 중요한 역할을 수행했음에도 불구하고 대접을 제대로 못 받았지만 인류의 핵

---

251) 『禮山任房立議節目』

심인 효도를 대단히 중시하였다. 아울러 유교사상의 요구인 견리사의見利思義에 매우 충실했다. 구성원들은 상인이기에 앞서 인격체로서 부모와 형제, 선생, 어른, 동료를 생각하고 배려하는 것이 요구되었던 것이다. 부보상의 규율에서 나타나듯이 경제는 결국 "사람에 의해, 사람을 향하는 행위"라고 할 수 있다.

효도는 분명히 정신적 가치이지만 현실에서 실천으로 옮길 수 있는 물질적 기반이 요구된다. 시공을 불문하고 공동체 내에서 어렵고 힘든 존재를 보살피려면 이를 뒷받침하는 재정, 조직이 있어야 하는 것이다. 국가와 사회공동체의 경제가 활성화될 경우 물질적 풍요를 바탕으로 소외된 이웃을 돌볼 수 있는 여력의 확보가 가능해진다. 아울러 구성원 개인적으로는 가정에서 부모와 자식 간 상경하애의 풍조가 일어날 수 있는 여건이 조성될 것이다.

우리경제가 1970년대 이후부터 비약적인 성장을 이룬 배경 가운데는 기업의 창업자들이 자리한다. 창업기의 이들은 자신과 가족을 위해 일했지만 사업이 일정 궤도에 도달한 후에는 점차 경영을 통해 국가와 사회에 보답하려는 의지를 보였다. 이는 확장된 효도의 성격을 갖는바, 창업자들의 분투와 기업가정신은 회사 구성원이 가족을 부양토록 안정된 기반으로서 작용을 하였고 기업 활동에서 얻어진 과실은 세금 납부를 통해 국가경제에 기여했기 때문이다.

유상이 부의 축적 과정이나 축적 이후 경제활동을 통해 보여준 바는 사회 구성원에 대한 배려와 보살핌의 궤적을 그린 것으로 읽혀지는바, 이는 공동체에는 선한 행위로서 작용한 것이다. 상인으로서 이익만을 추구하지 않고 가치와 명분, 공동체의 이익을 우선시하는 상행위야말로 실물을 통해 윤리와 도덕의 가치를 지키는 역할에 충실했던 것으로서 지금으로 친다면 경제 분야에서의 긍정적인 리더십 수행이라고 평가할 수 있다.

2절. 욜드 이코노미

우리 사회가 저출산과 인구고령화로 인해 돌파구를 찾지 못한 채 고민 중인 가운데 등장한 '욜드' 개념이 새롭게 주목받고 있다. 원래 새로운 용어 창조에 특장을 가진 일본에서 처음 사용되었는데 영어로는 YOLD로 표기되며 "젊다."는 Young과 "늙다."는 Old의 합성어이다. 영국의 유력 경제전문지인 이코노미스트가 '2020년의 세계경제 대전망' 제하 기사를 통해 새로운 시대상을 진단하면서 본격적으로 사용되었다.

한자로는 "마치 청년 같은 노인"이라는 의미에서 청로靑老라고 표기되는 욜드는 65-79세 사이의 베이비붐 세대 가운데 건강과 활력을 유지하는 이른바, "연령상으로는 늙었으나 정신과 육체적으로는 아직도 젊은 사람들"이다. 일부 전문가는 이들이 경제력을 갖춘 계층인 점에 착안하여 "역사상 가장 젊고 부유한 노인세대"라는 평가를 내놓기도 하였다.

2025년에 이르면 약 1천 만 명에 이를 것으로 추산되는 이들은 심신의 건강과 경제적 여력을 바탕으로 "나이는 숫자에 불과하다."는 광고 카피의 표현처럼 인생을 즐기기 위해 적극적으로 소비에 나서고 다양한 방식으로 사회활동에도 열성을 보인다. 따라서 언론계와 경제계에서는 이들의 존재와 활동을 향후 사회공동체의 새로운 성장 동력으로 인식하고 있다.

아울러 이들을 대상으로 움직이는 경제를 '욜드 이코노미', '욜드 산업'이라는 개념으로 정리하였다. 노령화의 어두운 그림자가 우리 사회에 드리워져 있지만 나이로만 계산되는 생리연령에서 탈피하여 나이와 관계없이 자기 스스로가 젊다고 믿는 주관연령을 가진 욜드의 존재는 경제와 산업 분야에서 새롭고 다양한 시장을 만들 공간을 마련해준다.

노인에 대해 "사회적 민폐"라거나 혹은 "부양의 대상"이라는 기존의 편견과 관념을 깨는 이들 욜드 세대는 실제로 과거의 고령자, 노인과는 다른 삶의 양상을 보인다. 사회의 손길에 의지하지 않고 스스로를 부양하며 의미 있는 일과 대상에 대해서는 언제든지 지갑을 열 수 있는 사람들이다. 이들이 경로당 대신 봉사와 여행, 배움, 건강관리, 여가 활동 등에서 자신의 즐거움을 찾기에 수반되는 소비활동은 이제 경제의 한 축으로 자리 잡는 중이다.

욜드 세대는 경로당에서 하루 종일 소일하고 자식을 대신해 손자를 돌보며 용돈을 타는 기존의 고정화된 노인 이미지와 관념에 도전하는 사람들이다. 미국, 일본 등 선진국에서는 항공산업과 골프산업 등 여행 및 레저분야에서 60대 이상 고객이 급속한 속도로 증가하는 추세이다. 자신 대에서의 근로와 절약으로 축적된 부의 대물림은 이미 과거 노인세대의 관념일 뿐이다. 욜드 세대의 경제적 여유와 소비는 당사자가 기울인 치열한 노력의 결과로서 자신에게는 큰 복이며 국가 경제와 사회에도 긍정적인 영향을 미친다.

이들은 새로운 상품과 서비스에 관심과 호기심이 높고 개방적인 태도를 갖는다. 빅데이터 전문 업체들의 조사와 분석결과에 따르면, 욜드 세대의 가장 큰 관심사는 취미와 여가, 건강과 외모인 것으로 나타났다. 무기력하고 의지가 박약한 상태에서 세월을 보내는 사람들의 관심사라고 여길 수 없는 부분이다. 활력이 넘치고 삶에 대한 의지가 충만한 데다 자신을 아끼고 사랑하는 사람들에게서만 보이는 현상이라 할 수 있다.

이러한 흐름을 반영하여 국내 일부 자치단체는 대한노인회와 협의를 거쳐 노인정의 2원화를 추진하기도 한다. 기존의 고령노인층 전용 노인정 외에 젊은 노인층이 등록, 이용할 수 있도록 개방형 카페 스타일의 노인정을 만들고 외부에도 공개함으로써 중장년층, 심지어 청년층까지도 활용토록 문호를 개방하자는 취지에서 비롯되었다.

이전에는 은퇴 이후 정기적인 수입이 사라지고 그나마 저축했던 자금은 자식이나 손주를 위해 사용하면서도 보람으로 여기고 스스로는 최소한의 노후준비를 하는 것이 일반적이었다. 그러나 욜드 세대는 과거 세대와는 달리 자식이나 후손보다는 본인이 원하는 것에 최우선의 가치와 순위를 둔다. 대가족이 사라지고 부모와 자식의 동거라는 주거형태에 대한 개념이 바뀌는 가운데 노후의 삶을 대하는 이들의 인식과 태도도 과거와는 완연하게 다르다.

욜드 세대의 변신은 콘텐츠와 관련된 생산과 소비 측면에서도 명확하게 드러난다. 생업의 일선에서 포기했던 젊은 시절의 로망을 노년기에서라도 실현키 위해 사진 촬영, 그림그리기와 감상, 패션모델, 연기, 댄스, 유튜버 활동 등 일정 수준 이상의 전문성이 요구되는 분야에 과감히 도전하는 모습을 보인다. 이는 인생의 멋과 맛을 알고자 하는 긍정적 가치관에서 비롯된다.

욜드 세대의 문화 수요 측면에서 상징적인 사례가 있다. 코로나-19 팬데믹 기간 중 트로트 열풍 속에서 만들어진 강력한 팬덤의 주인공은 다름 아닌 중장년 및 노년층을 중심으로 하는 욜드 세대였다. 이들은 TV 화면에만 눈길을 주는 수동적인 소비자에 머물지 않고 직접 전국 곳곳의 공연장을 찾아 열성적으로 즐기는 능동적인 소비자이자 보완적인 생산자로 자리한다.

대중문화와 직결된 욜드 세대의 팬덤문화는 대단히 긍정적인 측면을 가졌다. 트로트 가수들의 팬클럽은 단순한 문화의 소비에서 그치는 것이 아니라 자발적인 봉사가 병행된다는 점이다. 가수의 공연이 끝나면 공연장을 말끔하게 정리정돈 하는가 하면 어렵고 힘든 사람들을 위한 모금과 기부의 선행을 보여준다. 스스로 즐기고 타인을 배려하는 자세를 갖는 새로운 문화현상이며 부수적으로 지역경제 활성화에도 기여하는 행위라고 할 수 있다.

의학과 과학, 건강 관련 산업의 지속적인 발전 및 식생활 개선, 위생관념 제고 등의 요인으로 인해 인류의 수명이 길어지는 가운데 우리나라도 이제 기대수명이 83.6세에 이를 정도로 장수長壽 국가의 반열에 들며 "백세시대"를 외치고 있다. 아울러 장수문화에 대해 공동체 담론이 형성되는 상황으로서 사회, 경제, 교육, 의료, 복지 등등 다양한 분야의 대응이 요구된다.

의사출신으로서 장수과학 분야의 세계적인 권위자인 박상철 전前 서울대 교수는 "장수문화는 종래의 연령적 특수계층인 고령자 중심의 노인문화라는 의미가 아니다."라고 전제하고 "남녀노소 사회구성원 모두가 함께 어우러져 인간으로서의 존엄성을 유지하면서 건강하게 살고 사회적 책임을 다할 수 있는 관념 및 규범 체계"[252]라는 정의를 내렸다. 존엄성과 건강이 수반되는 삶을 통해 사회에 대한 책임을 다하는 것이 장수사회를 맞이하는 공동체 구성원들의 태도라는 것이다.

욜드는 자신감과 자생력을 갖춘 계층으로서 사회적으로는 피부양자, 객체가 아닌 부양자, 주체로서 역할에 방점이 찍힌다. 경제적인 측면에서 이들을 이해하고 이들이 사회와 연결되면서 생산자이자 소비자, 긍정적인 기여자로 위상을 갖도록 해줘야 한다. 이들은 고령화 시대의 당사자이지만 해결의 열쇠를 쥐고 있는 존재이기도 하기 때문이다.

기존의 노인계층이 보살펴야 되는 대상이라면 이들은 사회와 국가 차원에서 진행되는 효도의 범주에 들지 않더라도 스스로에게 효도할 수 있는 사람들이다. 자신의 건강, 경제, 직업과 소일 등을 외부의 큰 도움 없이도 자체적으로 해결이 가능하고 생애설계에도 열심인 사람들인 것이다. 말하자면, 국가와 사회 차원에서는 대단히 고마운 존재이다.

---

252) 박상철, 『노화혁명』, 하서, 2010, 138.

과거의 기성세대는 절약과 근검을 최고의 덕목으로 삼았고 자신을 위한 소비에는 인색했던 것이 사실이다. 때문에 소비시 장에서는 별다른 기여가 없던 존재였다. 그러나 지금의 욜드 세대는 자신의 즐거움과 흥미, 편의를 추구하기 위해 소비에도 열성적이다. 이를 반영하여 기업과 경제계는 일상용품부터 식품, 주택까지 이들의 기호와 수요에 맞출 수 있는 제품과 서비스 개발 경쟁을 벌이고 있다.

그 사례는 손꼽기 어려울 정도로 많다. 유제품 업체들이 저출산과 고령화 시대를 맞아 영아와 유아에 집중되었던 사업 구조를 고령층으로 확장하는 등 사업의 다각화를 꾀하면서 노인용 단백질보충제와 건강기능식품을 내놓아 새로운 시장이 열렸다. 화장품의 경우에도 노인세대의 피부노화 방지를 위해 개발 및 생산되는 이른바 '시니어 뷰티' 분야가 급격한 성장세를 보이는 중이다.

재력을 갖춘 욜드 세대 사이에서는 주거와 관련, "시골보다는 의료시설과 가까운 시내로"라는 생각을 하면서 교통요충지의 고급 레지던스 입주도 큰 관심사의 하나이다. 업체들이 '하이엔드급을 지향하는 주거'를 내세워 교통과 시설, 서비스를 무기로 요지에 최고급 레지던스를 건축하고 운영 중인 가운데 입주 경쟁이 치열한 곳은 신청 후 상당기간 대기까지 해야만 되는 상황이다.

욜드 세대는 디지털 환경에서도 활발하게 경제활동을 하고 있다. 배달앱과 인터넷을 통한 TV 서비스인 OTT 관련 결제 규모를 놓고 본다면 이들의 지출 규모가 가파른 증가세를 기록

하는 중이다. 배달도 전용앱으로 척척 주문하는 온라인시장의 큰 손으로 떠오른 것이다. 본격적인 디지털 전환시대를 맞아 필연적으로 발생하는 노인세대의 정보격차도 이들에게는 아무런 문제가 되질 않는다. 청년층과 중년층 못지않게 정보기기를 자유롭게 활용하고 콘텐츠를 여유롭게 즐기며 콘텐츠 생산자로도 활약한다.

우리 사회는 그동안 나이 든 사람들에 대해 일반적으로 "생계를 꾸릴 능력이 없어서 나라에서 지원하는 연금이나 자식이 주는 용돈에 의지해 여생을 살아가는 불쌍한 사람"으로 인식해왔음을 부정하기 어렵다. 물론 다수의 노인세대는 그간의 인식대로 국가와 가족의 도움으로 살고 있다. 이런 부분은 앞으로도 국가에서 고민하고 해결책을 모색하는 동시에 자식과 가족 차원에서 방안을 강구해야 될 수밖에 없는 것이 현실이다.

그럼에도 간과할 수 없는 것은 일부이긴 하지만 국가와 자식의 도움 없이도 충분히 인생의 후반을 살아갈 능력을 갖춘 사람들이다. 이들이 존재하기에 복지 측면에서 국가와 사회의 부담은 줄어든다. 또한 이들을 통해 새로운 시장이 열리고 소비가 활성화된다면 청년층 일자리 창출이 가능해지고 사회와 경제는 활력을 얻으면서 선순환을 이루는 것이 이미 수치로 입증되고 있다.

이 대목에서 필요한 것은 정부와 기업으로 상징되는 경제 정책 및 운영 주체가 올드 세대의 육체적 건강, 경제적 여유, 축적된 지혜, 긍정적 사고를 사회에서 적절히 활용하고 사회에 제대로 녹아들도록 리더십을 발휘해야 되는 부분이다. 지금의 우리 사회는 상시적인 글로벌 경제 위기 속에서 경제의 새로운 성장점을 찾아야 하는 입장이다. 따라서 구성원으로서의 모든 사람이 가용자산이며 모든 계층이 경제의 주체가 되도록 해야만 한다.

효도의 측면에서 본다면, 올드 세대는 국가와 사회, 자식 같은 어느 누구에게서 효도를 받는 것이 아니라 알아서 건강을 챙기고 즐거운 마음으로 세상을 살면서 경제에도 보탬을 주고 사회봉사로까지 눈을 돌리는 존재이다. 이들의 긍정적인 행태는 "스스로 효도하는 사람"으로서 기존의 관념을 넘어서는 효행의 새로운 방식이자 효심의 전향적인 노선이라고 평가할 수 있다.

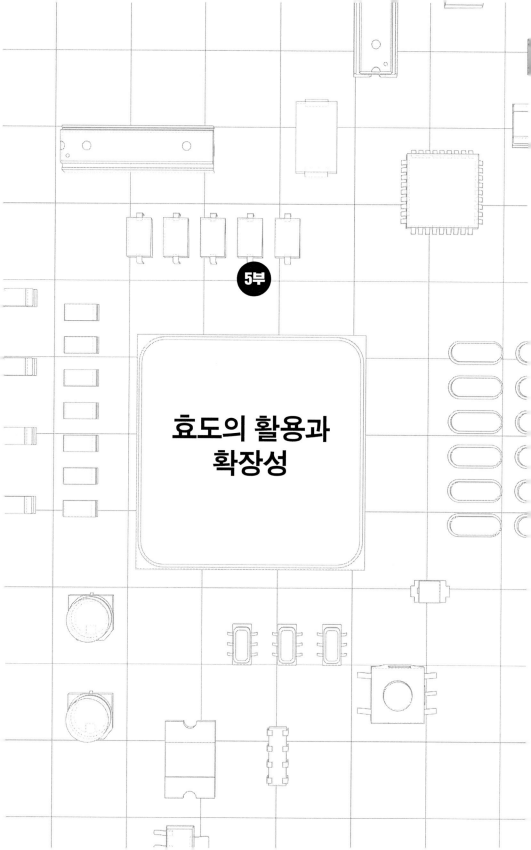

5부

효도의 활용과
확장성

안보의 근간

1절. 불안으로부터의 자유

근래에 평범한 국민들도 일상에서 자주 듣는 용어 가운데 하나가 안보라고 할 수 있다. 안보는 일반인과 멀리 떨어져 있는 개념 같지만 실상은 매일 TV 뉴스에서 "국가안보", "에너지안보", "식량안보", "반도체안보" 등의 소리를 듣게 된다. 실제로 안보는 정부와 관계기관만이 담당하는 고차원의 개념에 머무는 것이 아니라 이미 우리의 사회와 일상에 깊숙하게 들어와 있는 존재인 것이다.

안보security의 영문 어원을 찾아보면 '세쿠리타스'로 발음되는 라틴어 'Securitas'에서 유래되었다. 여기에서 Se는 "~로부터 자유로운"이라는 뜻을 나타내며 Curitas는 "불안이나 근심, 걱정"의 의미를 갖는다. 따라서 단어 전체로는 "불안과 근심, 걱정으로부터의 자유"이며 "안정되고 편안한 상태"라는 풀이가 가능하다. 한편 우리 표준국어대사전에서는 안보에 대해 "편안히 보존됨, 또는 편안히 보전함"이라고 설명하고 있다.

안보의 대표적인 개념은 우리가 익히 알고 있는 국가안보이다. 역사를 돌아보면 모든 국가는 항시 대내외의 위협에 직면하고 이를 극복하거나 무너지는 사례를 반복해왔다. 국가 구성원 개인의 생존 차원을 넘어 공동체의 존망과 직결된 것이 바로 국가안보이다. 그리고 국가의 안전을 강구키 위해 이뤄지는 일체의 노력과 행위를 국가안전보장이라고 칭한다.

전통적으로 국가안보의 개념은 군사, 국방 측면에 주로 초점을 맞추었기 때문에 자연재해, 질병 같은 문제를 놓고 안전관리에는 관심이 그다지 높지 않았다. 결과적으로 이와 같은 문제를 안보의 관점에서 깊이 들여다보거나 국가 차원의 통합대응 과제로부터는 거리가 있었다. 그러나 현재의 국제상황 하에서는 국가안보의 개념이 기존의 군사, 국방 영역뿐만 아니라 경제, 사회, 재난, 심지어는 환경문제로까지 범위가 확장되어야 한다는 주장이 힘을 얻는 상황이다.

1990년대 이후 탈냉전과 함께 세계화 및 정보화가 확산되면서 국제질서는 새로운 방향으로 전환되었고, 이 과정에서 기존의 안보위협과는 차원과 성격을 달리하는 초국가적, 비군사적 위협이 나타났다. 9.11 테러는 이를 상징적으로 보여준다. 따라서 우리의 삶에 강력한 영향을 미치는 자연재해, 재난, 기후변화, 환경오염, 감염병,테러, 국제범죄, 불법이민과 인신매매, 마약 등 다양하고 새로운 위협요소를 인식, 대비하는 이른바 포괄안보가 적대국가의 물리적인 힘에 대한 대응인 전통적 국가안보와 비견될 만큼 중요한 개념으로서 인식되고 있다.

국가와 국민의 생존 및 보전이 이루어지려면 단지 군사력에만 의존할 수는 없다. 정치, 경제, 정신 및 심리 등의 요소도 국력 차원에서 결합되어야 한다. 이들 요소가 개별적이며 독자적인 존재가 아닌 상호보완적으로 작용할 경우 국가는 온전히 존재할 수 있는 것이다. 구체적으로 이들 요소 가운데 중요한 몇 가지에 대한 확인이 필요하다.

첫 번째로는 정치적 요소이다. 정치의 지속적인 불안과 이에 따른 사회의 혼란을 방지하고 유사시 적절히 대응하는 데 있어 집권세력 및 정부의 철학과 가치관, 국정기조와 대내외 정책, 리더십과 자질이 절대적으로 요구된다. 이를 근간으로 국민을 안심시키며 동시에 안보를 위해 공동체가 단합하고 유기적으로 움직일 수 있도록 유도할 수 있다.

두 번째로는 경제적 요소이다. 현대사회에서 경제적 불안정은 국가의 존망을 결정지을 정도로 극히 중요한 요소가 되었다. 때문에 전 세계 국가 공히 경제성장과 안정을 국가운영의 핵심으로 삼는다. 미국과 중국, 일본, 대만 등이 반도체를 둘러싸고 벌이는 치열한 경쟁이야말로 당사국으로서는 국가안보의 관건이라 여기기 때문이며 우리나라도 결코 예외는 아니다.

세 번째로는 정신 및 심리적인 요소이다. 국민들의 정신적, 심리적 동요를 예방하고 국가 운영에 동참토록 유도하는 무형의 핵심 자산이라 할 수 있다. 국가와 역사에 대한 자긍심은 공동체 존립에 있어 지극히 중요한 토대이다. 따라서 애국정신이 국가의 안보에 미치는 영향은 절대로 무시할 수 없다. 이른바 "인종의 용광로"라고 불리는 미국이 짧은 역사에도 불구하고 애국의 기치 아래 초강대국으로 부상한 후 여전히 건재할 수 있는 배경이기도 하다.

국가와 국민의 안보를 담보하기 위해서는 위의 세 가지 이외에 가장 기본적인 군사적 요소에다 지정학地政學, geo-politics적인 요소까지 더해지며 최근에는 기정학技政學, tech-politic적인 요소도 추가되는 상황이다. 과거에는 지리적 위치를 중시하는 지정학에 의해 국제정치가 움직였다면 지금의 세계는 기술을 장악하는 국가를 중심으로 글로벌 패권이 재편되는 상황이다. 이처럼 안보는 다양한 요소가 유기적으로 결합되어야 보장되는 것이다. 전쟁을 피하고 평화를 유지하기 위해 공동체는 가용한 모든 요소를 동원하는 것이 필요하다.

이 책에서 줄곧 살펴봤던 지고한 효도의 가치는 안보에도 적용이 된다. 안보의 요소 가운데 세 번째로 등장한 정신 및 심리적 요소와 직결되는 것이다. 효도는 우리 고유의 정신가치로서 각 개인으로 하여금 가족과 이웃, 친족을 지키도록 작동한다. 이 가치가 사회와 국가로까지 연결되면 결국 국가적 수준의 효도 차원으로까지 승화가 가능해진다. 이른바 '국가적 효도'는 정부와 정치권을 주축으로 법과 제도 등을 통해 효심과 효행의 사회를 만드는 한편 국민들을 상대로 효도를 적극적으로 권장하는 것이다.

우리 사회는 예로부터 "충과 효는 한 몸"이라는 충효일신忠孝一身, "충과 효의 근본은 똑같다"는 충효일본忠孝一本의 개념에서 나타나듯 가정의 윤리로서 출발했던 효도와 국가의 윤리인 충성을 함께 하는 것으로 인식해 왔다. 중국의 남북조南北朝 시대의 송宋나라 역사가인 범엽范燁의 후한서後漢書에는 "나라를 구하는 충성스러운 신하는 필히 효자의 가문에서 나온다."[253]라고 기록되어 있다. 안보의 바탕에 효도가 깔려 있음을 적시하는 내용이다.

한漢나라 유학자 마융馬融이 저술한 것으로 전해지는 충경忠經에서는 개인과 집안에서 시작된 효도의 흐름이 국가로 이어지고 그 효과로서 다시금 가정으로 환류되는 상황을 다음과 같이 묘사하고 있다.

무릇 충이라는 것은 자신에게서 일어나 집안에서 드러나고 나라에서 완성이 되는데, 이를 실행하는 것은 모두가 한결같다. 따라서 그 몸을 하나로 하는 것은 충의 시작이요, 집안을 한결같이 하는 것은 충의 중간단계이고, 그 나라를 하나로 만드는 것은 충의 마지막 단계인 것이다. 몸이 하나가 된다면 모든 복이 이르게 되고 집안이 한결같게 되면 모든 친족이 화목하게 되고 나라가 하나가 되면 만인이 다스려지게 된다.[254]

안보와 관련된 국가의 효행 가운데서 가장 대표적인 것이 보훈報勳이다. 보훈은 국가유공자의 희생과 헌신에 대한 합당한 보상, 질곡의 역사를 극복하기 위해 희생한 사람들에 대한 공훈선양, 국민과 미래 세대들에게 그 숭고한 희생정신과 애국심

---

253) 『後漢書』, "求忠臣必於孝子之門."
254) 『忠經』, "夫忠興於身, 著於家, 成於國, 其行一焉. 是故一於其身, 忠之始也. 一於其家, 忠之中也. 一於其國, 忠之終也. 身一則百祿至, 家一則六親和, 國一則萬人理."

을 함양하고 계승하기 위한 것[255]이다. 따라서 보훈이 갖는 성격은 국가의 중차대한 책무이자 행정사무 가운데 하나로서 국가를 위해 국민이 자신의 생명까지도 바칠 수 있는 애국심의 원천이라 논할 수 있다. 구성원의 국가와 사회공동체를 위한 희생은 결코 기억에서 사라지지 않으며 필히 보답 받을 것이라는 강력한 믿음을 주게 된다.

정부 차원에서 이루어지는 보훈은 국가존립과 관련, 공헌하거나 희생한 사람들을 국가가 예우하고 그 공훈을 찬양하는 것을 목적으로 삼는다. 아울러 국가와 사회 등 공익을 위해 헌신하는 희생정신과 그 삶의 가치를 국민생활의 귀감으로 상징화하여 국민의 일체성 확보와 국가발전의 정신적 토대를 제공하는 요체가 되도록 이끄는 국민 통합적 측면의 성격을 갖는다.[256] 고령의 참전군인과 독립유공자 등을 예우하고 돌보는 국가적인 효행인 것이다.

보훈의 선진국이라 할 수 있는 미국은 이미 1930년도에 제대군인처를 설립하고 1989년 보훈부로 격상시켜 내각의 독립부서로 만들었으며 천문학적인 예산과 방대한 조직 및 인원을 통해 국가에 헌신한 퇴역 군인들의 복지를 지원하고 있다. 우리나라의 경우 1961년 "돕고 보살핀다."는 시혜적 의미의 군사원호처로 출발, 보훈업무를 국가 차원에서 다루기 시작하였고 이후 정권의 성격에 따라 장관급, 혹은 차관급 부처로서의 국

---

255) 박철우, 박세진, 『보훈 60년사』, 국가보훈처, 2021, 10.

256) 국가보훈처 기획예산담당관실, 『국가와 보훈』, 국가보훈처, 2002, 15-16.

가보훈처를 거쳐 대선 공약의 이행 차원에서 2023년 6월 드디어 장관급의 국가보훈부로 격상되었다.

국가보훈부로의 격상은 진정으로 "받들고 예우한다."는 의미의 보훈을 지향할 수 있는 기반 마련 성격을 갖는다. 이는 국격國格과도 밀접한 관련성을 갖는바, 국격은 "국가가 누구를, 어떻게 기억하느냐?"에 의해 결정된다. 따라서 "국가를 위해 헌신한 사람들을 국가 차원에서 결코 잊지 않고 제대로 책임지고 예우한다."는 것은 그만큼 국격을 갖추었다는 얘기이며 우리가 이제는 선전국의 반열에 올랐음을 상징하는 것이다.

안보와 연관된 국가의 효행에서 보훈만큼이나 중요한 것이 병역자원에 대한 관리이다. 징병제를 채택한 우리나라는 저출산, 고령화 추세 속에서 병역자원이 점차 줄어드는 상황이라 대책 마련에 고민 중이다. 완전한 모병제로의 전환까지는 고민이 지속될 수밖에 없으며 모병제 또한 전체 인구구조와 변화 추이로 봤을 때 완벽한 해결책이 되지 못한다. 현 상황에서 군에 입대하는 장병들은 무엇과도 바꿀 수 없는 대단히 소중한 존재이다. 다수가 외동으로 자랐으며 온 가족의 사랑을 받은 데다 복무기간 단축에도 불구하고 황금과도 같은 청춘의 시간을 통제된 조직에서 보내야 되는 이들을 위해 군 당국은 부모와 같은 마음과 자세를 가져야 한다.

물론 군인의 기본권 보장을 위한 법적 장치가 존재하는 것은 분명하다. 실제로 '군인의 지위 및 복무에 관한 기본법'에서는 국가의 책무로서 "국가는 군인의 기본권을 보장하기 위하여 필요한 제도를 마련하여야 하며 이를 위한 시책을 적극 추진하여야 한다.", "국가는 군인이 임무를 충실히 수행하고 군 복무에 대한 자긍심을 높일 수 있도록 복무여건을 개선하고 군인의 삶의 질 향상을 위하여 노력하여야 한다."[257]고 규정하고 있다.

그럼에도 중요한 것은 군 당국의 정책, 장교 및 부사관 등 간부들의 마음가짐과 태도이다. 평상시 군에서 할 일은 전투준비태세를 철저히 유지하되 국민의 귀한 자제인 장병들을 세심히 관리하고 훌륭한 민주시민이자 예비사회인으로서 성장토록 배려하는 등 부모의 입장에서, 부모의 심경으로 제반 노력을 경주해야 한다. 군 복무가 장병들에게 긍지이자 배움으로 충만한 기간으로 인식되도록 다양한 관련 조치가 필요하다.

특히 '효행장려 및 지원에 관한 법률'에서 "국가 및 지방자치단체는 영유아어린이집, 사회복지시설, 평생교육기관, 군 등에서 효행교육을 실시하도록 노력하여야 한다."[258]고 규정한 것처럼 군 장병들에 대한 효도 교육이 공식화되고 상시적으로 이뤄져야 한다. 이를 통해 군 복무 기간 중 자기개발은 물론 부모의 은혜와 노고를 다시금 생각하고 보은하는 마음을 갖도록 유도할 수 있다.

한편, 기업의 경우에도 안보의 개념이 요구된다. 이건희 삼성 회장은 평상 시 기업의 정보력과 홍보에 대해 깊은 관심을 가졌었고 이를 반영하듯 1993년 신년사를 통해 "첨단 경영의 승리자가 되기 위해서는 남보다 앞서는 정보력과 기업 안보 차

---

257) 법제처, 국가법령정보센터.

258) 법제처, 국가법령정보센터.

원의 홍보력 강화가 필수 요건이다. 이를 위한 비용은 지출이 아니라 선행 투자이다."[259]라고 밝혔었다. 삼성의 총수로서 경영과정에서 겪을 불안으로부터의 자유를 위해 조기경보 차원의 정보와 사전 대비 수준의 홍보를 언급한 것은 부친 대부터 전해진 진단과 예방의 경영, 선행 투자를 통한 경쟁력 제고의 경영관이 자리한다.

2절. 인간안보 시대의 효도

안보의 개념은 장기간에 걸쳐 "외부의 침략으로부터 영토와 주권을 보전하는 것, 외교정책을 통해 국가의 이익을 수호하는 것"과 같이 거대 담론으로 해석되어 왔다. 따라서 전쟁 상황까지는 아니더라도 일상 속에서 벌어지는 시민의 안전, 인권 관련 사항은 지엽적인 문제로 치부되고 도외시되면서 전통적으로 안보의 범주에 들어가질 못했었다.

그러나 1994년 국제연합개발계획UNDP의 보고서가 새로운 안보개념으로서 '인간안보human security'를 제시하면서 안보의 궁극적인 대상을 인간으로 보는 발상의 전환이 이루어졌다. 각 개인의 안보를 국가안보 이상으로 중시하는 개념인 만큼 기존에 핵심적인 요소였던 군사적인 위협뿐만 아니라 경제적

---

259) 김옥림, 『이건희 담대한 명언』, 미래의 서재, 2021, 96.

인 고통으로부터의 자유, 향유하는 삶의 질, 자유와 인권의 보장 같은 인간에게 필요한 기본적 권리가 인간안보의 범주에 들어간다.

인간안보는 기존의 전통적인 개념으로는 설명하기 어려운 다양성과 복잡성을 가진 문제의 발생에 따라 주목받게 된 새로운 개념이다. 이는 정쟁으로 인한 내전과 자연재해, 기근 등으로부터 벗어나기 힘든 개발도상국 또는 저개발국의 개인을 안보의 범위에 포함시킨다. 아울러 선진국의 개인 역시 폭력과 범죄, 자연재해 등으로부터 보호하는 차원의 접근방식이다.

때문에 기존의 국가안보 개념이 주권을 핵심으로 삼은 정치적 공동체 유지와 체제 수호에 방점이 찍혀 있는 데 반해 인간안보 개념은 공동체와 체제 내에서 개인의 자유와 안전을 어떻게 보장, 증진시킬 것인지에 방점이 찍혀 있다. 안전과 관련하여 공동체 전체, 이를 구성하는 개인 가운데 어디에다 우선적인 가치를 두느냐의 차이를 보인다.

여기에서 국가안보로부터 인간안보로의 전환을 위해서는 전제될 사항이 있다. 첫 번째는 영토의 수호 차원에서 사람의 보호로 패러다임이 바뀌는 것이다. 두 번째는 군사적 무력수단에 의지하는 안보로부터 개인의 생존과 발전을 추구하는 안보로 패러다임이 옮겨가는 것이다. 외부에서 야기되는 군사적 위협보다 내부에서 발생하는 전염병, 환경오염, 인권침해 등의 위협이 훨씬 더 심각한 수준으로 공동체와 체제의 안보에 영향을 끼친다고 간주하는 사고의 전환이 요구되는 것이다.

인간안보는 기아와 질병, 탄압 등과 같은 만성적이고 일상화된 위협으로부터의 보호라는 성격과 함께 가정과 사회 등 공동체에서 발생하는 일시적이고 긴급한 위협으로부터의 보호라는 성격을 동시에 갖는다. 안보의 초점이 전쟁으로 상징되는 조직화되고 거대한 폭력으로부터 사람답게 살 수 있도록 돕는 방향으로 옮겨간 것이라 할 수 있다. 사회구성원으로서 함께 살아가는 다수의 보통 사람들을 중시하는 사고방식인 것이다.

새로운 개념으로서 인간안보의 범주에는 소득 증대와 빈곤 극복 같은 국민의 경제적인 안전을 담보해주는 경제안보, 국민이 생존을 위해 필요로 하는 식량의 확보 및 공급을 보장해주는 식량안보, 공적 정치조직의 폭력과 사회 내 범죄자들로부터 구성원의 안전과 인권을 수호해주는 인권안보, 국민을 질병과 전염병 등으로부터 보호해주는 보건안보, 환경파괴에 따른 재앙으로부터 국민을 구원하는 환경안보 등이 포함된다. 이러한 세부항목은 인간으로서 향유해야 될 기본적인 생활과 안전에 관한 보장의 내용을 담는다.

이는 인간안보가 평화와 공존, 인권과 평등, 건강과 식량, 교육과 일자리 같은 인간의 기본권을 살피고 안전한 지역사회 구축과 더불어 에너지, 기후변화, 공해 같은 생활환경 문제를 포함하여 오늘날 세계가 직면한 주요 문제를 다룬다는 것을 의미한다. 이처럼 인간을 둘러싼 안보의 범위가 확대, 세분화됨으로 인해 해결방식 또한 다양하고 복잡한 성격을 갖는다.

인간안보는 국지적인 문제가 아니라 세계적인 문제이며 무엇보다도 사람중심이라는 특성을 지닌다. 때문에 안보에 이상이 발생할 경우 모든 국가와 사회, 그룹, 개인이 공히 피해의 당사자가 된다. 인류는 에이즈, 테러리즘, 빈곤 같은 그간의 인간안보에 대한 위협 요소를 전통적인 안보상의 위협보다 덜 중요하다고 인식해 왔다. 전쟁으로 상징되는 안보위협과 달리 인간안보에 대한 위협은 예방이나 적절한 통제가 가능하다고 보았기 때문이다.

그러나 이러한 인식은 코로나-19 팬데믹으로 인해 깨지게 된다. 전 세계적으로 퍼진 코로나-19는 인간의 안보에 대한 전염병의 위협이 전통적 안보에 대한 위협보다 훨씬 더 치명적일 수 있다는 것을 여실히 증명하였다. 선진국과 개발도상국, 저개발국을 막론하고 대규모 감염 사태를 일으켰으며 기저질환이 있는 노인층을 중심으로 막대한 사망자가 발생하였다. 대다수 국가들이 코로나-19 예방과 치료를 위해 소요되는 의료 인력과 시설, 백신 및 치료제, 진단키트가 절대적으로 부족한 상황 하에서 대응을 위해 총력전을 펼쳤다.

각 국가의 국경이 봉쇄되고 지역 간 이동이 통제된 가운데 국가마다 대응을 위한 백신 확보를 위해 사투를 벌이며 자국중심주의적인 행태를 보였다. 백신의 개발이 국력을 상징하고 국제질서의 변동 요인으로 작용하는 시대로 접어들었다. 때문에 인간안보의 범주 가운데 국민을 질병과 전염병으로부터 보호해주는 보건안보의 중요성이 부각되고 있다.

이 대목에서 코로나-19의 발생지로 지목된 중국의 상황을 통해 인간안보 문제를 들여다볼 필요가 있다. 개혁개방 정책 이후 나타난 국가주도 경제발전의 이면에 도사린 후유증과 더불어 마르크스·레닌주의의 퇴조로 고심하던 중국공산당은 후진타오 주석 집권 시기인 2000년대 중반 공자가 강조했던 "사람을 근본으로 삼는다."는 의미의 '이인위본以人爲本'을 국가의 통치강령으로 채택하였다. 후임자인 시진핑 주석은 취임 직후 언론인터뷰를 통해 다음과 같이 언급하기도 하였다.

> 삶을 소중히 여기는 우리 인민은 더 좋은 교육과 더 안정된 일자리, 더 만족스러운소득, 더 든든한 사회보장, 더 쾌적한 주거환경, 더 아름다운 환경이 마련되고, 자녀들이 잘 자라서 즐겁게 일하고 더 잘 살 수 있기를 바라고 있습니다. 인민들이 동경하는 아름다운 생활이 바로 우리가 지향해야 할 목표입니다.[260]

그럼에도 이러한 정책과 발언은 대외적인 선언에 그칠 뿐 국내적으로는 당 주도의 권위주의적 정치만이 존재할 뿐이다. 때문에 아직까지 국민이 주인의 위치가 되어 아름다운 생활을 향유하는 것은 요원하다. 국제사회가 인정하는 법률과 인권보호, 다당제 같은 글로벌 스탠더드를 기반으로 삼고 국가를 상식적으로 이끄는 정치의 모습을 보이지 않기 때문이다.

코로나-19 팬데믹 당시 보여준 당과 정부의 '제로 코로나 정책'이 이를 상징한다. 정권안보를 최우선으로 함으로써 발생한 인간안보의 희생이 적나라하게 나타났다. 의료 및 과학 분야 전문가 대신 당정 관료중심 국가 공권력의 대응 주도, 대응과정에서 국민의 생명과 존엄성 경시, 일선 관료들의 허위보고와

---

260) 習近平, 차혜역 역, 『시진핑, 국정운영을 논하다』, 미래엔, 2015, 17.

통계치 조작, 진실 은폐를 위한 여론과 언론 통제로 인해 국민의 안전문제가 철저하게 감춰졌고 기본권은 심각하게 훼손되었다.

관계 당국이 원천봉쇄 차원으로 방역에 임하면서 농촌의 촌락, 도시의 구역에서 코로나가 발생하면 아예 사전 통보조차 없이 지역을 고립시키고 이동을 차단하는 일이 다반사로 일어나면서 각 가정은 병원진료와 생필품 구매에 애를 먹었고 노약자들의 고통은 가중되었다. 여기에서 개인의 인권은 고려의 대상이 되질 않았던 것이 사실이다. 코로나-19의 와중에서 국가의 공권력만 존재하고 국민은 오로지 방역 통제의 대상이 된 것이었다.

국민건강은 인권과 직결되며 사회, 정치, 경제 및 국가의 존망과도 무관치 않다. 그럼에도 불구하고 아직까지 세계 인구의 약 절반인 35억 명 이상이 기초 보건의료 서비스를 이용할 수 없는 실정이다. 이는 주로 저소득국가와 중위소득국가의 빈곤층 밀집 지역에서 발생하며 이들의 대다수는 심각한 건강 문제에 직면해 있다. 때문에 인간안보를 구현키 위한 인도적인 대응 차원에서 국제사회의 관심과 공조, 그리고 협력이 절실한 대상이다.

시대의 흐름과 더불어 인간안보는 이제 경제와 기술, 과학 분야에서도 주목하는 개념으로 자리한다. 미래 첨단기술의 전 세계적인 경연장인 CES[261]의 경우 2023년 전시회의 핵심 슬로

---

261) The International Consumer Electronics Show, 미국 라스베이거스에서 매년 개

건을 "모두를 위한 인간안보Human Security for All"로 선정하고 팬데믹 시대에서 인간 생존을 위협하는 가장 시급한 문제가 무엇인지를 고민하는 계기를 만들었다. 글로벌 현안을 반영하여 핵심 키워드로는 "지속가능성", "디지털 헬스케어"가 채택되기도 하였다. 지구촌의 지속성을 모색하고 구성원의 건강을 챙기는 것이 기술적인 측면에서 무엇보다도 중요하다는 인식의 결과이다.

코로나-19로 인한 사망자 상당수가 기저질환을 가진 노인층으로 나타난 것은 인간안보, 특히 보건안보의 대상이 주요 사회적 약자임을 시사한다. 병약해진 신체 상태에서 코로나-19 감염은 이들에게 치명적인 위협으로 다가왔기에 국가와 사회의 우선 고려 대상이다. 인간안보는 인간사회의 정의 구현 차원에서 인간이 향유하는 삶의 질 향상, 인간의 존엄성 보장 등의 성격을 가지며 이는 궁극적으로 정치의 목표가 된다.

정치권이 인간안보에 대해 국가안보만큼이나 중요하다는 점을 재인식하고 국민들의 기본권인 안전을 고려하는 입법 활동, 정부의 인간안보 정책 감시와 독려에 적극성을 보여야 할 것이다. 여기에서 눈여겨봐야 할 것은 지방정치의 존재이다. 그동안 국가안보가 국가의 고유사무로 인식되고 이행되어 왔다면 인간안보는 이제 지방자치 시대의 성숙기로 들어간 우리의 현실에서 지방사무에 더 무게중심이 실린다. 자연재해와 사고, 감염병, 기후변화, 환경문제 등 인간안보의 위협 요인들은 대

최되는 세계 최대 규모의 가전 및 IT 전시회의 약칭이다.

부분 일반국민의 일상과 직결되기 때문이다.

위에서 살핀 것처럼 인간안보에는 효도가 지향하는 노인층, 어린이, 장애인 등 사회적 약자보호의 정신이 담겨 있다. 따라서 인간의 안전 문제를 놓고 고민할 때 우리는 효도를 가치의 출발점으로 삼고 여기서 더 나아가 안보와 관련된 정책의 수립과 진행 시 중요한 정신적 기반으로 삼는 지혜를 발휘해야 된다.

2장
교육의 핵심

1절. 가르침과 배움

교육敎育의 사전적 풀이는 "지식과 기술 따위를 가르치며 인격을 길러줌"[262]으로 되어 있다. 한자로 살펴보면, '가르칠 교'와 '기를 육'으로 구성되어 "가르쳐서 기른다."는 의미를 갖는다. 장기간에 걸쳐 효도와 리더십의 상관성 연구에 천착해온 학자는 교육의 한자 가운데 교敎자를 세 가지로 해석하고 있다. 첫 번째는 '인도할 교'와 '쇠북 종'이 합쳐진 것으로서 "회초리를 들어서라도 올바른 길로 인도한다."는 의미를 갖는다는 것이다. 두 번째는 '효도할 효'와 '아버지 부'가 합쳐져 "가르치는 사람은 부모와 같은 마음으로 가르침을 주고 교육을 받는 사람은 부모를 대하는 자세로 가르침을 받아야 한다."는 의미로 해석된다는 것이다. 세 번째는 '효도할 효'와 '빛날 문'의 합자로서 "부모

---

262) 국립국어원, 『표준국어대사전』

에게 효도하는 마음으로 학문을 연마해야 한다."는 뜻을 내포한다[263])는 것이다.

교육은 인간으로 하여금 자신을 발전시켜 보다 인간다운 삶을 영위토록 돕는다. 그리고 효도는 인간의 삶에서 기본원리로 작동하는 만큼 교육과 아주 밀접한 관계를 갖는다. 교육을 통해 가르침이 인간에게 수용 및 체화되는 과정은 지知, 정情, 의意, 행行의 순서로 이행된다. 즉 알게 되고 느낀 후 다짐하고 행동으로 이어지는 연쇄적인 성격을 갖는다.

이를 효도에 적용하면 자식은 부모와의 관계를 통해 애정의 의미를 알게 되며 자신의 존재, 부모의 희생이 갖는 가치를 인식하면서 보은의 마음인 효심을 키우고 효행의 발걸음을 시작하는 것이다. 따라서 가정에서 시작되는 효도와 교육은 상호 불가분의 관계성을 갖는다.

명심보감에서 "효도하고 섬기는 자는 다시 효도하고 섬기는 자식을 낳게 되지만, 어그러지고 거슬리는 자는 다시 어그러지고 불효하는 자식을 낳게 되나니, 믿지 못할 것 같으면 처마 끝의 물방울을 보라. 방울방울 떨어짐이 어긋남이 없느니라."[264] 라고 언급하듯이 자식은 부모의 행동을 통해 삶의 도리를 알게 되고 느낌과 다짐, 실천을 하게 된다. 이처럼 효도는 과거사회

---

263) 김종두, "국가적 현안과제 극복과 효교육의 내실화 방안-다산의 실사구시적 효를 중심으로」, 『한국효학회 제33회 정기학술대회 자료집』, 한국효학회, 2022. 12. 3, 28-29.

264) 『明心寶鑑』「孝行編」, "孝順還生孝順子, 悖逆還生孝逆子. 不信, 但看詹頭水, 點點滴滴不差移."

에서 세대와 세대 간에 이어지는 과정을 반복하면서 사회구성
원들의 정신세계에 깊숙하게 자리 잡았던 규범이며 사회를 지
탱하는 요소였다.

우리에게 큰 울림을 주는 사상체계를 만들었던 선현들 가운
데 맹자는 특히 학교 교육의 출발점을 효도에서 찾았다. 그의
"학교 교육을 엄격하게 하여 효도와 우애의 의리를 반복해서
가르치면 반백의 노인이 짐을 지거나 이고 거리를 다니는 일이
없게 될 것이다."265)라는 언급을 통해 약자인 노인까지 포용하
는 사회의 안정과 질서는 오로지 교육에서 비롯된다는 것을 시
사하였다. 이처럼 효심과 효행의 교육이 이뤄지면 사회공동체
는 자연스러운 질서와 조화 속에 안정을 유지하며 이런 상황에
서 지도자와 구성원들은 사회의 그늘, 사각지대의 문제를 들여
다보고 돕는 미덕을 발휘하게 된다.

효도를 교육에 접목시키기 위해서는 '배우는 자'로서 인간의
삶에 있어 요구되는 배경이 무엇인지를 알아야 한다. 우선 "예
기에 이르기를 옥은 쪼지 않으면 그릇이 못되고, 사람은 배우
지 아니하면 의를 알지 못하느니라."266)는 언급과 "장자 가라사
되, 사람이 배우지 아니하면 하늘에 오르는 데 아무런 재주가
없는 것과 같다. 배워서 지혜가 심원해지는 것은 마치 상서로
운 구름을 헤치고 푸른 하늘을 보는 것과 같고 마치 높은 산에

---

265) 『孟子』「梁惠王章句上」, "謹庠序之教, 申之以孝悌之義, 頒白者不負戴於道路矣."
266) 『明心寶鑑』「勤學編」, "玉不琢, 不成器. 人不學, 不知義."

올라가 사해를 내려다보는 것과 같다."[267]는 가르침을 다시금 되새길 필요가 있다.

효도 역시 가르치고 배워야만 이를 적용하는 과정에서 세상을 제대로 인식하게 된다. 율곡 이이가 배움의 자세에 대해 언급했던 다음의 내용에서는 배움의 선후와 그 원리의 중요성이 강조된다.

> 배우는 사람은 항상 이 마음을 보전하여 다른 사물에게 현혹되어서는 아니 되며, 반드시 이치를 깊이 연구하여 선을 밝힌 뒤에야 마땅히 행할 도리가 분명하게 앞에 나타남으로써 진보할 수 있다. 그런 고로 도에 들어감은 이치를 연구하는 것보다 먼저 할 것이 없고, 이치를 연구함은 책을 읽는 것보다 먼저 할 것이 없으니, 성인과 선현이 마음을 다하여 저술한 자취, 그리고 선과 악 가운데 본받아야 할 것과 경계해야 될 것이 모두 책 속에 있기 때문이다.[268]

배우지 않을 경우의 인간은 어떤 모습으로 존재할지에 대해 맹자는 "측은하게 생각하는 마음이 없으면 사람이 아니며, 부끄러워하는 마음이 없으면 사람이 아니다. 사양하는 마음이 없다면 사람이 아니요, 옳고 그름을 판단하는 마음이 없다면 사

---

267) 『明心寶鑑』「勤學編」, "莊子曰, 人之不學, 若登天而無術. 學而智遠, 若披祥雲而覩靑天, 如登高山而望四海."

268) 『擊蒙要訣』「讀書章」"學者常存此心, 不被事物所勝, 而必須窮理明善然後, 當行之道, 曉然在前, 可以進步. 故入道莫善於窮理, 窮理莫善乎讀書, 以聖賢用心之迹, 及善惡之可效可戒者, 皆在於書故也."

람이 아니다."[269]라면서 교육을 통해 만들어지는 제대로 된 사람의 행태에 대해 설명하였다. 효도는 가정에서 시작된 후 학교의 교육을 통해 당사자의 배움으로 내재화된다. 따라서 우리 사회 내부적으로 효도를 인성교육과 직접 연결하는 방안이 강구되어야 한다.

지금의 상황과는 너무나도 다르지만 이전 우리 사회의 일반적인 가정에서는 초등학교 입학 이전부터 조부모와 부모의 '밥상머리 교육'이 존재했었다. 집안에서 자연스럽게 효도를 배우고 가족과의 관계를 통해 인성교육을 받음으로써 예의범절과 도덕을 체화시켰다. 언제나 식사시간이 되면 어른이 수저를 들기 전까지 기다리는 것이 기본도리일 정도였다. 도란도란 이야기를 나무며 식구들 간의 소통과 화합을 다지고 어른들로부터 사람으로서의 도리를 전해 듣곤 하였다.

다만 대체적으로 좋은 반찬은 조부모와 부모의 몫이고 경우에 따라 자식이나 손자손녀로서는 식사가 곤란할 정도의 심한 야단이나 훈계로 끝나는 경우와 같이 그 폐단도 분명히 존재한다. 이러한 폐단이 초등학교, 중고등학교, 군대로까지 이어지며 사람에 따라서는 어른과의 식사가 권위와 질서의 강조, 그리고 이행에 대한 일방적인 요구의 시간으로 기억되는 수도 있다.

지금의 기준으로 봤을 때, 과거의 부모세대가 훈육을 명분으로 자녀에게 체벌을 가하거나 언어적인 폭력을 행사한 것은 금

---

269) 『孟子』「公孫丑」, "無惻隱之心, 非人也. 無羞惡之心, 非人也. 無辭讓之心, 非人也. 無是非之心, 非人也."

도를 넘어선 것으로서 결코 수용하거나 동의하기 어렵다. 자녀를 하나의 인격체로 대하질 않고 소유물로 여기며 부모의 일방적인 논리만 강요하는 가정교육은 잘못된 것으로서 없어져야 한다. 그럼에도 이전의 '밥상머리 교육'을 다시 거론하는 것은 긍정적인 측면에서 교육으로서의 중요성 때문이다.

어린아이가 취학연령 이전 유아원과 유치원에 다니는 지금의 교육과정에서 여럿이 함께 하는 단체생활의 경우 기본적인 자세와 마음가짐이 요구된다. 어린아이들의 기준으로 표현하자면 "친구들과 잘 지내고, 밥투정도 안 하고, 선생님 말씀도 잘 듣는 것"이 중요하다. 가정에서의 교육은 자녀가 단체생활에서 이러한 것을 충족시키며 즐겁게 지내도록 미리 준비해주는 과정인 것이다.

식사는 단순히 인간의 식욕을 해결하는 일이 아니라 소통과 교감의 시간이다. 이 시간을 제대로 활용하여 자연스러운 교육의 기회로 삼을 필요가 있다. 이처럼 가정교육을 강조하는 것은 창조성이 중요한 시대에 획일화, 규격화된 인간을 만들자는 얘기가 아니다. 사람이 사는 사회의 질서가 무엇인지를 알려주고 함께 사는 방법을 배워줌으로써 협업과 화합의 자세, 양보와 배려의 마음을 갖도록 해주자는 것이다.

가정교육을 제대로 받으면 아동기와 청소년기를 거치면서 사람 자체가 반듯하되 개성을 유지하며 성장 후 사회로 나갔을 때 강력한 경쟁력을 갖는다. 세상에서 갈등과 반목, 경쟁이 치열해질수록 '사람다움'이라고 할 수 있는 인성의 중요성이 부각된다. 때문에 기업이 직원을 채용할 때나 대학교에서 학생을 선발할 때 인성을 중요한 포인트로 여긴다.

IT업계의 거대기업으로 자리 잡은 구글은 직원을 채용하면서 대상자의 전문적인 능력뿐만 아니라 책임감, 적극성을 들여다보고 타인에 대한 존중과 배려의 태도에 중점을 둔다. 이 회사는 "특별한 사람을 제외하고는 업무적인 스킬이나 지능은 대동소이하다."는 판단 하에 지원자가 열린 마음으로 다른 업체와 협업을 할 수 있는지, 고객과 충분히 소통할 수 있는지를 채용의 핵심 포인트로 삼는다.

고등교육을 상징하는 오늘날의 대학교육은 유럽에서 시작되었다. 특히 세계적인 초일류대학으로 평가받으며 케임브리지대학과 쌍벽을 이루는 옥스퍼드대학은 뛰어난 학문적 성과 외에도 지금까지 무려 28명의 총리와 다수의 노벨상 수상자를 배출한 것으로 유명하다. 클린턴 전前 미국 대통령도 동문이다. 이 대학은 당연히 대학입학을 위한 수능시험의 최상위권 성적을 요구하지만 아울러 면접에서 인성을 중시하는 선발 방식을 고수하는 중이다. 뛰어난 머리뿐만 아니라 따뜻한 가슴까지 있어야 세상을 제대로 만들고 이끌어 가는 리더로서 성장이 가능하다는 판단에서이다.

위의 사례에서 살펴봤듯이 세계적인 기업과 대학이 사람을 평가하는 다양한 요소 가운데 인성을 중시하는 이유는 무엇일까? 기업이나 대학 공히 사람이 가장 중요한 자산이다. 기업은 사람을 경영에 활용하고 대학은 사람을 세상으로 내보낸다. 반듯한 사람을 뽑고 교육하는 것은 조직의 지속 가능성을 담보하게 된다. 인성을 갖춘사람은 자신의 능력을 발휘하는 과정에서 공동체 구성원과의 화합, 협업을 통해 성과를 낼 수가 있으며, 공감과 배려를 바탕으로 시너지 효과를 거두도록 자발적으로 앞장선다. 이는 기업에서 요구되는 덕목이며 대학에서 지향하는 교육의 목표인 것이다.

디지털 기술을 바탕으로 세상은 급변하는 중이다. 특히 인류가 AI와 공존해야 되는 상황이 코앞으로 다가왔다. 자칫 사람이 먼저가 아니라 기술이 우선인 사회에서 살아야 될 가능성이 높아지고 있다. 이런 사회는 기본적으로 효율과 이익을 무엇보다 중요시하고 사람들에게 적응과 수용을 요구한다. 때문에 인간을 위하고 인간을 향하는 노력이 필수적이다. 사람과 기술의 주객이 전도되어 사람은 온데간데없는 존재로 전락하고 기술만이 남는다면 이는 인류의 비극인 것이다.

인성의 중요성이 점차 부각되는 가운데 인성교육은 이제 시대정신이 되었다. 때문에 감성과 공감, 배려 같은 인성이 반드시 사회의 기본으로 자리해야만 된다. 인류가 이를 바탕으로 기술에 대해 비교우위를 가져야만 AI 시대를 맞아 슬기로운 자세로 흔들리지 않고 발전을 도모할 수 있다.

2절. 미국 정치가문의 자녀교육

중국인들은 자국의 오랜 역사와 문화에 대하여 큰 자부심을 갖고 있다. 이른바 그들이 내세우는 중화사상이 대표적이다. 그러나 근대를 거치고 현대에 들어 문화대혁명과 개혁개방 이후 경제발전 과정에서 전통적 가치가 사라지면서 가족의 해체, 강력범죄의 증가, 계층 간 갈등, 금전만능주의 팽배 같은 모순과 부조리에 고민하는 상황에 직면했다. 가족의 윤리로 작동되었던 경로효친敬老孝親의 모습도 더 이상은 찾아보기 어려워졌기에 당과 정부에서 '노인권익보장법'을 만들어 자식들에게 효도를 강제하는 실정인 것이다.

지금은 새로운 인구정책에 의해 폐지되었지만 오랜 기간 인구 억제를 위해 시행된 '한 가정 한 자녀' 정책으로 인해 "소황제小皇帝"로 불리는 외동자녀들은 대다수가 응석받이로 자라면서 가족의 질서와 윤리를 제대로 배우지 못한 채 부모의 관심과 애정을 당연시 여기며 자기중심적으로 성장한다. 타인에 대한 공감과 배려의 기회를 갖지 못한 채 성인이 되는 것이다.

중국의 대학생 자녀들은 독립된 성인으로서 부모를 보호하며 보살핀다든지 정서적 교류를 통하여 부모의 친구나 의논 상대가 되려하기보다는 성인기에 진입해서도 여전히 부모의 관심과 애정을 필요로 하고 부모에게 그것을 요구하는 경향을 보인다.[270] 이 때문에 사회공동체가 "교육부재 현상"이라고 개탄하면서 관련 대책을 모색하기 바쁘다.

일반적으로 자식은 가정에서 부모의 행동과 자세를 통하여 효도의 가치를 인식하고 실천방식을 배우게 된다. 부모는 생생

---

270) 유계숙 등, "한국과 중국 대학생 자녀의 효의식 비교", 『한국가족관계학회지』 제 19권 3호, 2014. 58.

히 살아있는 효도의 교과서인 것이다. 1999년 중국 CC-TV중앙 텔레비전방송의 설 특별방송을 통해 폭발적인 인기를 얻었던 "자주 집으로 찾아뵙자常回家看"는 제목의 노래가사가 많은 중국인들의 심금을 울렸다. 자식이 부모를 통해 위로받는 동시에 자녀에게도 효도의 모습을 보여줄 수 있는 내용으로서 의미가 깊다.

> 짬을 내고 시간을 내서서 자식을 데리고 집에 자주 가보라.
> 웃음을 담고 축복을 싣고 배우자와 같이 집에 자주 가보라.
> 어머니는 잔소리를 가득 준비했고, 아버지는 맛있는 요리를 한 상 마련했다.
> 생활의 번뇌는 어머니께 하소연하고, 직장의 일은 아버지께 말씀드려라.
> 자주 집에 가보라. 집에 가보라.
> 어머니를 도와 설거지를 한 번만 해드려라.
> 그분은 자식이 뭘 해주기를 바라지 않는다.
> 한 평생 고생하면서도 자식이 잘 되기만을 바란다.
> 자주 집에 가보라. 집에 가보라.
> 아버지 어깨를 한 번만 주물러 드려라.
> 그분은 자식이 얼마를 해줬는지 따지질 않는다.
> 한 평생 고생하면서도 그냥 한 데 모이기만을 바란다.

　　가장이 가족과 함께 자주 부모님을 찾아뵙는 것은 단순한 행동이지만 당사자는 어머니의 잔소리와 아버지의 말 없는 배려 속에서 위안을 받는 시간이며 자녀들에게는 조부모와의 관계, 애정의 의미를 일깨워주는 기회이다. 때문에 가정교육으로서

큰 가치를 가지며 효과를 기대할 수 있다. 효도는 이처럼 자녀
들로 하여금 가족의 온정을 느끼고 사회생활에서 오는 스트레
스를 슬기롭게 관리하는 노하우를 길러주는 존재로 자리한다.

효도의 의미와 가치를 교육에 적용한 사례는 미국의 트럼
프Donald Trump, 1946~ 전前 대통령 가문에서도 찾을 수 있다. 그
의 장녀 이방카Ivanca Trump는 유대계 출신 사업가인 쿠슈너Jared
Kushner와 결혼해 슬하에 2남 1녀를 두었고 부친의 재임 기간 중
에는 백악관 선임보좌관으로 근무하면서 줄곧 곁을 지켰다. 그
녀는 국내외적으로 숱한 논란거리를 만들었고 미국 정치사에
서 쉽사리 찾아보기 힘든 가족정치의 폐단을 드러내기도 했지
만 자녀교육에서만큼은 정계와 재계의 명문가로서 위상에 맞
는 태도를 보였다.

트럼프 전 대통령은 "아메리칸 퍼스트"를 외치며 집권 기간
중 미국이 G2로서의 위상을 공고히 다지기 위해 안보와 경제
분야에서 다양한 카드로 중국을 압박하면서 지속적인 줄다리
기를 이어갔는데, 그의 파트너는 "중국의 핵심이익 수호"를 견
지하며 결코 호락호락한 모습을 보이지 않던 시진핑 주석이었
다. 강성 지도자로 꼽히는 두 사람은 국제무대에서 양보 없는
경쟁을 펼치면서 선도국가로서의 위치를 공고히 하기 위해 열
을 올렸다.

트럼프와 시진핑은 2017년 4월 미국 플로리다주 마라라고
리조트에서 미중 정상회담을 갖고 당시 양국 간 현안이었던 무
역 불균형, 북한의 핵 및 미사일 위협, 남중국해 영유권 등을
놓고 지루한 협상을 이어갔다. 경색일변도로 흐르던 회담이 전

기를 맞는 것은 이방카의 딸인 아라벨라와 아들인 조지프였다. 아이들은 회담장에 등장해 두 지도자 앞에서 중국민요 '모리화茉莉花'를 부르고 당시唐詩와 삼자경三字經을 외우는 모습을 보여주었으며 이에 감탄한 시진핑은 특유의 잔잔한 미소를 지으며 박수를 보냈다.

당시는 중국문화를 상징하는 콘텐츠로서 우리에게 비교적 익숙하지만 삼자경은 상당히 낯선 존재이다. 이 책은 남송南宋 시대 유학자 왕응린王應麟이 편찬한 것으로 알려졌으며 고대 중국에서 어린아이들에게 한자를 가르칠 때 사용하던 교재이다. 제목이 '세 글자로 된 책'이라는 데서 알 수 있듯이 모든 구절은 세 글자로 구성되어 있는 것이 특징이다. 책의 내용은 인간의 도리, 역사와 학문 등 일상생활에서 지식이 될 만한 것들을 유교적인 시각에서 풀이한 것이다.

삼자경의 전반부를 보면 "사람의 타고난 성품은 본래 착하며 애초에는 사람 사이에 차이가 없으나 습관으로 인한 차이는 시간이 갈수록 커진다.", "옛날 맹자의 어머니는 이웃을 가려 살았다. 아들이 배우지 않으니 짜고 있던 베틀의 북을 갈라 맹자를 훈계하였다.", "기르되 가르치지 않으면 아버지의 허물이다. 가르치되 엄하지 않으면 스승의 게으름이다.", "자식으로서 배우지 않으면 마땅한 바가 아니다. 어렸을 때 배우지 않으면 늙어서 무엇을 할까?", "사람의 자식으로서 한창 젊었을 때는 스승과 벗을 친하고 예의를 익혀야 한다."는 문구를 통해 부모와 스승, 자식으로의 도리가 언급되어 있다. 아울러 "첫 번째로 효도하고 공경하며 다음으로 견문을 넓히며 셈하는 법을 배우고 성현의 글을 읽어 이치를 깨닫는다.", "세 가지 기본인 삼강이라 하는 것은 임금과 신하 간의 도리, 부모와 자식 간의 도리, 남편과 아내 사이의 화목함이다."[271] 등과 같이 효도를 기본으로 한 배움의 길, 인간관계의 미학이 제시되고 있다.

물론 이 책의 내용 가운데 일부는 "후한시대 사람 황향은 아홉 살 때 자기 체온으로 부모님의 잠자리를 따뜻하게 해드렸으니 어버이에게 효도하는 것은 마땅히 행할 바이다."[272]는 식으로 현대사회에서는 이해하기 어려울 정도의 과도한 효도 스토리가 담겨졌고 후반부는 중국의 역사를 설명하는 데 주안점을 두었기에 보편성에서 한계를 갖는다. 그럼에도 상당 부분의 내용은 사람으로서의 됨됨이와 배움을 강조하는 것인 만큼 재해석과 이해를 통해 서양의 교육에서도 충분히 반영할 가치를 지닌다. 때문에 미국의 정계와 재계 명문가로 자리 잡은 트럼프 가문이 자녀교육용 교재로 채택한 것이다.

미중 정상회담 종료 이후 중국 정부의 긍정적인 반응에서도 나타났듯이 양국 정상이 당일 다시금 부드러운 분위기 속에서 협의를 이어갈 수 있었던 것은 아이들의 중국문화에 대한 사전 학습 덕분이라 해도 과언이 아니다. 그해 11월 이뤄진 트럼프의 중국 방문 기간 중에도 이방카의 장녀 아라벨라의 삼자경

---

271) 『三字經』, "人之初, 性本善. 性相近, 習相遠.", "昔孟母, 擇隣處. 子不學, 斷機杼.", "養不敎, 父之過. 敎不嚴, 師之惰.", "子不學, 非所宜. 幼不學, 老何爲.", "爲人子, 方少時, 親師友, 習禮儀.", "首孝悌, 次見聞, 知某數, 識某文.", "三綱者, 君臣義, 父子親, 夫婦順."

272) 『三字經』, "香九齡, 能溫席, 孝於親, 所當執."

낭송은 다시금 큰화제를 불러일으켰고 트럼프와 시진핑은 화기애애한 분위기 속에서 회담을 진행할 수 있었다. 이울리 중국인들 사이에서 호의적인 반응도 이어졌다. 어린아이가 '준외교관'으로서의 역할을 톡톡히 수행한 것이다.

이는 이방카와 미국 국무부의 치밀하게 계산된 외교적 조치에 따른 결과로 해석할 수 있다. 그럼에도 불구하고 그녀가 부친의 대통령 취임 이전부터 중국출신 개인교사를 초빙하여 아이들에게 조기교육 형태로 중국어와 문화 콘텐츠에 접하도록 선행학습을 시킨 것은 동양적인 정서와 스토리가 교육적인 가치를 갖는 것에 대한 공감과 수용이 전제되었기 때문이다.

트럼프는 정계 진출 이전에 출중한 사업가로서 자본주의 경제의 상징적인 인물이었다. 이러한 부친의 장녀로서 이방카가 어린 자식들이 효도의 의미와 가치가 담긴 동양의 콘텐츠를 접하도록 조치한 배경에는 유대계 가정에서 태어난 남편 쿠슈너의 교육관이 자리한다. 폴란드에 거주하던 쿠슈너의 할머니는 나치독일 점령시기에 땅굴을 파고 동포들을 탈출시킨 인물로 알려져 있다.

나라도 없이 유랑인 신세가 되어 수천 년 동안을 정처 없이 떠돌던 유대인들이 이스라엘을 건국해 중동의 맹주로서 군림하고 세계의 경제를 주무르는가 하면 학계에서도 주류로서 확고한 위상을 가질 수 있었던 배경은 가정에서부터 시작된 철저한 교육이다. 교육이야말로 오늘의 유대인을 만들고 존재토록 한 핵심요인이라고 할 수 있다.

이 책에서 논의되는 효도 측면으로 본다면 유대인들에게는 신의 뜻을 따르는 계명문화가 있다. 사람이 기본적으로 살피고 지켜야만 되는 보편적인 도덕명령인 10계명+誡命 가운데 5계명은 "네 부모를 공경하라. 그리하면 너의 하나님 여호와가 네게 준 땅에서 네 생명이 길리라."[273]라는 것이다. 이처럼 자신들이 믿는 하나님의 명령에 의해 부모를 공경하는 데서부터 유대인의 삶이 시작되고 일상을 지배하며 미래로 이어진다.

유대인은 자식을 소유물이 아닌, 자신들이 믿는 하나님의 선물로 인식한다. 때문에 자식을 하나님으로부터 위탁받아 기르다가 성인식을 치르는 시기가 되면 다시금 되돌려준다는 생각으로 육아와 교육을 시킨다. 우리 사회에서 자식을 소유물로 대함에 따라 갈등과 반목이 발생하는 경우를 자주 보게 되는데, 유대인의 인식과 태도는 정반대인 것이다.

가정과 국가를 지키려는 일념으로 수천 년을 떠돌았던 유대인은 약속된 땅으로 돌아가 정체성과 존재감을 확인하고 미래를 기약할 수 있는 유일한 방책이야말로 교육이라는 인식을 갖는다. 그래서 밥상머리 교육을 통해 자신들의 하나님, 조상, 부모의 경험 등을 얘기해준다. 이는 자식으로 하여금 정신을 일깨우고 정체성을 확인토록 하는 노력이자 소통이다. 이 과정에서 자식은 부모와 자신이 존재토록 하는 뿌리가 무엇인지를 분명히 알게 된다. 부모와의 생활을 통해 과거는 귀중하기에 이어져야 하며 가족은 소중하기에 반드시 지켜내야 할 존재임을 수시로 확인하는 단계를 밟는 것이다.

---

273) 『성경』출 20:12, 신 5:16.

3장

문화의 원천

1절. 조상의 품질보증

1990년대에 아시아권을 중심으로 위세를 떨쳤던 한류가 다시금 지구촌을 휩쓸고 있다. 소위 "가장 한국적인 것이 가장 세계적인 것이다."라는 말이 실감나는 시대에 접어들었다. 과연 한류의 어떠한 매력과 콘텐츠가 이토록 세계인들을 열광케 하는 것인가? 우리 자신이 제대로 된 해답을 찾지 못하는 사이에 지구촌 곳곳에서 먼저 격하게 반응하고 있다.

문화와 예술은 원래 고유의 정신과 사상을 뿌리로 삼고 있기에 시간의 흐름과 더불어 줄기를 뻗고 열매를 맺는 것이 가능하다. 때문에 지금의 상황에서 우리의 피에 흐르는 홍익인간의 정신과 신명 내지 정감으로 일컫는 정서를 다시 되돌아보게 된다. 우리 스스로가 미처 몰랐지만, 이전부터 갖고 있던 정신과 정서가 다른 나라와 지역의 사람들에게 큰 매력으로 다가서는 시대를 맞이한 것이다.

글로벌 차원에서 과거의 비틀즈에 버금가는 팬덤을 형성하고 엄청난 인기를 끈 BTS방탄소년단는 한국문화를 알리는 첨병으로서 역할을 톡톡히 수행한 남성 아이돌그룹이다. 이들은 세계 대중문화의 주류로 인정받는 미국의 주요 음악차트에서 여러 차례 정상에 오르면서 실력과 인기를 확실하게 인정받았다. 특히 2021년 유엔총회 특별행사에 초청을 받고 연설을 통해 "진정한 사랑은 나 자신을 사랑하는 것에서 시작한다."는 메시지를 꺼내면서 청년과 미래세대는 부족하고 좌절하더라도 결국 일어서고 앞을 향해 걸어 나가는 존재임을 천명함으로써 의식과 소신을 갖춘 아티스트로 칭송되었다.

BTS가 이른바 '케이 팝K-pop'을 통해 대한민국의 국격을 한껏 높인 것으로 평가되기에 한 때 멤버들의 병역면제 문제를 놓고 정치권에서도 적극적으로 다루며 여론을 저울질할 정도였다. 그러나 멤버들은 좌고우면하지 않고 원래 자신들의 약속대로 무대를 떠나 휴지기를 가지면서 순차적으로 병역의무를 이행 중에 있다. 대중문화 종사자들의 숙명인 "인기를 먹고 산다."는 것이 현실이지만 오늘의 이해관계보다는 명분 있는 선택을 통해 내일을 기약하는 현명한 판단이었다.

근래 한국의 문화와 콘텐츠가 전 세계인의 이목을 사로잡는 가운데 '케이 푸드K-food', '케이 컬처K-culture' '케이 드라마 K-drama', '케이 뷰티K-beauty' 같은 '케이K 수식어'가 국내외 언론에 빈번하게 등장하고 있다. 유튜브로 대표되는 IT 활용 플랫폼이 활성화되면서 문화의 국경이 사라지고 우리만의 고유한 문화가 외국인의 눈길을 끌며 마음까지 사로잡는 시대가 열린 것이다. 상당수 콘텐츠는 우리만의 정서가 충만하기 때문에 보편성을 부여받기 어려운 점도 존재하지만 외국인들에게 거부감 없이 다가서고 있다.

온라인동영상서비스 플랫폼의 활성화에 힘입어 우리의 일상인 음식과 식습관, 언어와 문자, 오락과 여흥, 정서와 감정 등의 문화가 콘텐츠로 만들어져 외국인에게 매력으로 다가서고 수용되는 상황은 의도치 않았지만 경제적인 효과로도 이어졌고 전 세계를 향해 한국을 알리는 데 있어 강력한 자산으로 자리하고 있다. 아울러 문화와는 차원과 방향이 다르지만 전차, 자주포, 항공기 등 방위산업 제품이 성능과 가격 경쟁력을 바탕으로 해외에서 각광을 받으며 "케이 방산K-defense"이라는 말까지도 언론에서 자주 사용하는 상황이다.

물론 유행과 인기는 물거품 같은 존재로서 우리의 문화가 지구상에서 언제까지 지금과 같은 위치를 지킬지는 장담하기 어렵다. 비록 일부이지만 외국 언론은 '케이K 수식어'가 빈번하게 등장하는 오늘의 현상이 지속될 것인지에 대해 의문점을 제기하는 상황이다. 정교한 시스템에 의한 아티스트 교육과 훈련, 비주얼 위주의 퍼포먼스 등을 기반으로 삼는 '케이 팝K-pop'의 경우 국내외의 우려내지 도전에 직면해있으며 미래의 지향점을 놓고 국내적으로는 관련 분야 종사자들의 고민이 이어지는 것도 분명한 사실이다.

대표적인 해외 사례로 스페인 언론사는 2023년 3월 BTS 리더인 RM과 인터뷰를 갖고 "당신은 '케이K 수식어'가 지겹지 않는지?"라는 식으로 도발적인 질문을 던졌다. 이에 대해 RM은

"그것은 프리미엄 라벨이며 우리 선조들이 쟁취하려 노력한 품질보증 같은 것"[274]이라는 우문현답을 내놨다. 유엔총회 특별행사의 연설 주역으로서 진정한 사랑은 자신을 사랑하는 데서 시작됨을 언급했던 RM의 인터뷰 답변은 아티스트이자 한국인으로서 '케이K 수식어'에 대한 무한한 자긍심의 표현이었으며 아울러 후손으로서 우리 전통 문화 속 깊은 곳에 담긴 선조들의 지혜와 노력에 대한 최상의 찬사였다.

오래도록 대중문화의 역할과 가치에 천착해온 문화예술계 인사는 "수많은 정치가와 군인들이 하지 못하는 말과 행동을 거침없이 하는 연예인은 이미 딴따라가 아니다. 그들은 가족과 나라를 위하여 효도와 충성으로 몸과 마음을 바치고 마침내 지구의 평화를 노래하고 춤추는 진정한 예술인이고 정치가이고 철학자이다."[275]라는 평가를 내린다. 그의 평가처럼 국민으로서의 의무에 소홀함이 없되 문화의 최일선에서 사람들에게 위로와 사랑을 전하는가 하면 이제 국경을 넘어 대한민국을 빛낸 예술인들은 어느 정치인이나 군인보다 위대하고 진정한 삶의 철학을 몸소 보여주는 존재인 것이다.

문화文化를 한자 표기로 보면, 문은 "무늬, 채색"이라는 원래 뜻처럼 "밝게 하다"는 의미를 갖고 있으며 화는 "되게 하다"는 뜻을 지녔다. 결국 이 두 글자가 합쳐진 데서 알 수 있듯이 "문화는 밝게 변화시키는 과정이자 결과물"이라고 해석할 수 있

---

274) 이은형, "선배들이 쟁취한 프리미엄 라벨", 중앙일보, 2023. 4. 13.: 박선희, "여전히 불행한 한국인, K를 다시 생각한다", 동아일보, 2023. 3. 22.

275) 장영주, "장영주 칼럼-k딴따라", 경남도민신문, 2022. 6. 16.

다. 때문에 전통문화는 과거로부터 현재까지 지속적으로 전해 내려오면서 우리의 삶을 밝게 변화시켜주는 유산인 것이다.

이러한 유산에는 우리의 조상들이 시간의 축적을 통해 이뤄낸 가시적이고 유형적인 것과 더불어 불가시적이고 무형적인 문화가 모두 포함된다. 고유의 언어와 문자는 물론 건축, 공예, 서책, 미술, 음악, 의술, 역사, 철학, 사상, 종교, 풍속, 윤리규범, 교육 같은 다양한 유무형의 것들이 우리만의 오랜 전통문화를 구성한다. 그리고 이러한 전통은 오늘에 이르러 우리의 정체성을 확인시켜주는 한편 자신감을 불러일으킨다.

민족과 국가의 자주독립을 위해 평생을 보냈던 백범 김구는 자서전에서 "우리의 부력富力은 우리의 생활을 풍족히 할 만하고, 우리의 강력强力은 남의 침략을 막을 만하면 족하다. 오직 한 없이 가지고 싶은 것은 높은 문화의 힘이다. 문화의 힘은 우리 자신을 행복하게 하고, 나아가서 남에게 행복을 주었기 때문이다. 지금 인류에게 부족한 것은 무력도 아니요. 경제력도 아니다."[276]라고 설파하였다. 그는 조국을 되찾기 위한 끝없는 고난과 인고의 일생 속에서도 오로지 우리가 문화강국이 되어 스스로 행복을 누리고 다른 이들에게도 전해지기를 소망했던 것이다.

문화는 이처럼 나와 남에게 행복을 주는 존재임이 분명하지만 자칫 갈등과 충돌의 계기가 되기도 한다. 이른바 '중화주의'에 매몰되어 자국의 전통과 문화에 대한 지나친 자부심으로 인

---

276) 김구, 『백범일지』, 돌베게, 2000, 431.

해 국수주의적 사고를 가진 중국은 경제발전과 더불어 위상이 부각되면서 안하무인의 태도로 주변국과 마찰을 빚고 있다. 정부의 의지와 책략이 개입된 '동북공정東北工程'[277] 사례에서 드러났듯이 우리의 역사를 왜곡하고 심지어는 모든 전통문화를 자신들의 것이라며 지속적으로 시비를 거는 상황이다. 그럼에도 과거의 역사를 돌이켜 본다면 중국인들은 우리의 문화를 부러워했고 고도로 평가했었다.

이는 중국의 고대문헌에서 명확하게 입증되는데, 우선 "군자의 나라가 북쪽에 있는데, 그들은 의관을 갖춘 채 칼을 차고 다니며 야수를 잡아먹고 두 마리의 호랑이를 곁에 두어 부린다. 사냥하기를 좋아하고 다투기를 싫어하는 겸허의 덕성을 갖고 있다. 그곳에는 무궁화가 있는데 아침에 피고 저녁에 진다."[278]는 언급이 있다. 아울러 "동해의 안쪽과 북해 부근에 나라가 있으니 이름을 조선이라 한다. 하늘이 지극히 아끼는 그 사람들은 물가에 살면서 사람을 가까이 하고 사랑한다."[279]는 서술까지 등장한다.

여기에 그치지 않고 "동쪽 방향에 사람들이 살고 있는데, 남정네들은 모두 명주 띠를 두르고 검은 갓을 썼고 여인네들은 모두가 옷을 분별하여 입고 언제나 공손히 앉는다. 이들은 서

---

277) 동북공정은 학계를 앞에 내세웠지만 "중국의 동북지방이 처음부터 중국에 속해 있었다."고 주장하는 정부 주도의 수정주의적 역사왜곡 프로젝트로서, 2000년대 초반부터 중국이 노골적으로 드러내는 국수주의의 상징적인 책략이다.

278) 『山海經』, "君子國在其北, 衣冠帶劍, 食獸, 使二大虎在旁, 其人好讓不爭, 有薰草 朝生夕死."

279) 『山海經』, "東海之內, 北海之隅, 有國名曰朝鮮, 天毒其人水居偎人愛之."

로 범하지 않으며 서로를 기리되 헐뜯지 아니하고 다른 이에게 환란이 생기면 목숨을 걸고 구해주니, 어리석어 보이지만 선한 사람이라고 칭하였다."[280]라는 평가도 존재한다. 이처럼 중국이 우리를 '동방예의지국東方禮義之國'으로 평가하는 배경에는 과거 우리 공동체 내에 존재했던 예와 의, 서로의 어려움을 보듬을 줄 아는 정신이 자리한다.

이웃국가 중국의 오래전 평가처럼 예절과 가족, 그리고 이웃을 존중하는 우리의 전통문화와 정신은 민족의 혈맥 속에 면면히 이어져 오면서 공동체 구성원들로 하여금 시비是非와 선악善惡, 정사正邪, 공사公私, 미추美醜를 판단하고 슬기롭게 대응토록 돕는 생활의 원리로서 작용한다. 이 가운데는 오랜 전통인 효도의 문화와 정신도 포함된다.

법률적으로도 한국효단체총연합회, 한국효학회 등 자생적 효도 운동단체를 중심으로 한 민간사회의 선도적 준비와 노력, 입법부의 취지 공감에 의해 2007년 제정된 '효행장려 및 지원에 관한 법률'의 제1조 목적에는 "아름다운 전통문화유산인 효를 국가차원에서 장려함으로…"[281]라는 내용이 적시되어 있다. 이는 효도가 우리의 긍지이자 자랑스러운 전통문화로서 공인받고 있음이 확인되는 대목이다. 이처럼 의미 깊은 효도는 이제 전통이자 문화의 중요한 요소로서 세계와 미래를 향한 우리에게 힘을 줄 수가 있다.

---

280)　『神移經』, "東方有人焉男皆鎬帶玄冠, 女恒恭坐而不相犯, 相舉而不相毁, 見人有患投死救之, 如癡名曰善人."

281)　법제처, 국가법령정보센터.

세종시대에 훈민정음이 창제된 이후 이를 활용, 최초로 편찬된 용비어천가龍飛御天歌에는 "뿌리 깊은 나무는 바람에도 흔들리지 않기에 그 꽃이 아름답고 그 열매 성하도다. 샘이 깊은 물은 가뭄에도 마르지 않고 내가 되어 바다에 이르는도다."라는 구절이 나온다. 이 구절을 빌려 표현해보자면 효도는 뿌리 깊은 나무이며 샘이 깊은 물이다. 우리의 선조들이 남긴 효도의 정신과 가치는 깊은 뿌리로 존재하면서 후손들이 정신과 문화의 꽃, 그리고 열매를 맺도록 돕는다. 아울러 효도정신의 깊은 샘에서 나온 물은 문화의 형태를 가지고 미래로, 세계로 끊임없이 흘러갈 것이다.

이처럼 조상이 품질을 보증해준 우리의 문화는 오늘날 긍지와 자부심으로 구성원 각자의 마음속에 자리하며 이들이 세계를 향하는 데 있어 든든한 자산으로 활용된다. 우리에게 물질적인 자원은 절대적으로 부족해도 정신적인 자원만큼은 이처럼 무궁무진한 것이니 4차 산업을 넘어 5차 산업의 시대가 온다고 해도 두려워 할 이유가 전혀 없다.

2절. 이웃나라와의 화해방식

우리에게는 풍성한 문화유산이 있다. 이 가운데는 우리의 자랑스러운 전통문화임에도 불구하고 기성세대조차 매우 낯설어 하는 것들이 있다. 서울 종로구 명륜동 소재 성균관 대성전 및 전국의 향교에서 매년 봄과 가을, 2회에 걸쳐 공자를 비롯한 선성先聖과 선현先賢들에게 제사를 지내는 의식인 석전대제釋奠大祭도 중요 무형문화재이지만 일반인에게는 잘 알려지지 않은 전통유산이다. 석釋은 "놓다" 또는 "두다"를 뜻하고 전奠은 "빚은 지 오래된 술"을 가리키는 만큼 석전대제는 "정성으로 빚어 잘 익은 술을 받들어 올리는 큰 제사"인 것이다.

성균관은 유교 이념에 의거, 국가의 인재를 길러내던 최고의 교육기관으로서 고구려 태학과 신라의 국학, 고려의 국자감을 계승하였고 지금까지도 그 정체성을 고스란히 이어오는 곳이다. 성균관 주관으로 진행되는 석전대제는 선성과 선현의 학덕을 기리기 위한 것으로서 예禮, 악樂, 무舞가 함께 어우러진 종합예술의 성격을 갖는다. 엄격한 절차에 의해 진행되는 제례에서는 중국이나 일본 등 다른 유교권 국가의 경우 제대로 남아 있지 않은 옛 악기와 춤이 선보여지는데다 다양한 종류의 제기祭器가 사용된다.

석전대제에는 위패 앞에 잔을 올리는 제관, 진행을 담당하는 제관, 축문을 읽는 제관 등 27명의 집사가 참여하며 문묘제례악을 연주하는 41명의 악사, 팔일무를 추는 64명 등 모두 137명의 대규모 인원이 동원된다.[282] 모든 유교제사의 전범이자 그 원형을 고스란히 간직한 전통문화이며 고귀한 유산이기에 정부가 1986년 중요 무형문화재 제85호로 지정하였다. 이는 예술성과 더불어 역사성, 학술성을 공식적으로 인정받았다는

---

282)   국립민속박물관, 『한국세시풍속사전』

의미이다. '문화재보호법'의 개정에 따라서 현재는 국가무형문화재로 명칭이 변경되었다.

특히 이 행사가 의미를 갖는 것은 전통유교의 정수인 문묘제례악은 물론, 팔일무, 제관의 전통의상, 고전적인 의식절차 등이 대단히 장중하고 화려하여 특정 사상이나 종교 차원을 넘어 예술적 가치가 높다는 점이다. 아울러 유교의 제례로서는 전 세계에서 유일하게 원형이 완벽하게 보존되어 있어 유학의 본산임을 자처하는 중국에서도 깊은 관심과 함께 고도의 평가를 내린다.

중국의 유학계는 근·현대를 거치며 문화대혁명 같은 광기의 시대를 버티지 못한 채 의식과 절차가 수반되는 각종 전례의 원형을 온전히 지키지 못했기 때문이다. 현재 중국에서는 자국의 문화에 대한 강한 자부심의 회복과 더불어 국가 차원에서 그간 지키지 못해 훼손되거나 유명무실해진 문화를 찾아 복원 및 부활시키려는 노력을 기울이는 중이다.

석전대제의 경우처럼 우리가 선조로부터 온전히 이어받아 잘 유지해온 전통과 문화는 대외교류에서도 힘을 갖게 한다. 하버드대학교 케네디스쿨 조지프 나이Joseph S. Nye 석좌교수가 창안했던 이른바 '연성권력軟性權力', 즉 소프트 파워soft power는 정신적 가치, 문화, 외교정책 등으로 나타나는 자원으로서 군사력이나 경제력 같은 물리적 힘으로 상징되는 하드 파워hard power에 대응하는 개념이다. 때문에 강제력이 아닌 매력이 특징이며 일방적 명령보다는 자발적 수용을 통해 상대방에게 스며들고 영향을 미치는 특징을 갖는다.

역사를 돌이켜 볼 때 중국의 전통과 문화, 사상은 오랜 기간 아시아 주변지역으로 퍼지고 현지화를 거치면서 깊은 뿌리를 내렸다. 현대에 들어서는 일본의 문화가 "제이J-컬처"로 불리면서 만화, 게임, 외식, 건축설계 등 분야에서 세계인의 관심과 환호를 받았다. 근래의 경우 한국의 문화가 '한류'로서 1차적으로 아시아권을 세차게 한 번 흔든 데 이어 이제는 "케이K-컬처"의 이름으로 지구촌 곳곳으로 스며드는 상황이다. 이처럼 한국과 중국, 일본 3개국은 이미 강력한 소프트 파워를 보유한 국가인 것이다.

세계사를 주도한 서양의 문화가 지속적인 강세를 보이는 가운데도 3개국의 문화는 전 세계와 맞닿고 수용되었던 공통의 경험을 가졌다. 그런데 아쉽게도 최근 들어 안보, 경제, 역사 등 다양한 현안을 놓고 3개국의 입장과 정책은 상이하다. 그럼에도 다행인 것은 서로를 이해하고 보듬을 수 있는 '전통과 문화'라는 공통의 공간이 존재한다는 점이다. 서로의 고유성을 인정하고 상이성은 이해하려는 노력을 기울인다는 측면에서 문화는 힘을 갖기 때문이다.

시대가 바뀌고 사람들의 인식에도 변화가 왔지만 효심과 효행을 다한다는 것은 한국과 일본, 중국 등 유교적 정서를 가진 국가에서는 아직도 매우 필요한 것으로 인식된다. 동북아의 이들 3개국은 오랜 역사를 통해 교류와 협력, 갈등과 다툼을 이어 왔고 현대에 이르러서도 동일한 흐름을 보인다.

중국이 주한미군부대 내 사드THAAD, 고고도미사일방어체계 배치에 강력히 반발해 우리 문화콘텐츠 유입에 급제동을 걸기 전까지 다수의 중국인들은 텔레비전 같은 매체를 통해 별다른 선입견 없이 우리 드라마를 즐겼었다. 양국 간 정서적인 공통점을 기반으로 하되 자연스럽고 세련된 데다 인간적인 요소까지 더해진 우리의 콘텐츠가 이들에게 먹혀들었기 때문이다.

중국시장에서 조사된 한국 드라마의 재미 요소에는 유교사상, 가족 간의 화목, 노인공경, 어린이 사랑, 경제 발전, 전통적 생활 방식 등이 있다. [283] 한국 드라마에서 흔히 볼 수 있는 가정윤리, 이를테면 예의범절, 상하관계, 도덕관념 등은 중국 시청자들에게 한결 따스하고 조화로운 가정적 분위기를 체험토록 해 안정과 평화를 갈망하는 현실적 욕구에 어느 정도 만족을 주었다. [284] 이는 양국 국민 간 정서가 일치되는 부분이 있었기 때문이다.

마오쩌둥 집권 시기에 벌어진 정치적 권력투쟁과 야만적 혁명의 와중에서 가족해체를 직접적으로 겪은 중국인들은 한국 드라마에 녹아 있는 가족 구성원들의 캐릭터와 이들 사이의 관계성에 주목하고 정서적인 공감을 표하게 된다. 비록 언어는 달라도 드라마 콘텐츠를 채우는 강한 모성애, 단호한 교육, 끈끈한 가족애를 통해 중국인 스스로가 힐링의 경험을 할 수 있었던 것이다.

이는 한국과 중국이 각기 갖는 자유민주주의와 사회주의 체제의 차이점에도 불구하고 가족을 통해 보여주는 '인간의 삶'이

---

283) 박장순, 『한류학 개론』, 도서출판 선, 2014., 11.
284) 김경훈, "중국에서의 한류의 변화양상 연구-드라마를 중심으로", 『비교한국학』 15권 1호, 국제비교한국학회, 2007, 82.

라는 측면에서 상호 인식의 궤를 같이 할 수 있었기 때문에 가능했다. 특히 아직까지 한국에 남아 있는 효도의 가치에 대해 중국인들은 자탄과 함께 부러움의 감정을 드러낸다.

중국 내 대학의 현직교수 가운데는 전 세계적으로 한국에만 유일하게 존재하는 효도 학위 과정을 이수하기 위해 휴직을 선택하고 한국으로 유학을 오는 사례도 있었다. 자국의 전통 학문을 총칭하는 국학 부흥 차원에서 효도의 가치가 일부 다뤄지고는 있으나 효도 자체를 학문적으로 연구하고 교육시키는 것이 중국에서는 여전히 공백 상태였기 때문이다.

물론 중국인들에게도 오랜 전통을 근간으로 하는 경로효친의 개념이 있고 부모에게 효도하는 것이 당연시되지만, 학술적인 측면에서의 이론 발전과 체계 정립의 노력은 이뤄지지 않고 있다. 오히려 당과 정부의 국정운영 측면에서 정치적인 목적이 담긴 '국민순화'의 성격을 갖고 활용되는 중이다. 따라서 최고 지도자의 연설과 메시지에서 빈번하게 노출되고 있다.

다만, 이를 긍정적인 측면으로 이해하자면 학술적인 것과는 별개로 국정을 운영하는 리더가 효도의 가치를 십분 이해한다는 점이다. 설령 정치적인 목적이 내재되었다고 해도 국민이 일상에서 효도의 의미와 가치를 실천토록 유도하는 것은 결코 잘못된 일은 아니다. 사회공동체 구성원이 부모에게 효도하고 노인을 공경하며 사회의 미풍양속이 훼손되지 않도록 하는 과정에서 발휘되는 리더십은 나름대로 의미가 있다.

한국과 중국, 그리고 일본은 효도를 정신적인 바탕으로 삼아 오랜 기간 문화로 만들어왔다. 오늘날 정치, 외교, 국방, 안보,

경제 등을 둘러싸고 긴장과 충돌의 징조를 보이는 상황이지만 효도는 3국이 가진 '인구 고령화'라는 공통점을 매개체로 교류와 협력의 공간을 만들어줄 수 있다.

당사국들이 '인구 고령화'에 대응키 위해 요구되는 것 가운데 정신적인 측면에서 손꼽을 수 있는 요소는 효도문화이다. 아울러 이 요소는 정치색 없이 체제와 이념을 초월하는 속성을 보이기 때문에 상호 교류와 협력 과정에서 장애로 작용하지 않는다. 오히려 문화적인 측면에서는 결합을 단단하게 해주는 응고제로서 작용이 가능하다.

지금의 시점에서 3국으로서는 정부뿐만 아니라 민간 차원에서라도 노인세대와 청소년층의 정기적인 상호 교류를 진행함으로써 동북아시아의 전통이자 자산인 효도문화의 공유 시간을 갖는 것이 필요하다. 여기에 더해 효도와 관련된 학술적인 교류와 공동연구도 당사국가 간에는 큰 의미를 갖기에 긍정적이고 전향적으로 검토되어야 한다.

3국은 지정학적인 인접성으로 인해 오랜 기간 동안 활발한 교류를 가져왔다. 유교와 불교의 영향을 받았으며 그 과정에서 문화적인 동질성을 보인다. 그러나 불행히도 그 과정에서 당한 자의 입장에서는 결코 씻어 내거나 잊을 수 없는 통한과 치욕의 역사가 분명하게 존재한다. 특히 한국은 중국과 일본으로부터 지속적인 침략을 당한 입장이다. 일본에 의해 나라를 빼앗겼던 아픈 상처와 기억은 영원히 아물거나 소실되지 않을 것이다.

근세에 들어 중국도 일본과의 전쟁에 패하면서 식민지 상태로까지 몰렸고 일본군에 의해 자행된 난징대학살 같은 비극을 겪었다. 오늘날 일본의 학생들이 수학여행차 중국에 와서 난징대학살추모관을 참관하면 충격을 못 이긴 채 울면서 구토까지 할 정도로 참혹했던 역사인 것이다. 이런 상황에서 일본은 진실을 은폐하고 실상을 알리는 교육도 제대로 시키지 않는다.

이와 같은 역사적 사실은 절대로 묻힐 수도 묻혀서도 안 된다. 다만 앞으로의 역사는 새롭게 써야만 된다. 동북아의 평화를 좌우하는 것은 분명 외교력, 국방력, 경제력 등이지만 이제는 문화를 통한 접근도 필요하다. 코로나-19 팬데믹의 와중에서도 3개국 문화장관회의가 정례적으로 열리고 커다란 성과를 도출했다는 것은 문화적인 측면에서 당사국 간에 대화와 타협, 협력과 공존의 가능성이 얼마든지 열려 있음을 시사한다.

한편, 동남아시아의 신흥 강국으로 부상 중인 베트남 역시 우리와 경제뿐만 아니라 문화적으로 연결될 수 있는 국가로 꼽을 수 있다. 베트남은 전통적으로 유교문화권에 속하기에 관혼상제를 중심으로 전통적인 의례가 우리와 유사하다. 아울러 국민들은 국가에 충성하고 부모에게 효도를 다하는 정신문화를 갖고 있다.

때문에 끊이지 않는 외침 속에서도 전통과 가치를 온전하게 지키면서 독립국가를 유지해왔던 끈질긴 민족성을 보인다. 이런 점에서 우리와는 공통점을 갖는다. 한국의 베트남전 참전으로 인해 양국 간에는 아픈 기억이 존재하지만 이제는 경제의 동반자로서, 문화의 공유자로서 미래에 대한 모색을 통해 화해의 길로 나가야 한다.

부모의 은혜에 보답하고 이를 위해 자신을 건실하게 가꾸며 사회와 국가 차원에서 사회적 약자를 보듬는 행위는 유교와 불교를 기반으로 삼으며 선한 가치를 추구해왔던 아시아 주요 국가 국민들의 머리와 가슴을 관통, 연결하는 가치이다. 앞으로 한국과 중국, 일본 간 상호 교류와 협력, 한국과 베트남의 화해 과정에서 효도가 큰 역할을 할 수 있기를 기대한다.

4장

복지의 보완

1절. 어제와 오늘의 노인복지

사물이 태양빛을 받으면 반드시 그 뒤에는 그림자가 생긴다. 이는 우리가 살고 있는 사회에서도 동일한 원리로 적용된다. 소위 '힘이 있는 자, 가진 자'와 더불어 살아가는 '힘이 없는 자, 가지지 못한 자'의 존재가 이를 상징하고 있다. 이와 관련하여 맹자는 그 어디에도 하소연 할 수가 없었던 당시의 사회적 약자를 환과고독鰥寡孤獨으로 칭하고 국가의 지도자가 이들을 우선적으로 배려해야 함을 다음과 같이 역설하였다.

> 나이가 들어 아내가 없는 사람을 홀아비(鰥)라고 한다. 나이가 들어 남편이 없는 사람을 과부(寡)라고 한다. 나이가 들어 부양해줄 자식이 없는 사람을 무의탁자(獨)라고 한다. 어린데도 돌봐줄 부모가 없는 아이를 고아(孤)라고 한다. 이러한 네 부류의 사람들은 천하의 막다른 곳에 내몰린 백성으로서 어디에다 하소연 할 곳이 없다. 주나라 문왕(文王)은 정치를 하면서 어진 마음을

베풀 때 반드시 이러한 사람들을 가장 먼저 배려하였다.[285]

맹자가 생존, 활동하던 전국시대에는 사회나 국가 차원이 아닌 가정 내에서 가족이 구성원들의 복지를 전적으로 책임졌다. 때문에 구성원으로서는 가족이 있으면 생계와 복지가 해결되었지만, 그렇지 못할 경우 외부로부터 아무런 도움도 받지 못하는 절박한 상황에 직면한다. 이 때문에 맹자는 가족이 없는 고립무원의 약자로서의 환과고독을 국가의 지도자가 우선적으로 배려하고 구제해야 된다고 강조했던 것이다.

위에서 언급된 사회적 취약계층에 대해 행해지는 어진 마음의 정치와 배려는 곧 '복지'라는 용어로 압축된다. 한자로는 '복 복福', '복 지祉'라고 표기되듯이 복지는 "복되고 복된" 상태를 지향한다. 복지가 올바로 구현되는 공동체, 즉 복지사회의 사전적인 의미는 "모든 사회 구성원이 빈곤과 곤궁에서 벗어나 최저생활을 적극적으로 보장받는 사회"[286]이다.

우리나라의 경우, 삼국시대부터 내려오는 대표적인 복지로서 "네 부류의 곤궁한 계층을 보호한다."는 의미의 사궁보호四窮保護가 있다. 이 개념은 후대까지도 계속되었는데, 사궁은 대체로 생계가 곤란한 네 부류의 약자 환과고독을 가리킨다. 가장 최초의 기록은 신라 유리왕이 순행 중에 얼어 죽을 지경에 처한 노인을 발견하고 "이는 나의 죄이다."라면서 옷을 벗어 덮

---

285) 『孟子』「梁惠王章句下」, "老而無妻曰鰥, 老而無夫曰寡, 老而無子曰獨, 幼而無父曰孤,. 此四者, 天下之窮民而無告者. 文王發政施仁, 必先斯四者."

286) 국립국어원, 『표준국어대사전』

어주고 음식을 먹였으며, 관리에게 명하여 늙고 병들어 자활할
수 없는 사람에게 먹을 것을 주게 하였다.[287] 이와 같은 전통과
정책은 삼국통일, 고려, 조선을 거치면서 다양한 형태로 우리
역사 속에서 군왕들에 의해 이행되었다.

　노인복지는 노인이 인간다운 생활을 영위하면서 자신이 속
한 가정과 사회에 안정적으로 적응하고 자연스럽게 통합되도
록 필요한 자원과 서비스를 제공하는 것을 최고의 목표로 삼는
다. 이런 측면에서 볼 때 조선시대 들어서는 노인은 물론 장애
인, 고아 등 사회적 약자에 대해 이전보다 좀 더 구체적이고 실
효적인 정책이 지속적으로 나타난다.

　오늘날 우리의 상황에 비춰볼 때 자칫 전통시대의 사회복지
를 허술하다거나 군왕의 생색내기에 불과하다는 인식을 가질
수 있다. 물론 그 당시 사회복지는 지금의 사회보장이나 각종
연금 등 복지시스템과는 차원이 다르며 결코 비교할 수도 없는
수준이지만 당시의 상황과 실정에 맞게 다양한 방식으로 노인
을 우대하고 혜택을 주는 조치가 이뤄졌다.

　500년 조선왕조의 군왕들은 노인복지를 위한 정책을 펼쳤
다. 대표적인 사례로서 태조 재임 중에는 관료출신 고령자를
위무키 위한 기로소耆老所, 급식시설을 갖추고 노인이나 기근으
로 인해 고통 받는 사람들을 구제하는 진제소賑濟所가 설치되었
다. 세종은 노인들을 대상으로 연령별로 양식을 내려줌과 아울
러 남녀의 성별과 지역의 구분 없이 80세 이상의 노인을 근정

---

287)　한국학중앙연구원, 『한국민족문화대백과사전』

전근정전政殿으로 초대하여 양로연을 베풀었으며 나아가 삼강행실도三綱行實圖를 제작하여 전국에 보급함으로써 효와 충의 정신을 고양시켰다.

정조는 가족사의 비극에도 불구하고 통치를 통해 효심을 다함으로써 백성들에게 솔선수범의 마음과 자세를 보여주었다. 그는 선왕들의 노인복지 정책을 이어받아 지속하는 한편 백성이 부모에게 효도하고 연장자를 공경함으로써 향촌의 질서와 안정이 이뤄진다는 판단 하에 각 지방의 풍속을 모아 편집하고 해석을 달아 서적[288]을 발간하기도 하였다.

조선시대는 유교적 규범에 따른 엄격한 신분사회였지만 노인은 기본적으로 가족관계와 혈연을 중심으로 대우와 존경을 받는 존재였다. 비록 상징적인 조치이지만 서민들에게까지 벼슬을 주는 노인직老人職을 만들었던 것은 효도를 치국의 근본으로 여기는 군왕들이 선대의 통치철학과 혜안을 이어받아 정사에 적극적으로 반영했음을 시사한다.

다만 군왕의 의지와 다르게 행정일선에서 노인을 봉양하는 양로養老, 아이를 보살피는 자유慈幼, 노인과 가난한 자를 구제하는 진궁振窮, 상을 당한 자를 돕는 애상哀喪, 병자를 돌보는 관질寬疾, 재난을 구하는 구재救災의 조치가 제대로 이행되지 않았고 오히려 일부 지역에서는 백성의 질곡과 형편을 외면하고 수탈의 대상으로 삼았던 것도 사실이다. 때문에 다산 정약용은

---

288) 조선 정조21년(1797년) 정조의 명에 의거, 학자들이 예법부흥을 위해 편찬한『鄕禮合編』

자신의 저서인 목민심서를 통해 지방관의 기본적인 책무로서 애민행정이 대단히 중요함을 강조하면서 재임 기간 중 반드시 이행토록 촉구하였다.

근대를 지나 현대사회로 접어들면서 노인복지는 국가의 주요 사무이자 사회공동체의 현안으로 등장하였다. 우리나라의 노인복지법은 제2조에서 "노인은 후손의 양육과 국가 및 사회의 발전에 기여하여 온 자로서 존경받으며 건전하고 안전한 생활을 보장받는다. 노인은 그 능력에 따라 적당한 일에 종사하고 사회적 활동에 참여할 기회를 보장받는다. 노인은 노령에 따르는 심신의 변화를 자각하여 항상 심신의 건강을 유지하고 그 지식과 경험을 활용하여 사회발전에 기여하도록 노력하여야 한다."[289]며 법의 기본이념을 제시하고 있다. 이처럼 현대사회에서의 노인복지는 사회의 의무로서 규정되며 당사자의 도리로서 요구된다.

불교에서 언급되는 "극락정토極樂淨土", 기독교에서 추구되는 "젖과 꿀이 흐르는 가나안"은 복지적인 측면에서 볼 때 이상적인 국가이다. 그러나 현실적으로 이러한 세상이 구현될지는 미지수이다. 현대사회에서 경제성장에 따라 복지에 대한 욕구와 수요가 급증하는 데 비해 국가 운영자의 입장에서는 재화와 가치의 균등한 분배를 책임져야 하는 상황인바, 균형점을 찾기가 어려워지기 때문이다. 특히 노인복지는 인구고령화에 따른 수요자의 폭증으로 인해 공급 측면에서 볼 때 부담이 더욱 커지

---

289) 법제처, 국가법령정보센터.

고 있다.

1980년대 이후 우리나라의 복지는 공공부조 중심으로 독거 노인, 장애인, 소년소녀가장 등 빈곤층 대상의 선별적 최소 복지단계에서 출발하여 수익자 부담의 보수주의적 복지체계를 거치고 지금의 사회안전망 확충과 약자복지 단계에까지 이르렀다. 그러나 보편적 복지 도입을 놓고 정부와 정치권에서 재정 마련, 지출에 대한 논쟁이 지속되는 만큼 지금의 복지체계는 완성형이 아닌 과도기의 단계이다. 사회구성원 각자의 이해관계가 다르기 때문에 완성형을 만들기는 불가할 수도 있는 상황인 것이다.

복지 전문가들이 "세상에 공짜 복지는 없다."는 주장을 펼친다 해도 복지의 제공자인 정부와 정치권은 시대의 수요, 유권자의 요구에 맞춰 복지문제를 들여다 볼 수밖에 없다. 지금은 복지에 대한 수요와 공급의 차원이 과거와는 다르고 이해 당사자 각자의 목소리가 일치될 수 없는 사회가 되었기 때문에 정확한 해답이나 균형점을 찾기가 매우 어렵다.

이제 우리 사회가 풀어야 할 시대적 과제는 저출산, 고령화, 양극화이다. 특히 고령화의 심화는 세대 간 부담의 불공정을 야기하고 장수가 축복이 아니라 저주가 되어버리는 문제로 이어진다. 노인복지 문제를 놓고 세대 간의 형평성, 그리고 부담에 대한 국가와 사회공동체 내 인식의 합일과 공유가 없는 상황이라면 기존의 미완성형 복지체계조차도 유지, 존속될 수 없다. 자칫 복지국가의 근간이 무너질 수도 있는 것이다.

따라서 재화 차원의 복지는 지금처럼 공동체의 합의점을 찾아가는 과정을 밟되 앞으로는 정신 차원의 복지를 병행하는 것을 적극적으로 검토할 필요가 있다. 복지는 물질적인 측면의 성격을 갖지만, 아울러 정서적인 측면에서도 가능성이 발견된다. 노인층의 고독이 대표적이다. 핵가족 시대에 노인의 고독은 피할 수 없는 현상으로 자리한다. 특히 자녀나 가족 및 친척과의 유대가 끊긴 독거노인의 경우, 이들에 대한 경제적 지원도 중요하지만 핵심은 고립감과 고독감을 갖지 않도록 이웃과 사회가 돌보는 것이다.

이제 사회적 효도의 방식으로 복지를 보완할 시대가 왔다. 국가의 재정이 노인복지에만 무제한으로 투입될 수 없는 현실적 상황을 고려, 효도의 가치와 의미를 소환하고 재해석하는 것이다. 여기에는 당사자인 정부와 노인, 사회와 다른 계층 간의 이해와 양보가 요구된다.

아울러 앞으로는 '노인 돌봄'에 있어 효도의 가치를 중시하는 우리 사회 규범의 재인식과 적용, 민간 차원의 역량도 투입하는 식으로 전향적인 접근이 진행되어야 한다. 국가에서 복지와 관련한 모든 사무를 홀로 책임질 수 없는 것이 현실인 만큼 민과 관이 힘을 합쳐 총력을 기울여야 될 상황이다.

이제는 국가 차원의 다양한 정책을 수립하면서 동시에 법률적 지원을 통해 노인을 모시고 공경하는 사회적 풍토를 조성하고 효행가정을 적극적으로 지원함으로써 가정 차원에서도 보다 적극적으로 부모를 봉양하도록 여건을 조성해주는 것이 중요하다. 그리하여 노인인구 증가에 따른 국가 재정비용의 증가 문제를 가정에서 흡수할 뿐만 아니라 건강한 가족사회를 실현

함으로써 국가 공동체 의식을 함양하고 효 문화에 이바지하게 되는 것이다. [290]

형법학의 대가로서 '효행장려 및 지원에 관한 법률' 등 윤리와 법의 상관관계를 연구해왔던 김일수 전前 고려대학교 교수는 "효도가 다시 살아날 수 있다면, 아직 불완전한 사회적 안전망을 구축하는 데 있어서나 생산적 복지국가를 건설하는 데 있어 국가가 부담해야 할 부자연스러운 역할을 줄이고 자발적인 가족 간의 유대관계를 통해 문제의 상당 부분을 해결할 수 있는 길이 열릴 것으로 보인다."[291]는 의견을 개진하였다.

노인복지 차원에서 완전한 사회안전망을 구축하면 가장 이상적이지만 그의 의견처럼 현실적인 어려움을 감안하여 우선은 효도의 의미를 깊이 되새겨 가족 간의 유대관계를 복원하면서 이를 사회 전체로 확산시키는 노력이 선행될 필요가 있다. 효도가 복지의 보완재로서 역할을 수행할 수 있다는 점에서 흥미로운 접근이다.

290) 박광동, 윤혜란, "고령화사회에서 부모부양 문제의 법적 해결방안 연구", 중앙법학회, 『중앙법학』 제17집 제1호, 2015. 3, 157-189.
291) 김일수, "한국법에 나타난 효도법의 원형-특히 형법을 중심으로", 『효학연구』 1호, 한국효학회, 2004. 4, 73.

2절. 액티브 실버와 노인복지

우리 사회가 급속도의 인구고령화 추세를 보이는 가운데 2025년에는 65세 이상인 노인이 인구의 20퍼센트를 넘어서면서 이른바 '초고령 사회'로 진입할 것으로 예측되는 상황이다. 인구의 상당수를 점하게 된 노인은 복지의 수혜자인 동시에 자신의 의무를 부여받는다.

이와 관련하여 정부가 1982년 국무회의를 거쳐 제정한 경로헌장敬老憲章에서는 다음과 같이 공헌자로서의 평가와 함께 수혜자로서 노인의 권리를 규정하고 있다. 사회적으로 노인의 역할을 인정하고 그들의 권리를 우선시하는 내용으로서 선언적인 의미를 갖는다.

> 노인은 우리를 낳아 기르고 문화를 창조, 계승하며 국가와 사회를 수호하고 발전시키는 데 공헌하여 온 어른으로서 국민의 존경을 받으며 노후를 안락하게 지내야 할 분들이다. 그러나 인구의 고령화와 사회 구조 및 가치관의 변화는 점차 노후생활을 어렵게 하고 있다. 우리는 고유의 가족제도 아래 경로효친(敬老孝親)과 인보상조(隣保相助)의 미풍양속을 가진 국민으로서 이를 발전시켜 노인을 경애하고 봉양하여 노후를 즐길 수 있도록 노인복지 증진에 정성을 다하여야 한다. 노인은 심신의 변화를 깨닫고 자신의 위치와 할 일을 찾아서 후손의 번영과 국가의 발전을 위하여 여생을 보내는 슬기를 보여야 한다.

아울러 정부가 경로헌장과 동시에 제정한 노인강령老人綱領

에서는 노인들의 권리에 따른 의무가 강조된다. 이는 사회적인 차원에서 복지정책의 일방적인 수혜자 위치에만 머물지 않고 사회질서의 기준이 되도록 솔선수범의 자세를 가질 것을 요청하는 것이다. 주요 내용을 보면 노인을 대상으로 권리에 따른 책임의 이행이 강조된다.

우리는 사회의 어른으로서 항상 젊은이들에게 솔선수범하는 자세를 지니는 동시에 지난날 우리가 체험한 고귀한 경험과 업적, 그리고 민족의 얼을 후손에게 계승할 전수자로서의 사명을 자각하며 아래 사항의 실천을 위하여 다 함께 노력한다. 하나, 우리는 가정이나 사회에서 존경받는 노인이 되도록 노력한다. 하나, 우리는 경로효친의 윤리관과 전통적 가족제도가 유지, 발전되도록 힘쓴다. 하나, 우리는 청소년을 선도하고 젊은 세대에 봉사하며 사회정의 구현에 앞장선다.

정부 차원이 아닌 민간 차원에서 나온 '신노인헌장'은 노인의 의무를 좀 더 적극적으로 살필 것을 선언하고 있다. 기존의 '경로헌장'에서는 노인을 수동적, 객체적인 존재로 여기고 있지만, '신노인헌장'의 경우 다음과 같이 노인의 자발적, 주체적 역할을 강조하면서 사회의 짐이 아니라 사회의 힘이 될 수 있는 존재로 인식한다. 이제 노인세대는 돌봄의 대상에서 돌봄의 주체가 되어야 할 시대가 다가왔음을 시사한다.

우리는 경이적인 발전으로 세계 속의 대한민국을 만든 주역으로서 자부심을 지닌 자랑스러운 국민이며, 후손에게 더욱 행복하고 발전적인 미래를 물

려줄 책임을 가진 어른이다. 고령화의 급속한 변화시대에 노인의 역할을 재
정립하고 적극적인 사회참여로 국가와 사회발전에 이바지한다. 과거 의존적
인 노인상에서 탈피하고 자립적이고 활기찬 노인상을 제시하여 새로운 노인
문화를 창달하는 데 앞장서고자 한다.[292]

우리나라는 노인인권법에 의거, 노인의 인권 옹호 및 학대
예방을 위해 6월 15일을 '노인학대 예방의 날'로 지정하였다.
그럼에도 폭력 같은 신체적인 학대 이외에도 노인세대를 비난
하거나 모욕을 가하는 언사와 행위가 사회 구성원들의 가슴을
아프게 한다. 노인이라면 예외를 가리지 않는 채 "행동이 더디
고 능력 또한 떨어진다."는 잘못된 편견에서 비롯된 결과이다.
이러한 배경에는 이른바 '연령주의ageism'가 자리한다. 사람이
나이가 들면 지적 능력이 현저히 떨어져 학습능력을 상실하고
신체적으로 약해진다는 것에만 주안점을 두어 당사자를 사회
에서 분리시키고 모든 기회를 원천봉쇄하는 것이다. 노인을 오
직 부정적인 동질성을 가진 인구집단으로 인식하고 분류하는
것으로서 "나이가 든다는 것은 총체적인 문제"라고 섣불리 예
단하는 행태이다.
일반적으로 노인이 질병이나 경제적인 측면에서 취약점을
드러내고 디지털로의 전환이 이뤄지는 상황하에서 기술적인
변화를 미처 따라잡지 못해 정보격차의 당사자가 되는 것은 부

---

292) 2009년 1월 신노년문화운동단체인 '시니어코리아' 발대식에 맞춰 한국노인종합
복지관협회가 학계와 전문가의 의견을 바탕으로 제정하였다.

정할 수 없는 현실이다. 많은 노인이 무력감에서 벗어나지 못한 채 학습과 적응을 외면했었지만 이제 이들 사이에서 "무기력을 떨치고 꼰대가 아닌 어른으로 살아보자."는 자성론이 나오고 있기도 하다.

다만 한국사회에서 격동의 근, 현대를 살아오면서 피치 못하게 희생으로 점철된 역정의 길을 걸었던 이들은 이제 사회생활을 마치고 '사회적 약자'로서 자리한다. 때문에 '사회적 강자'의 역할을 이어받은 구성원들의 관심과 지원이 절실하게 요구된다. 희생에 대한 인정과 이에 따르는 보답이 있는 사회야말로 건강한 사회이며 미래가 기약되는 사회이다.

다행인 것은 나이가 들어도 여전히 활기차고 배움에 열성적인 데다 사회를 위해 기꺼이 봉사하면서 인생을 즐기는 사람들이 존재한다는 것이다. 은퇴 이후에도 소비 및 여가 차원에서 활기차게 인생을 이어가며 사회활동에도 적극적으로 참여하는 이른바 액티브 시니어active senior의 대거 등장이다. 이들은 자식에게 의지하지 않으며 자기 자신의 건강과 능력을 자산으로 삼아 스스로에게 효도를 하는 새로운 방향의 길을 모색하는 사람들이다.

액티브 시니어는 사회생활을 마친 이후 시간적으로나 경제적으로 어느 정도 여유를 가진 층이다. 따라서 이를 바탕으로 타인의 도움 없이도 자신만의 가치관과 라이프 스타일에 따라 사회적, 문화적으로 주체적인 삶을 누린다. 이런 사람들이 더 많아져야만 공동체의 어깨가 가벼워진다. 부양의 대상이 아니라 스스로를 부양할 수 있는 능력을 갖춘 만큼 국가와 사회로서는 여력을 다른 대상과 계층으로 전환, 확대하는 기회를 갖는다.

공공 분야에서 의료비와 기초연금 지급, 정보격차 해소 같은 사회적 비용의 지출 감소 외에도 액티브 시니어 당사자들의 긍정적인 마인드에 따른 공동체의 화합 분위기 조성, 후세에 대한 교육적인 효과 제고, 소비에 따른 경제적 선순환을 기대할 수 있다. 이들은 배움에 대한 열망을 가졌기에 자기 발전을 위해 지속적으로 노력을 기울이며 외모와 건강관리에도 관심이 지대한 만큼 교육과 미용 관련 시장의 확대도 가능해진다.

이들은 비록 사회에서 은퇴한 상태이지만 공동체 현안에 대해 상시적으로 관심을 갖고 적극적으로 의견을 표출하면서 관계망 유지에도 열성적인 특성을 갖는다. 결코 홀시할 수 없는 부분이다. 관심과 의견 제시는 사회 구성원으로서 당연한 마음가짐이자 자세로서 활용여하에 따라 공동체가 올바르게 나갈 수 있도록 돕는 힘으로 작용할 가능성이 지대하다.

정치적 결사체로 현실 정치에 간여하는 것은 아니지만 이들의 힘은 주기적으로 실시되는 각종 선거에서도 결과를 좌우하는 상황임을 우리는 계속 목격해 왔다. 노인세대에 대한 성격 규정과 투표권 부여 문제를 놓고 정당 간 시비가 일어나는 가운데 정치권으로서는 이제 액티브 시니어가 노인 대상 부양책과 경로 효도비 지급 같은 일회성 당근이 아닌 미래를 생각하고 세대 간 화합을 아우르는 진정성에 주안점을 두고 있음을 명심해야 될 단계에 들어갔다.

또한 국가와 사회는 축적된 경험치에 근거한 이들의 의견을 집단지성 차원에서 긍정적으로 수렴하고 정책수립과 문제해결 과정에서 제대로 반영될 수 있도록 적극적인 자세를 견지할 필요가 있다. 이것이야말로 공동체 어른들의 고견을 중시하는 또 다른 사회적 효도이자 국가적 효도인 것이다.

익히 알려진 노인관련 담론 가운데 "늙어가는 것이 아니라 익어가는 것이다."라는 말은 노화를 긍정적인 측면에서 해석하고 있다. 포도주가 오랜 기간의 숙성을 거쳐 풍미를 더해가듯이 사람 또한 인생의 후반부에 들어 체계화된 인생관을 바탕으로 사회의 어른으로서 모범이 되고 개인적으로는 주체성과 독립성을 놓치지 않는 생활을 할 경우 당사자의 매력은 배가될 것이다.

언론에 의해 "오마하의 현인"으로 불리는 미국의 투자가 워렌 버핏Warren Buffett은 90세를 넘긴 나이지만 가치투자 신념을 무기로 삼아 여전히 세계 경제를 주무르고 있다. 미국 외교정책의 기반을 만든 헨리 키신저Henry Kissinger는 100세의 고령에도 불구하고 국제외교의 현안 발생 시 언론에서 가장 먼저 인터뷰를 하는 인물로서 손꼽힌다.

우리나라에서도 노익장의 활동은 모두에게 귀감이 되고 있다. 김형석 연세대학교 명예교수는 100세를 넘기고도 왕성한 저술과 강연 행보를 이어가면서 후학을 위해 인생의 도리를 설명해주었다. 비록 유명을 달리했지만 "국민 MC"로 불린 송해 선생도 90을 넘어서까지 연예계 일선에서 활동하며 매주 '전국노래자랑' 프로그램을 통해 서민들과 애환을 함께 했었다.

어느 기업의 "나이는 숫자에 불과하다."는 광고 카피가 아니더라도 중요한 것은 나이를 이겨내고 건강을 유지하면서 의미 있는 삶을 사는 것이다. 액티브 시니어는 원래 "오늘의 노인은 어제의 노인과 확연하게 다르다."는 개념으로 출발했다. 이들의 스타일과 가치관 등을 고려하여 국가와 사회는 건강한 신체와 마음을 유지함과 더불어 지속적인 자기계발과 관리, 자립심을 갖도록 다양한 지원 방안을 강구해야 한다. 경제적인 지원이 아니더라도 사회적인 분위기 조성이 긴요하다.

이들의 경험과 지식, 지혜가 공동체에 의해 공유되고 전파된다면 이는 결과적으로 국가와 사회의 자산으로 자리할 것이 분명하다. 이들에 대한 지원이 물질적인 것이 아니라 해도 구성원 모두가 존경심을 갖고 응원해준다면 이는 또 다른 효심과 효행으로서 의미를 갖는다. 노인들도 자신을 독려하고 힘을 내는 마음가짐으로 삶을 대하고 자기 스스로와 후대를 아끼고 사랑하는 셀프 효도의 시대가 다가왔음을 인식해야 할 것이다.

나가는 말

책 출간과 관련된 일련의 작업과정에서 기본구상에 이어 자료조사와 준비, 그리고 집필에 소요된 약 1년은 나름 힘들었지만 한편으로는 즐겁고 보람된 시간이었다. 공직 퇴직 이후 사회를 대상으로 효도의 가치를 전파하고 활용토록 노력하는 일을 인생 후반기 버킷 리스트에 포함시키고자 마음먹었었고 스스로와의 약속 이행 차원에서 "이제 몇 걸음이라도 내디뎠다."는 느낌이 들었기 때문이다.

다만, 책 제목에 담긴 효도와 경영의 접목이 학계와 경제계의 공인을 받은 것도 아니고 사회적으로 아직까지는 낯선 존재이기에 독자들로부터 어떠한 피드백을 받을지 조심스러운 심정이다. 그럼에도 저자로서는 미력하나마 책 저술과 출간이 효도의 활용성에 대한 세간의 관심을 불러일으키고 사회와 공동체의 미래를 위해 약간의 팁이라도 된다면 크나큰 기쁨일 것이다.

효도는 우리의 전통으로서 면면히 전해져 왔다. 그리고 이제 단순한 가족윤리의 차원을 넘어 '오래된 미래'로서 사회공동체를 위해 정확하게 방향을 제시해줄 정신자산으로 평가되는 시대를 맞이하였다. 효도를 경영뿐만 아니라 정치, 행정, 안보, 교육, 문화, 복지 등의 다양한 분야에서 검토를 거쳐 활용할 수 있다면 책의 출간은 더 말할 나위 없는 의미를 가질 것이라고 감히 밝힌다.

특히 이 책에서 경제계 화두로 등장한 ESG경영과 관련하여 효도와의 접목 가능성을 거론해 보았는바, 이 분야에서 향후 충분한 연구와 이론 개발의 공간이 나올 것으로 판단된다. 아울러 어느 시대나 조직을 막론하고 출중한 리더를 필요로 하는 만큼 효도를 리더십과 연결해본 것도 저술 결과로서 어느 정도 의미를 가질 것으로 생각한다.

효심과 효행은 결코 노인세대만을 위한 일방적인 것이 아니다. 오히려 청년세대와 미래세대가 올바르고 탄탄한 정신적 기반 위에서 자신을 아름답게 가꾸며 단단하게 무장할 수 있도록 돕는 역할을 수행한다. 이들이 효도를 체화함으로써 사회와 국가의 발전에 기여함과 아울러 우리의 앞길을 이끄는 지도자로서 반듯하게 성장, 발전하기를 기대하는 마음이 크다.

저자는 "배움은 스스로에 대한 효도"라는 믿음을 바탕으로, 명심보감 권학편의 "평생 동안 배우고 익히면 비록 육체는 노쇠하더라도 정신은 쇠퇴하지 않는다."는 글귀를 교훈으로 삼아 향후 효도의 확장성과 활용성에 대해 심도 있게 공부, 연구해볼 심산이다. 당연히 책이나 논문으로 결과를 만들어내 다수와 공유하는 것을 전제로 삼는다. 물론 이론에만 머물고 책상서랍 속에서 뒹구는 연구가 되지 않도록 실용성에 방점을 찍을 것이다.

이 책을 집필하는 과정에서 배려 및 격려를 아끼지 않은 ㈜시큐웍스 박기성 대표이사에게 감사의 마음을 밝힌다. 벤처기업 설립 이후 급변하는 사업 환경에도 전혀 굴하지 않으며, 경영자 출신 수필가였던 부친의 "사람을 위하며, 사람을 향하는 일을 하라."는 당부를 되새기고 기술을 통한 사회적 약자 보호를 위해 사업에 매진 중인 그의 행보는 효도경영의 일면을 여실히 보여주고 있다.

언제나 긍정적인 마인드와 자세로 조언 및 자문을 해준 ㈜리드이엔지 박종구 대표이사에게도 고마운 마음을 전한다. 삼성전자 출신임을 긍지와 자부심으로 삼아 시스템에어컨 사업을 영위하면서 산업현장 근무환경과 취약계층 주거환경 개선에 애쓰는 그로부터 삼성의 이병철, 이건희 회장과 관련된 효도 스토리를 일정 부분 전해들을 수 있었고 집필에 큰 도움이 되었다.

자료준비 및 집필을 진행하면서 ㈜시큐웍스 곽대순 고문, 전국퇴직수사관회 강종구 회장과 임원진, 강남도시관리공단 성호경 본부장, 아카데미특수교육재단 황인창 이사장, 국가공인탐정협회 최재경 회장, ㈜가이아홀딩스 김경희 회장, ㈜제이엘텍 전상순 대표이사 등을 통해 사회의 변화 추세에 대해 많은 이야기를 들을 수 있었다. 아울러 기업과 단체들의 고령친화사업 및 공익활동에 대한 의미 깊은 시사점을 얻었다. 끝으로 아내의 격려와 딸아이의 응원에 대해서도 "고맙다."는 말을 전한다.